DÉCADE

HISTORIQUE

ou

TABLEAU POLITIQUE

DE L'EUROPE,

DEPUIS 1786 JUSQU'EN 1796.

DÉCADE

HISTORIQUE

OU

TABLEAU POLITIQUE

DE L'EUROPE,

DEPUIS 1786 JUSQU'EN 1796,

CONTENANT

UN PRÉCIS DES RÉVOLUTIONS DE FRANCE, DE BRABANT,
DE HOLLANDE ET DE POLOGNE;

PAR M. LE COMTE DE SÉGUR,

DE L'ACADÉMIE FRANÇAISE, PAIR DE FRANCE.

QUATRIÈME ÉDITION
REVUE, CORRIGÉE ET AUGMENTÉE.

TOME SECOND.

BRUXELLES,

ARNOLD LACROSSE, IMPRIMEUR-LIBRAIRE,
RUE DE LA MONTAGNE, N° 1015.

1824.

DÉCADE

HISTORIQUE,

OU

TABLEAU POLITIQUE DE L'EUROPE,

DEPUIS 1786 JUSQU'EN 1796.

CHAPITRE IX.

Mésintelligence entre l'assemblée législative et le roi.— Influence de la paix de l'Orient, du traité de Pilnitz et de l'armement des émigrés, sur les troubles intérieurs. — Embarras de la cour. — Espérance des aristocrates. — Méfiance des patriotes. — Décret contre les prêtres et les émigrés. — Refus de sanction. — Alliance entre l'Autriche et la Prusse. — Négociateurs envoyés à Trèves, à Londres, à Berlin et à Vienne. — Préparatifs hostiles. — Division entre le parti modéré et le parti jacobin. — Le comte Louis de Narbonne, ministre, qui conservait la majorité au corps législatif, est imprudemment renvoyé. — M. de Lessart est en arrestation. — Le général Dumouriez lui succède. — Le roi déclare la guerre au roi de Hongrie, François II. — Gustave III est assassiné. — Régence du duc de Sudermanie. — Le roi de Prusse marche à la tête de cinquante mille hommes. — Erreurs des puissances étrangères et des émigrés. — Puissance des jacobins et faiblesse de la cour. — Le palais du roi est forcé le 20 juin; il refuse les demandes du peuple; mais il prend le bonnet rouge. — On dissout sa garde. — Le duc de Brissac à Orléans. — Le général la Fayette prend la défense du roi. — Intrigues pour faire échouer les opérations militaires. — Changement de ministres. — Déchéance du roi et accusation du général la Fayette rejetée. — Manifeste du duc de Brunswick. — Conjuration contre la cour. — Révolution du 10 août. — Les généraux la Fayette, Alexandre de Lameth et Maubourg sont obligés de s'expatrier. — Leur arrestation. — Convocation d'une Convention nationale. — Invasion des étrangers. — Armement universel des Français. — Faute du roi de Prusse. — Prise de Longwy et de Verdun. — Massacres de septembre. — Puissance de la commune de Paris. — La république est décrétée. — Négociations. — Retraite imprévue de Frédéric-Guillaume. — Succès du général Custines. — Tyrannie en France. — Effroi général en Europe.

1791.

Les députés constituans, s'étant déclarés inéligibles, espéraient en vain jouir paisiblement de la reconnaissance du peuple, pour les sacrifices qu'ils lui avaient faits, et pour les droits qu'ils lui avaient rendus; ils se trompaient encore plus en croyant que leurs successeurs, n'ayant plus rien à conquérir pour une sage liberté, ne s'occuperaient qu'à en assurer la jouissance, et ne feraient consister leur gloire qu'à travailler, de concert avec le pouvoir exécutif, à perfectionner le code civil, à encourager le commerce, et à faire fleurir l'agriculture.

L'assemblée législative, composée en grande partie d'hommes qui s'étaient fait remarquer plutôt par leur ardeur que par leur prudence, contenait moins de propriétaires que la première assemblée. On y voyait peu de zélés partisans du gouvernement qui pussent opposer l'esprit de parti aristocratique à l'esprit de parti démocratique; et, dès les premières délibérations, il fut facile de prévoir combien la session serait orageuse.

Cependant une forte majorité d'hommes éclairés s'y montrait disposée à maintenir la balance des pouvoirs constitués, contre une minorité turbulente qui voulait en détruire l'équilibre. Mais cette majorité n'avait pour elle que le froid langage de la raison, tandis que ses adversaires avaient pour eux l'éloquence des passions, l'apparence d'un patriotisme plus prononcé, et la disposition du peuple à regarder le fanatisme comme zèle et la modération comme perfidie. Cette lutte était d'autant plus inégale, que le côté droit lui-même, en défendant le gouvernement, n'était pas exempt de méfiance, et craignait les arrière-pensées d'une cour qui ne pouvait pas avoir perdu tant de puissance sans regret, et se rappeler tant d'outrages sans ressentiment.

Les bulles foudroyantes du pape, dédaignées par les incrédules, mais respectées par les dévots, les protestations des prêtres et de leurs disciples, la conclusion subite de la paix entre les puissances germaniques et les princes du Nord, l'appui donné aux émigrés, leur armement, leurs espérances follement répandues, leurs menaces impolitiquement publiées, les conférences de Padoue et l'entrevue de Pilnitz, répandaient l'alarme dans l'esprit de tous ceux qui s'étaient prononcés pour la révolution, et justifiaient aux yeux du peuple toutes les fureurs du parti des jacobins.

Ceux qui voulaient l'armer contre ces périls menaçans lui paraissaient des amis fidèles; ceux qui lui conseillaient d'éloigner ces dangers par une conduite plus sage, n'étaient à ses yeux que des traîtres qui voulaient l'aveugler sur sa position. Les harangues violentes à la tribune, les pamphlets injurieux pour les rois, les discours incendiaires dans tous les groupes se multipliaient de jour en jour, et par-là on redoublait l'animadversion des puissances étrangères, que la crainte de la propagation des principes révolutionnaires avait seule armées.

Un effroi réciproque alimentait les haines; et la peur, qui avait présidé à toutes les fautes politiques de la cour de France et de l'assemblée constituante, étendit bientôt son funeste règne sur l'Europe entière; de sorte que, par les plus fausses mesures, des deux côtés, les patriotes armèrent contre eux tous les monarques dont ils devaient désirer la neutralité; et les rois, pour punir de vaines déclamations et éviter des périls chimériques, se précipitèrent dans un danger réel, réunirent contre eux les partis qui s'étaient divisés, hâtèrent la chute du trône qu'ils voulaient soutenir, changèrent en fanatisme l'ardeur des opinions, qui aurait pu s'affaiblir, complétèrent la ruine d'une noblesse dont ils avaient égaré le courage, provoqué l'émigration et trompé l'espérance, et furent enfin au moment de voir leurs États universellement embrasés par le volcan dont ils avaient allumé les feux et accéléré l'explosion.

L'assemblée législative voulut donner à son président, dans son sein, la préséance sur le roi, et fut forcée par la clameur publique de révoquer ce décret. La garde nationale était irritée contre les hommes à piques, qui avaient promené en triomphe dans Paris les Suisses du régiment de Château-Vieux, justement condamnés, l'année précédente, pour la révolte de Nancy. Les chefs des trois régimens de ligne qui étaient à Paris avaient la ferme intention de soutenir la constitution que la faction jacobine attaquait. Tous les patriotes honnêtes et éclairés, tous les hommes modérés, qui formèrent en tout temps l'immense majorité des Français, étaient indignés qu'une minorité inquiète et turbulente voulût éterniser les malheurs publics, en protégeant partout les libelles, les désordres, les délations, l'indiscipline des troupes et les séditions de la populace; ils voyaient clairement qu'en prolongeant la tourmente révolutionnaire, on détruisait la liberté au lieu de l'affermir, et que l'on courait le risque même de rendre universellement odieux des principes qui ne seraient jugés que par leurs funestes conséquences.

Dans cette disposition des esprits, on peut croire que, si les étrangers avaient cessé de vouloir s'immiscer dans les affaires de la France, et si les nobles, sacrifiant leurs illusions à la réalité, avaient voulu faire cause commune avec ce qu'on nommait *la bourgeoisie*, on aurait aisément comprimé les factions et prévenu la seconde révolution qui se préparait. Il fallait voir que la question était changée, que l'objet des nouveaux révolutionnaires n'était pas de combattre le pouvoir arbitraire qui n'existait plus et des priviléges abolis, mais d'établir une guerre entre le riche et le pauvre, et de parvenir par cette lutte, sur les débris du trône, à une démocratie absolue, qui, sous le faux nom de *liberté*, ouvrirait à ses fondateurs l'arène de la licence, la source des richesses et le chemin de la tyrannie.

Tous les membres de la minorité n'étaient pas animés par de si perverses intentions; dans tous les partis il existe des hommes de bonne foi, et plusieurs députés de la Gironde, remarquables par leurs talens et leur philosophie, n'étaient égarés que par la crainte des puissances étrangères et des intrigues de la cour, de la noblesse et du clergé.

Ceux-ci, plus zélés que politiques, croyaient qu'il n'existerait pas de liberté tant qu'on laisserait quelque moyen de résurrection et de vengeance au trône et aux ordres privilégiés; ils pensaient que tous les moyens étaient bons pour soutenir une cause qui leur semblait si juste; et il leur arriva ce qui arrive toujours lorsqu'on emploie des armes si dangereuses : la faction qu'ils secondaient les immola dès qu'elle fut victorieuse, et qu'ils voulurent en arrêter les fureurs.

De toutes parts, à cette époque, les passions opposées aveuglaient les partis. Les émigrés et les étrangers haïssaient également, sans distinction, tout ce qui ne partageait pas leurs ressentimens, leurs vues et leurs espérances, et les patriotes enthousiastes confondaient dans leur méfiance et leur haine les politiques sages, les philosophes éclairés, les amis de l'ordre et de la propriété, avec les partisans de la contre-révolution.

Le club des jacobins alimentait le feu de la

discorde; une grande partie des sections était fanatisée par leurs discours, et aigrie par les soupçons qu'ils leur inspiraient; la commune de Paris, présidée par Pétion, partageait cette animosité que son devoir était d'éteindre.

La noblesse, aveuglée par son intérêt, croyait que la continuation de ces désordres dégoûterait le peuple d'une liberté si orageuse. Le clergé, alarmant les consciences, se flattait que ses partisans lui rendraient son pouvoir et sa fortune. Les émigrés, ne doutant pas de l'appui désintéressé de tous les rois, ne pouvaient imaginer que des paysans, aidés par des marchands, des subalternes et des légistes, pussent leur opposer la moindre résistance s'ils obtenaient enfin que la guerre fût déclarée. La cour, incertaine, mécontente de tous les partis, environnée de dangers de tout genre, et flottant entre les conseils de toutes les factions, se livrait alternativement à la crainte et à l'espérance; elle perdait le fruit de sa résistance par sa faiblesse, et celui de ses sacrifices par sa versatilité.

Dans cet état d'exaltation de toutes les passions et d'aveuglement de tous les esprits, la raison devait partout être réduite au silence; aussi ne fut-elle nulle part consultée. Jamais l'histoire d'aucun temps ne présenta une plus étonnante succession de fautes, de folies et de contradictions : chaque parti sembla, dans son délire, déterminé à prendre les moyens les plus propres à l'écarter du but qu'il se proposait. L'assemblée législative, loin de représenter la volonté nationale, et d'entretenir l'enthousiasme par la pureté des principes et la sagesse des lois, se flétrit en protégeant les assassins et les brigands d'Avignon, et en les dérobant à la vengeance salutaire des tribunaux.

Dans le même temps où une partialité aveugle lui faisait excuser des crimes commis au nom de la révolution, elle se décida, pour prévenir la contre-révolution qu'elle redoutait, à adopter le système absurde et cruel des punitions en masse et des proscriptions de classes; elle donna ainsi, par cette funeste erreur, le signal des atrocités qu'elle n'aurait pas commises, mais qui furent la conséquence inévitable de cette première déviation des règles de l'équité.

Au lieu d'ordonner que les prêtres qui troubleraient l'ordre public, et que les Français qui seraient pris les armes à la main contre leur pays, fussent individuellement punis, elle lança un décret contre tous les prêtres qui n'avaient pas adopté la constitution civile du clergé, et qu'on nomma *réfractaires*; quoique la loi leur eût laissé la liberté de prêter ou de refuser ce serment.

Elle promulgua, au mépris du texte de la constitution, un autre décret contre tous les émigrés, sans distinguer l'âge, le sexe, ni les motifs de leur absence. Le roi fit alors l'essai de sa prérogative constitutionnelle, et refusa de sanctionner ces décrets. Les hommes passionnés des partis extrêmes furent également mécontens de cette résistance du monarque; les démagogues, parce qu'ils la regardaient comme l'effet d'une intention contre-révolutionnaire, et les aristocrates, parce qu'ils voulaient que le roi ne fît aucun acte qui, dans l'opinion publique, constatât sa liberté.

Cependant le désordre et l'effervescence allaient toujours en croissant. Les émigrés s'armaient à Coblentz; leurs amis en France ne déguisaient point leurs espérances; les puissances étrangères intriguaient et prenaient des mesures alarmantes; la cour craignait pour elle les conséquences du zèle imprudent et exagéré que les Français, à l'abri du danger, déployaient au dehors pour la cause royale; en même temps, par une inconséquence qu'expliquent les passions, elle traitait avec distinction les hommes de ce parti, et donnait par-là créance aux accusations des jacobins.

Sa faiblesse augmentait en proportion de ses périls; tous ceux qui auraient voulu constitutionnellement la secourir, savaient qu'on ne pouvait lui faire adopter aucune de ces mesures vigoureuses qui seules peuvent sauver les États dans les crises politiques.

M. de Montmorin quitta le ministère des affaires étrangères; MM. de Ségur et Barthélemy le refusèrent successivement; M. de Lessart, qui l'accepta, éprouva promptement que ce poste n'avait plus d'issue que la fuite ou l'échafaud.

En vain une grande partie des hommes qui s'étaient montrés les plus populaires dans l'assemblée constituante, se réunirent pour soutenir le monarque et la constitution; l'un et l'autre manquaient de force, et le courant révolutionnaire, dont le lit avait été mal nivelé, était devenu si rapide, qu'il entraînait sans peine toutes les faibles digues qu'on voulait si tardivement lui opposer.

Louis XVI, pour prouver que son refus de sanctionner les décrets du corps législatif n'avait été dicté que par des intentions droites et pacifiques, écrivit aux princes français pour les inviter à quitter les armes et à revenir près de lui. Cette démarche, qui ne parut ni sincère aux démocrates, ni libre aux princes, fut inutile : l'armement des émigrés ne cessa point; l'empereur continua à insister avec chaleur sur le redressement des griefs des princes de l'Empire possessionnés en Alsace; l'assemblée législative, effrayée de l'approche d'un orage si redoutable, se prépara à la guerre qu'elle craignait, et que son ardeur allait rendre inévitable; elle voulut que le roi exigeât le désarmement des émigrés, ou l'obtînt par les armes.

M. de Narbonne venait alors d'accepter le ministère de la guerre. Il avait beaucoup d'activité, d'esprit, d'adresse, de grâce et de courage; ses opinions et ses sentimens l'attachaient au trône; il devait compter sur l'appui du côté droit de l'assemblée; ses liaisons lui donnaient des partisans dans le parti populaire. Négociant avec finesse, soutenant les menaces des démagogues avec fermeté, répondant aux interpellations imprévues avec la facilité que donne le sang-froid, et pourvu de l'audace nécessaire pour prendre un parti décisif dans un moment de crise, il était, malgré l'aimable légèreté qu'on lui reprochait, et peut-être par cette légèreté même, bien plus propre que tout autre à se maintenir dans une circonstance si difficile. Mais la cour manqua de confiance en lui; de son côté, il commit la faute de ne pas rester uni avec les autres ministres, MM. Duport-Dutertre, Bertrand* et Lessart; trouvant la froide vertu du premier trop stérile, le caractère du second trop roide, les moyens politiques du dernier trop médiocres, il affaiblit le gouvernement en le désunissant : il perdit son crédit auprès du roi, tandis qu'il avait l'adresse utile de conserver son influence sur la majorité des députés; il ne jeta ainsi sur le pouvoir constitutionnel du monarque qu'un éclat brillant et court.

Ce ministre, pour se conformer au vœu du corps législatif et calmer ses craintes, se dis-

---

* Cet ex-ministre a publié des mémoires sur la révolution. Tout lecteur honnête et impartial lui reprochera sévèrement d'avoir adopté l'absurde et calomnieuse accusation dirigée contre le général la Fayette, l'estimable duc de la Rochefoucauld et l'infortuné Duport, en disant qu'ils avaient, de concert, médité l'assassinat de Foulon et de Berthier. Par une singulière contradiction, dans un autre endroit, il affirme que le général la Fayette fit tout ce qui dépendait de lui pour sauver les jours de Berthier.

Tous ceux qui regrettent M. de Montmorin, et qui rendent un juste hommage à la mémoire de ce ministre honnête et éclairé, trouveront que M. Bertrand, en avouant qu'il était son ami, en parle plus mal que ses ennemis.

Les défenseurs de Louis XVI verront avec surprise un des ministres de ce monarque divulguer sans nécessité des secrets dont ses oppresseurs seuls pouvaient désirer la publicité. On ne lira pas sans étonnement les discours *composés par M. Bertrand* pour montrer ce qu'aurait dû dire M. Necker s'il eût été (comme il le dit naïvement) *un grand homme*; enfin, dans ces mémoires qui contiennent beaucoup de faits importans et d'anecdotes curieuses, on remarquera certainement plus de passion que de vérité.

posa à rassembler des armées; il en fit donner le commandement au général Luckner, connu par des succès dans la guerre de sept ans; au général Rochambeau, dont l'expérience militaire était respectée, et que la prise d'Yorck en Amérique avait rendu célèbre; enfin au général la Fayette, qui semblait destiné à combattre pour la cause populaire aux deux extrémités du monde.

M. de Narbonne, ministre et lieutenant-général, parcourut ensuite avec rapidité toutes les frontières, fit la revue de toutes les troupes: voulant imposer aux puissances étrangères et rassurer la nation française, il présenta la force et les moyens des armées sous un aspect si formidable, que les démocrates, qui redoutaient le plus la guerre, commencèrent à la souhaiter, et que les puissances germaniques, craignant d'être prévenues, s'occupèrent plus sérieusement à établir entre elles un concert intime contre l'indépendance des Français.

Le maintien de la paix en Europe devenait ainsi de jour en jour moins probable. L'empereur avait récemment déclaré que, si les Français entraient dans l'électorat de Trèves pour y désarmer les émigrés, il regarderait cette hostilité contre un membre de l'Empire comme une déclaration de guerre. Le roi de Prusse, qui venait de conclure avec la cour de Vienne un traité d'alliance qu'on ignorait encore à Paris, manifesta la même intention.

Les orateurs du corps législatif, furieux, ne montaient à la tribune que pour y prononcer des philippiques contre tous les rois. Au milieu de cette crise politique, le conseil de Louis XVI le détermina à tenter un dernier effort pour éloigner une guerre si funeste. Ce prince envoya M. de Sainte-Croix à Trèves, le comte de Ségur à Berlin, et M. de Marbois à Vienne, pour engager toutes ces puissances à ne point s'immiscer dans les affaires intérieures de la France, pour leur proposer d'indemniser, en argent ou en terres, les princes germaniques possessionnés en Alsace, et pour obtenir qu'on fît cesser l'armement des émigrés, dont le rassemblement protégé rendrait la guerre inévitable, et entraînerait des malheurs impossibles à calculer.

Tous ces envoyés connaissaient les difficultés, et pressentaient le peu de succès d'une négociation si tardive ; mais ils rencontrèrent encore plus d'obstacles et trouvèrent des passions plus exaspérées qu'il ne leur avait été possible de le prévoir. Il n'était point surprenant que, dans un pays bouleversé par les orages révolutionnaires, le peuple fanatisé et les démagogues environnés d'écueils fussent troublés par des fantômes, et laissassent guider leur marche fougueuse par la peur, la haine et la crédulité. Mais il était difficile de s'attendre à voir des gouvernemens anciens, paisibles et puissans, aveuglés par les mêmes passions, effrayés par les mêmes chimères, et croyant aux mêmes fables que le peuple ignorant des faubourgs de Paris. Il est cependant trop vrai que le mot *révolution* troublait leur imagination, comme celui *contre-révolution* égarait celle des Parisiens.

La chute rapide du pouvoir royal, nobiliaire et sacerdotal en France, avait frappé de terreur les monarques de l'Europe et leurs favoris. Ils oubliaient la différence qui existait entre la discipline de leurs armées et l'insubordination de l'armée française, entre leur position et celle de Paris, entre leur économie presque parcimonieuse et la funeste prodigalité de la cour de France, enfin entre la froideur et la soumission de leurs peuples et la turbulente activité des Français.

Les hommes ardens qui voulaient porter les rois à prendre les armes, profitèrent de leur effroi. La peur est une passion qu'on peut flatter comme les autres; on la dirige à son gré, en épaississant les nuages qui l'aveuglent et en variant les rêves qui l'égarent. Aussi les ministres, chargés de demander la paix, furent partout représentés comme des missionnaires choisis pour propager le fléau des révolutions : partout ils se virent précédés par la méfiance, entravés par la haine et poursuivis par la calomnie.

On ne regardait alors comme attachés à l'ordre social et à l'honneur que les Français qui avaient abandonné leur pays, et qui espéraient y rétablir l'ancien régime par la force des armes étrangères. Tous ceux qui trouvaient ce projet humiliant pour la France, dangereux pour le roi, et propre à exaspérer une nation aussi fière que belliqueuse, étaient confondus dans l'opinion avec les jacobins dont ils cherchaient à prévenir les excès, tandis qu'ils ne voyaient d'autres moyens, pour sauver leur patrie et le roi, que d'éviter la guerre et de laisser au temps la réforme des défauts évidens de la constitution. On les accusait d'ingratitude, on les recevait en ennemis perfides de ce trône dont ils voulaient écarter les périls et sauver les débris.

S'ils cherchaient à ramener à des idées pacifiques les hommes opposés à leurs opinions, on prétendait qu'ils prêchaient la révolution ; s'ils gardaient un silence prudent, on les soupconnait de conspirer. Telles étaient les dispositions générales de tous les gouvernemens, avec la seule différence du plus ou moins de passions et de lumières des hommes qui les dirigeaient.

L'envoyé français à Coblentz obtint de l'électeur de Trèves des promesses vagues, dictées par la crainte, et il fut traité en ennemi par les royalistes qui, loin de voir dans la guerre leur propre destruction, y plaçaient alors toutes leurs espérances.

Le ministère britannique, quoique aigri par la correspondance fanatique et impolitique des clubs anglais et français, était et devait être rassuré par l'esprit public de la nation anglaise, et par l'attachement de tous les propriétaires à la constitution. On croit qu'il affecta plus d'alarmes qu'il n'en éprouvait réellement, afin d'avoir un prétexte d'augmenter son pouvoir; mais, comme il était plus familiarisé avec les orages de la liberté, et savait mieux qu'un autre que ce n'est point en la combattant qu'on la détruit, il modéra le ressentiment du roi George III, et l'engagea à ne prendre, pour le moment, aucune part à la guerre qui paraissait près d'éclater.

Léopold, aigri comme les autres princes, mais plus à portée de connaître la véritable situation du roi de France, son beau-frère, et moins éloigné par ses opinions personnelles de tolérer les principes d'une constitution mixte, n'était encore décidé ni à commencer la guerre, ni à cesser de s'immiscer dans les affaires de la France. Il ajournait sa détermination, voulait régler sa marche sur les événemens, donnait des réponses pacifiques mais vagues, insistait avec un ton menaçant sur la satisfaction due aux princes de l'Empire, faisait, pour se défendre, des préparatifs qui pouvaient servir à attaquer, se plaignait en même temps avec amertume de l'armement des Français, et donnait cependant à l'électeur de Trèves le conseil sage d'accueillir comme lui les émigrés, sans leur permettre de s'armer.

Son projet semblait être d'ouvrir un congrès pour y traiter les intérêts du pape et des princes allemands, de soutenir cette mesure par un armement général et formidable, et d'essayer, sans risquer une guerre périlleuse, d'intimider la France par l'appareil d'une ligue menaçante, pour la décider à laisser discuter dans le congrès les modifications que l'intérêt des rois demandait à la constitution française.

Cet espoir chimérique fut bientôt détruit, comme on aurait dû le prévoir, par un décret violent de l'assemblée législative : ce décret déclarait traître à la patrie tout Français qui consentirait à soumettre l'indépendance française à la décision d'un congrès.

On ignore quels auraient été les effets de ce décret sur la politique de Léopold. Ce monarque mourut : les médecins attribuèrent sa mort aux voluptés, et l'esprit de parti en accusa les jacobins.

Frédéric-Guillaume, plus franc et plus aveuglé, plus affecté des malheurs de Louis XVI, plus irrité par les déclamations jacobines contre les trônes, plus enflammé par les émigrés, et plus séduit que Léopold par l'espoir d'une conquête rapide, regardait la guerre comme nécessaire. Il reçut avec plus de méfiance le négociateur français qui lui en exposait les suites et les dangers, et contre lequel il était secrètement et fortement prévenu.

Bischofswerder et les autres favoris du roi, qui avaient cru devoir, pour leur propre intérêt, détourner d'une guerre longue et périlleuse contre l'Autriche, parce qu'ils avaient craint que le crédit des généraux ne remplaçât le leur, regardaient, sur la foi des émigrés, l'invasion de la France comme prompte et facile; elle ne leur paraissait qu'une promenade militaire, et ils donnaient au roi, sur cet objet, tous les conseils qui pouvaient entretenir et flatter ses passions.

« On avait soumis, disaient-ils, le Brabant
» en quinze jours; la contre-révolution de
» Hollande n'avait coûté que trois semaines;
» celle de France devait être au plus l'ouvrage
» de deux mois. » Ceux qui prévoyaient à
cette expédition plus d'obstacles et un autre
dénouement, n'étaient à leurs yeux que des
partisans secrets du jacobinisme.

Les ministres de Frédéric-Guillaume étaient
probablement trop éclairés pour se faire de
pareilles illusions; mais ils auraient été suspects
s'ils avaient eu l'imprudence de se montrer trop
prévoyans, et ils ne pouvaient lutter à la fois
contre la passion du monarque, le crédit des
favoris, et les espérances séduisantes données
par les émigrés, surtout lorsque les fureurs
des démagogues, les harangues injurieuses des
orateurs et les menaces des jacobins augmentaient chaque jour l'exaspération du roi de
Prusse, et déjouaient le langage pacifique de
ceux qui voulaient éviter les malheurs d'un
embrasement général.

Cependant le prince Henri, avec plus de sagesse que de crédit, manifestait la crainte de
voir commencer une guerre qui devait, selon
son opinion, aigrir le mal au lieu de le guérir.
On prétend même que le duc de Brunswick,
qui depuis fut séduit par la gloire de comman-

der les armées de la ligue, opinait encore pour le maintien de la paix.

Le chevalier de Boufflers eut le courage rare, au milieu de passions si violentes, de braver leur fougue, de dire la vérité au roi, et de lui dévoiler l'avenir. Il lui prédit « qu'il exaspé-
» rerait le peuple qu'on voulait calmer, qu'il
» compromettrait la vie du monarque qu'il
» espérait de sauver, et qu'il ne pourrait forcer
» la nation française à recevoir des lois dictées
» par l'étranger. »

Il est probable que ce langage, la connaissance des vues du cabinet britannique, les représentations adroites de quelques ministres, les efforts de l'envoyé de France, et les conseils temporiseurs de Léopold, ébranlèrent la résolution de Frédéric-Guillaume, et ralentirent son ardeur sans l'éteindre ; car il consentit à écrire à l'électeur de Trèves pour lui conseiller de ne plus permettre l'armement des émigrés dans ses États. Ses ministres se montrèrent disposés à suivre une négociation pour indemniser en terres les princes allemands posséssionnés en Alsace ; Frédéric déclara en même temps qu'il ne combattrait la France que si elle attaquait l'empereur ou quelque prince de l'Empire.

Cette détermination pacifique pouvait n'être

pas bien sincère ; mais aucune démarche ostensible ne la démentait, et M. de Ségur, en quittant la cour de Berlin, aurait pu croire sa mission pénible terminée avec succès, si la découverte des intrigues imprudentes et secrètes qui déjouaient les pacificateurs, et si la connaissance complète des passions fougueuses et inconciliables des différens partis au dedans et au dehors de la France, ne l'avaient pas convaincu que l'orage n'était que suspendu, qu'un esprit de vertige général allait bientôt le faire éclater, et que l'Europe entière deviendrait inévitablement un théâtre de proscriptions, une arène sanglante où lutteraient long-temps, sur des millions de victimes, l'ambition des rois, la frénésie des peuples, le délire de l'orgueil et les fureurs de l'anarchie.

Le succès passager des négociations entamées pour prolonger la paix, ne calma point la fermentation des esprits en France ; les jacobins redoublaient d'audace lorsqu'ils croyaient inspirer quelques craintes, comme ils redoublaient de fureur lorsqu'ils étaient frappés d'effroi. Le corps législatif, dont la majorité tremblante se laissait souvent entraîner par une minorité hardie, avait fait un décret qui prononçait la déchéance des princes français absens de leur pays, et venait d'en promulguer un autre pour rappeler en France tous les émigrés, sous peine, en cas de désobéissance, de voir leurs biens séquestrés.

Si les émigrés s'étaient soumis à cet ordre, les anarchistes auraient rencontré plus d'obstacles dans leurs funestes projets; ils auraient eu moins de prétextes pour égarer le peuple, pour changer de mains les propriétés, et pour accuser de complicité avec l'étranger toutes les victimes innocentes qu'une tyrannie sanglante dévoua depuis à la proscription.

Mais, en même temps que la loi rappelait les Français expatriés, les factions multipliaient partout les désordres et les dangers qui forçaient les propriétaires à fuir leurs foyers; d'un autre côté, les puissances étrangères, par une fausse politique et des promesses séduisantes, enflammaient l'enthousiasme des royalistes aveuglés, et leur faisaient envisager comme un point d'honneur d'accourir sous leurs drapeaux pour reconquérir les droits de la royauté et les priviléges de la noblesse.

Les Français qui ne croyaient pas que le moyen de défendre le roi fût de l'abandonner, et qui ne pensaient pas qu'on pût servir son pays en se mêlant aux bataillons de ses ennemis naturels, furent placés, depuis cet instant, dans la position la plus critique : accusés au dehors de manquer à l'honneur, soupçonnés au dedans de s'entendre avec le parti qu'ils avaient refusé de suivre, leur courageuse sagesse fut constamment la victime des fureurs de la démagogie et de l'aveugle haine des préjugés. Le temps a trop complétement justifié leur prévoyance, et les leçons qu'il a données doivent prouver éternellement, aux hommes de tous les pays, à combien de malheurs on expose sa patrie lorsqu'on l'abandonne, et à quelles erreurs on se livre lorsqu'on se fie aux promesses trompeuses et à la protection intéressée de l'étranger.

Malgré l'agitation violente des partis, les clameurs des jacobins, l'effervescence des sections, les imprudences des émigrés, les intrigues des mécontens, et les préparatifs militaires des puissances germaniques, Louis XVI, soutenu par un ministère sage, une garde fidèle et la majorité du corps législatif, semblait pouvoir encore tenir quelque temps, au milieu de ces écueils, le gouvernail fragile que la constitution avait remis dans ses faibles mains, lorsque, effrayé tout à coup par de nouveaux périls qu'un peu d'audace aurait dissipés, il changea subitement de ministère, et donna, par ce moyen, à la minorité une force qu'elle n'aurait peut-être pas pu conquérir.

1792.

Le roi, mécontent de la conduite de M. de Narbonne à l'égard de ses collègues, le renvoya; M. Brissot, profitant du mécontentement que cette démarche inspirait au côté droit de l'assemblée, fit décréter d'accusation M. de Lessart, ministre des affaires étrangères : l'utile modération de son langage dans ses négociations avec la cour de Vienne fut le crime qu'on lui reprocha. Le monarque, effrayé de cet événement, et craignant de voir dénoncer la reine, comme on l'en avait secrètement averti, crut éviter l'orage en y cédant, et remplaça tous ses ministres par des hommes que leur ardeur ou leur politique avaient rendus très influens dans le club des jacobins *.

Le général Dumouriez fut placé à la tête de ce nouveau ministère. Connu depuis longtemps par son activité en intrigues, par ses aventures en Pologne, par la fermeté avec laquelle il avait résisté à la toute-puissance du ministre duc d'Aiguillon, ambitieux, habile, entreprenant et téméraire, il avait tour à tour favorisé et comprimé les factieux dans quelques provinces. Envoyant des mémoires et des

* M. de Grave fut le seul ministre constitutionnel qui resta par attachement auprès du roi; et, parmi les nouveaux ministres, MM. Duranthon et Lacoste doivent être distingués, par leurs principes modérés, de leurs collègues dévoués à l'opposition.

conseils au roi, se couvrant sans scrupule du bonnet rouge à la tribune des jacobins, marchant, par tous les chemins qu'il rencontrait, au pouvoir et à la célébrité, il était également disposé à relever le trône s'il en avait la force, ou à profiter de sa chute s'il ne pouvait l'empêcher.

La cour pouvait tirer un grand parti de ses talens, de son audace et de sa popularité; mais elle ne savait ni résister, ni dissimuler, et elle aigrit par sa méfiance les ministres qu'elle avait pris par faiblesse.

Dès que le général Dumouriez vit qu'il n'y avait plus d'espérance de ce côté, il paraît qu'il ne s'occupa plus que du désir de s'illustrer à la tête des armées; cessant de garder, dans les négociations, la mesure et les ménagemens qui pouvaient conserver la paix, il prit le ton impérieux qui devait nécessairement amener la guerre.

Il est vrai qu'il crut, en la faisant éclater, n'avoir à combattre que le roi de Hongrie et de Bohême. Jugeant la politique du roi de Prusse d'après les intérêts de ce prince, et non d'après son caractère, il ne pût jamais se persuader que le cabinet de Berlin fût sincère dans ses liaisons avec l'Autriche; son aveuglement sur ce point fut tel, qu'il chargea le jeune Custines de faire au ministère prussien des propositions d'alliance, dont le refus ne put encore dissiper son erreur.

Le sage Léopold n'existait plus. François II, qui lui avait succédé, était plus ardent et plus disposé à suivre les conseils des partisans de la guerre; il fit répondre avec aigreur aux dépêches menaçantes du ministre français, et Louis XVI, pressé par son conseil, fut bientôt obligé de se précipiter dans l'abîme qui devait se refermer sur lui pour toujours.

Sa position devenait en effet de plus en plus critique : en combattant, il lui était aisé de prévoir qu'au moindre revers il serait accusé d'avoir appelé les ennemis de l'État dans le sein de la France; d'un autre côté, s'il refusait de céder à l'ardeur de ses ministres, on lui reprocherait de s'entendre avec les étrangers et d'avilir la dignité nationale. Dans cette perplexité, il fit ce qu'il faisait toujours; il céda à l'orage le plus prochain, et vint, au milieu des acclamations de l'assemblée nationale, déclarer la guerre au roi de Hongrie et de Bohême.

Cette déclaration de guerre soudaine produisit en Europe une surprise générale, et la satisfaction qu'elle donna aux ennemis de la révolution française ne fut mêlée, dans les premiers momens, d'aucune crainte grave : à cette époque, on n'était effrayé que de la contagion des principes de la France, on ne redoutait point la force de ses armes.

L'épuisement des finances de ce royaume, qui avait été la cause des premiers troubles, était augmenté. Ce pays, divisé par mille factions, semblait hors d'état de résister à une ligue puissante, et ses troupes insubordonnées ne paraissaient pas propres à soutenir le choc des légions disciplinées de la Germanie.

Les émigrés se voyaient, par cette rupture, au comble de leurs vœux ; ils se flattaient d'avoir en France de nombreux partisans ; ils croyaient que l'armée française, abandonnée par eux, et commandée par des sous-officiers ou des hommes inexperts au métier des armes, n'opposerait aucun obstacle à leur marche triomphante. Persuadés, dans leur malheureuse illusion, que l'enthousiasme des Français pour le mot *liberté* n'existait pas, et que le royaume était opprimé par un petit nombre de factieux, ils assuraient le roi de Prusse que le peuple entier se lèverait à son approche, que tous les cœurs voleraient au devant de lui, et qu'en relevant le trône et l'autel, il verrait toute la nation empressée d'expier les fautes des coupables ambitieux qui l'avaient égarée.

« Il n'était pas nécessaire, disaient-ils, de
» suivre la prudente méthode et de prendre
» les précautions qu'exige la sagesse dans les
» autres guerres; les villes se rendraient sans
» siége, l'armée serait nourrie sans magasin,
» et cette courte campagne ne devait être qu'un
» voyage dont on pouvait d'avance régler les
» journées. »

L'amour-propre de Frédéric-Guillaume lui fit adopter, sans réflexion, les idées qui flattaient sa vanité; il partagea l'erreur des Français expatriés, parce qu'il partageait leurs passions et leurs ressentimens. Si quelques généraux habiles, si quelques ministres expérimentés doutèrent de la possibilité d'un succès si rapide, les premières opérations des Français, la mollesse de leurs attaques, les querelles de leurs chefs, la terreur de leurs soldats, et le désordre de leur déroute, imposèrent silence à la raison, et donnèrent, pendant quelques momens, aux brillantes illusions du roi de Prusse, toute l'apparence de la réalité.

Frédéric-Guillaume ne porta d'abord dans cette grande querelle aucune vue intéressée : vivement blessé des atteintes portées à l'autorité royale, et haïssant franchement les démocrates, il s'arma loyalement pour rendre à Louis XVI son pouvoir, sans aucun projet de s'agrandir à ses dépens. La cour de Vienne, moins désintéressée, comptait probablement faire payer un peu cher au roi de France le service qu'elle prétendait lui rendre.

Aussi, quoiqu'elle fût dans la même erreur que ses alliés sur la facilité de la conquête, elle crut devoir rassembler plus de forces contre la France, qu'elle voulait plutôt démembrer que régénérer; laissant à Frédéric-Guillaume l'honneur chevaleresque de briser les fers d'un monarque au centre de ses États, de le replacer sur son trône, elle se chargea politiquement de la guerre des frontières, de l'attaque de la Flandre et de l'Alsace, objets constans de son ambition.

Tous les gouvernemens de l'Europe étaient alors aussi irrités que ces deux puissances contre le système désorganisateur des jacobins et leur ardeur pour le propager : ils ne prévoyaient pas plus qu'elles la défense vigoureuse des Français, et les prodiges de valeur par lesquels cette nation énergique devait maintenir son indépendance ; mais leur politique, guidée par des intérêts différens, faisait craindre à quelques-uns d'entre eux des progrès trop rapides et l'agrandissement de l'Autriche aux dépens de la France. Ils auraient désiré que les succès de la cour de Vienne fussent assez décisifs pour rendre à Louis XVI son autorité, sans être assez faciles pour amener des conquêtes qui changeraient la balance de l'Europe.

Ainsi, lorsque les cours de Vienne et de Berlin invitèrent, à Ratisbonne, les princes de l'Empire à fournir leur contingent contre les Français, cette déclaration fut assez froidement accueillie. Peu de co-États se prêtèrent à ce qu'on leur demandait; les électeurs de Saxe et d'Hanovre se déclarèrent neutres.

Le Danemarck ne prit aucune part active à la guerre. La cour de Stockholm, qui était, peu de temps avant, plus ardente que toutes les autres, avait changé de chef et de système. Gustave III venait de périr victime du ressentiment de quelques nobles. Ce prince, qui mérite, par son active ambition, son éloquence, ses actions courageuses, sa valeur impétueuse, ses défauts nombreux et ses qualités brillantes, d'obtenir dans l'histoire une place distinguée, voulait, après avoir abaissé la noblesse de Suède, relever celle de France; on assure que son projet était de se mettre à la tête des émigrés français, dont il avait soutenu l'espérance et enflammé l'enthousiasme.

Quelques conspirateurs, les uns pour rétablir l'autorité du sénat, les autres pour venger de légères injures personnelles, résolurent de le tuer au milieu du désordre d'un bal masqué. Lilien-Horn, un des conjurés, pressé par ses remords, voulut sauver les jours du roi, sans trahir ses complices; il l'avertit par un billet de ne point aller à cette fête, parce qu'il y trouverait la mort. Gustave III méprisa cet avis : sourd aux instances, insensible aux larmes d'un ami qui le suppliait de ne pas s'exposer à ce péril sans gloire et sans nécessité, il se rendit témérairement au bal. Ankarstroem, choisi par le sort, entre les conspirateurs, pour exécuter ce complot, lui tira un coup de pistolet qui le blessa mortellement. Le roi vécut encore quelques jours, et développa, dans son malheur, un courage constant et une héroïque fermeté. En vain quelques conjurés, pour voiler leur secret, essayèrent de faire tomber les soupçons sur les Français. L'assassin fut bientôt découvert et arrêté; il nomma deux conjurés, et reçut sur l'échafaud la punition de son crime. Ses deux complices furent condamnés à mort; mais le duc de Sudermanie, revêtu de la régence, commua la peine en exil, par clémence ou par politique.

Le régent, qui s'était distingué à la tête des armées navales, était moins ambitieux, moins ardent que son frère; son courage l'avait fait briller dans la guerre, mais sa prudence lui faisait sentir le prix de la paix; la Suède en avait besoin. Il s'occupa du soin de réparer ses pertes, ne voulut pas l'engager dans de nouvelles querelles, et prit le parti de rester spectateur paisible de ces sanglans débats. La puissance de la France importe à la sûreté des Suédois, et le duc de Sudermanie était trop éclairé sur les vrais intérêts de son pays pour ne pas craindre la ruine ou l'affaiblissement de son antique alliée.

L'Angleterre, qui désirait la prolongation des malheurs et l'anéantissement du commerce de la France, ne voulut d'abord ni empêcher la guerre par sa médiation, comme M. de Chauvelin, ministre français, le lui proposait, ni s'en mêler, comme la ligue l'en pressait. L'anarchie intérieure et la guerre extérieure, en épuisant la France, sans qu'il en coûtât d'argent au cabinet de Saint-James, remplissaient les vœux du ministère britannique. Si, comme on le croyait, la France était écrasée, il profiterait de sa chute et prendrait alors sans peine, dans les colonies, des équivalens aux conquêtes que les autres puissances voudraient garder sur le continent. Si, par un hasard difficile à prévoir, la France était victorieuse, alors l'Angleterre, arrêtant ses progrès, s'unirait à ses ennemis pour l'accabler. Dans tous les cas, en alimentant le feu qui venait de s'allumer, l'épuisement certain des Français et la chute de leur marine devaient venger les Anglais de la révolution d'Amérique.

Par suite de ce système, la Hollande, dont l'intérêt réel était de rester neutre, fut quelque temps après déterminée à entrer dans la coalition; le stathouder, haïssant personnellement la France, n'eut aucune peine à prendre ce parti impolitique.

Les princes d'Italie, consultant plus leurs passions que leur sûreté, accédèrent à la ligue avec imprudence et sans utilité. Le roi d'Espagne, redoutant presque également pour la France le délire de ses démagogues et l'ambition des Anglais, craignait d'aggraver les malheurs de Louis XVI en voulant le secourir; il garda jusqu'à la mort de ce monarque une sage neutralité.

Le Portugal suivit l'impulsion anglaise, et la prise de quelques-uns de ses navires le fit à peine apercevoir au rang des ennemis de la France.

La Suisse, au sein de ses montagnes, jouit long-temps des douceurs de la paix; mais l'or qui l'inonda l'amollit : son repos ne fut ni assez ferme ni assez impartial; elle devint, quelques années après, un théâtre affreux de désordre et de carnage, parce qu'elle ne sut ni défendre ses lois ni faire respecter son indépendance.

L'impératrice de Russie, victorieuse des Ottomans et tranquille du côté de la Suède, avait échauffé l'ardeur des émigrés par de magnifiques promesses qu'elle n'avait ni la possibilité ni la volonté de remplir. Les feux de l'Occident étaient trop éloignés pour l'atteindre; tandis que les puissances germaniques, selon les vœux de son ambition, s'engageaient avec la France dans une lutte sanglante qui devait occuper toutes leurs forces, elle se préparait à se venger sans obstacles, par d'utiles conquêtes, des humiliations qu'elle avait éprouvées en Pologne.

Dès que l'incendie qu'elle attendait eut éclaté, ayant fait entendre aux cabinets de Vienne et de Berlin que leur intérêt était de s'opposer à tout changement de forme quelconque dans les gouvernemens de l'Europe, elle déclara aux Polonais que leur constitution, contre laquelle une vingtaine de nobles tout au plus avait protesté, était illégale et dangereuse, qu'ils devaient revenir à leurs anciennes lois, qu'elle les y contraindrait par la force s'ils voulaient résister à ses conseils, et qu'elle obtiendrait par les armes une juste réparation des griefs dont elle se plaignait avec autant d'aigreur que de mauvaise foi.

La diète polonaise, plus indignée qu'effrayée, ne connaissait pas la révolution qui s'était opérée dans la politique des rois; elle ne pouvait croire que ceux qui avaient dirigé ses opérations, aiguillonné son courage, l'abandonnassent aux vengeances de Catherine, et consentissent à voir agrandir sur leurs ruines la puissance colossale de la Russie. On résolut de défendre la liberté et de courir aux armes.

Stanislas-Auguste implora le secours du roi de Prusse, et réclama l'exécution du traité d'alliance de 1790, qui l'unissait à lui; mais il fut déplorablement trompé dans son espérance: Frédéric-Guillaume, feignant d'oublier qu'il avait fomenté l'insurrection des Polonais, en les excitant à se rendre indépendans, qu'il avait voulu les armer contre la Russie, et que son ministre Goltz avait, en son nom, donné l'approbation la plus complète à leur sage constitution, répondit au roi de Pologne qu'il avait toujours prévu les suites funestes des changemens qui s'étaient opérés dans le gouvernement polonais; qu'il lui conseillait de céder à l'impératrice, pour éviter de grands malheurs; et que, le pacte constitutionnel étant postérieur au traité d'alliance, il n'était plus obligé d'en exécuter la disposition par laquelle il avait promis des secours, si quelque puissance étrangère attaquait la Pologne, et s'immisçait dans ses affaires intérieures.

Ce manque de foi et ce lâche abandon n'anéantirent point l'espoir de cette nation infortunée; elle crut que son courage lui tiendrait lieu de force, d'argent et d'allié. Elle mérita par sa vaillance un roi plus ferme, des ennemis plus généreux, des amis plus fidèles et un meilleur sort.

Mais sa résistance fut inutile et courte; Stanislas l'abrégea par sa faiblesse : intimidé par les menaces de Catherine, trompé par ses promesses, il fit retirer son armée que le célèbre Kosciusko avait déjà, en quelques rencontres, illustrée par sa valeur. Il céda honteusement à son ennemi; l'impératrice, abusant de la victoire, opprima et démembra le pays qu'elle voulait, disait-elle, protéger ; elle punit avec cruauté cette république de s'être changée en monarchie, tandis que le roi de Prusse et le roi de Hongrie se préparaient à châtier une monarchie qui prenait la forme d'une république.

Il était nécessaire de retracer rapidement

les dispositions de toutes les puissances européennes, au moment où la guerre éclata. On voit à présent quelle était leur erreur; puisque l'esprit révolutionnaire, qui leur semblait si redoutable pendant la paix, leur paraissait en même temps si facile à détruire à coups de canon.

On ne calculait pas les ressources que le papier-monnaie devait donner aux Français pendant plusieurs années; on ne s'apercevait pas que la garde nationale, instituée par le général la Fayette, avait créé quatre millions de soldats, animés par l'attrait de la nouveauté, l'enthousiasme de la liberté, formés à l'exercice fréquent des armes, et plus redoutables que les combattans soldés qui faisaient la guerre par obéissance, mais sans passion; on oubliait que la France possédait le corps d'artillerie le plus instruit de l'Europe; on ne savait pas que la troupe nombreuse des officiers restés à leur poste et des sous-officiers, remplis d'instruction, enflammés par la perspective brillante d'avancement et de gloire que la révolution ouvrait devant eux, allait développer les talens des Hoche, des Menou, des Desaix, des Kleber, des Macdonald, des Moreau, des Pichegru, des Massena, des Moncey, des Brune, et de tant d'autres guerriers qui devaient renouveler, dans ces temps modernes, les exploits des héros antiques, et dédommager la France, en quelque sorte, par leur gloire, de la honte d'une tyrannie atroce.

Cependant, quoique la ligue se trompât sur les moyens de défense des Français, sur la possibilité de changer par la force les opinions que la compression allait rendre plus énergiques, et qu'elle commît une grande imprudence en approchant ses soldats d'un pays dont elle disait les principes si contagieux, elle pouvait encore obtenir quelques succès dans son entreprise, si elle avait su ménager les esprits au lieu de les aigrir, et diviser les partis au lieu de les réunir.

La France était déchirée par quatre factions : les royalistes absolus, qui voulaient l'ancien régime; leur nombre était faible, et leur puissance était au dehors : les monarchistes constitutionnels ; c'était la majorité immense de la nation ; leur vœu général était l'alliance du trône avec la liberté : les républicains ; ce parti faible encore, composé de quelques penseurs hardis, ne prévoyait pas ses triomphes : enfin, les anarchistes ; c'était la lie de toutes les classes en minorité dans chaque partie de la France, mais profitant des troubles pour exciter la fermentation de la populace des grandes villes. Cette faction détestable, universellement haïe et méprisée, ne pouvait prendre quelque empire que dans les momens où le peuple en danger se livrait à la méfiance et à la terreur.

Si la coalition avait paru soutenir le parti constitutionnel, elle aurait pu croire que la confiance et la paix replongeraient dans le néant ces factieux absurdes et cruels, qui n'en auraient jamais dû sortir. Mais, puisque tous les rois, aveuglés par leurs passions, voulaient combattre une constitution que l'expérience seule aurait corrigée, au moins devaient-ils donner des soldats aux princes émigrés, et ne point se présenter en conquérans de la France; alors une guerre civile, après des succès balancés, aurait probablement terminé la querelle des partis, en modifiant la charte constitutionnelle au profit du trône et de la vraie liberté. Mais la ligue royale, intéressée dans ses projets, passionnée dans ses ressentimens, traînant à sa suite les émigrés, lorsqu'elle envahissait leur patrie, excita contre eux l'indignation générale, et força tous les partis divisés à se réunir pour la défense commune.

En les réduisant au désespoir par l'excès de leurs périls, elle créa l'affreuse puissance que l'anarchie jacobine exerça sur une nation éga-

=rée, et qu'on fut au moment de voir régner, dans tout l'univers, sur les ruines de l'ordre social.

La cour de Vienne, dans son manifeste, rappelait les griefs des princes de l'Empire, la fausse interprétation donnée à la protection accordée aux émigrés, le rassemblement d'une armée française près des Pays-Bas, la captivité du roi, l'anarchie des Français, le danger des trônes, et la nécessité de rendre à la France son ancien gouvernement monarchique.

Le manifeste de Berlin, mieux rédigé *, quoique plus étendu, appuyait davantage sur les droits des princes allemands, sur le danger de la propagation révolutionnaire, et sur l'agression des Français contre son allié et contre l'Empire.

Les deux cours, dans leurs déclarations, montraient qu'elles ne croyaient pas à la sincérité de l'acceptation de la constitution par Louis XVI. Cette imprudence augmentait cruellement les dangers de ce monarque, l'embarras de ses défenseurs et la fureur de ses ennemis.

Le roi de Prusse, qui avait fait marcher cinquante mille hommes, fut reçu à Coblentz comme un sauveur par les émigrés, qui se

_____
* Voyez ce manifeste à la fin du volume.

croyaient déjà à Paris et au terme de leur malheur. Le duc de Brunswick, nommé général des armées de la coalition, commit à son début la plus grave faute, en publiant volontairement, ou contre son gré, ce célèbre manifeste qui révolta tous les Français, et leur fit sincèrement jurer de vaincre ou de mourir.

Jamais on ne connut plus mal les esprits qu'on voulait ramener, et les hommes qu'on allait combattre; jamais, avant la victoire, on ne dicta des lois plus impérieuses; jamais on ne réveilla la vaillance et l'honneur d'un peuple indépendant par des menaces plus outrageantes. Le duc de Brunswick, dans cet impolitique écrit, après avoir rappelé les manifestes des puissances germaniques, après avoir annoncé qu'il vient les armes à la main relever le trône et l'autel, et détruire l'anarchie, déclare « qu'il punira comme rebelles tous les
» Français qui défendront leur pays; les rend
» individuellement responsables des attentats
» des jacobins contre le roi, et menace toutes
» les autorités constituées, tous les citoyens,
» de mort, et toutes les villes et villages d'exé-
» cution militaire et de pillage, en cas de ré-
» sistance ou de désordres. »

Les effets de cette insolence furent une indignation générale, un armement universel, et malheureusement aussi une méfiance alimentée par l'indiscrétion des Français expatriés, qui se vantaient d'avoir des intelligences partout. Cette méfiance eut principalement la cour pour objet. En vain Louis XVI exprima, dans une lettre à l'assemblée nationale, le mécontentement que lui inspirait ce manifeste, dont il sentait tout le danger pour sa personne : sa lettre fut mal-accueillie. Bientôt le maire Pétion et quelques députés des sections, égarés par les jacobins, osèrent demander son exclusion du trône.

L'effervescence excitée par la guerre et par les manifestes étrangers, dans tous les esprits, produisit deux effets fort contraires : un grand accord dans les volontés pour courir aux armes, et une funeste disposition à la discorde qui devait paralyser les premiers efforts.

L'assemblée nationale déclara, par un décret, la patrie en danger. De pareilles déclarations augmentent presque toujours le péril au lieu de l'éloigner, et font naître les troubles intérieurs par les mesures rigoureuses que la crainte emploie pour les prévenir.

De ce moment les jacobins, voyant ou feignant de voir des traîtres parmi tous les officiers dont ils haïssaient le rang, où dont ils convoitaient les places, empoisonnèrent par leurs soupçons l'esprit des soldats, qui marchaient aux combats avec l'incertitude que donne la méfiance. Soit que le ministre partageât de bonne foi ces inquiétudes, soit que le général Dumouriez, par une ambition coupable, eût formé, comme on l'a prétendu, le projet de perdre le général la Fayette ou le général Rochambeau pour leur succéder, ces généraux se plaignirent de la faiblesse des moyens qu'on leur donnait, de l'insuffisance des munitions qu'ils recevaient, de l'insubordination qu'on protégeait, de la publicité des instructions qu'on leur adressait. Aussi les premières opérations furent lentes, sans succès, et l'on perdit en marches inutiles, en tentatives infructueuses, les trois mois qu'on s'était donnés pour agir, en prévenant l'empereur qui ne s'était pas préparé à une rupture si prompte.

Les généraux Rochambeau, Luckner et la Fayette, avaient formé le plan d'envahir les Pays-Bas. Le général la Fayette devait être chargé de l'exécution avec cinquante mille hommes. Le général Rochambeau devait le soutenir par une seconde armée; une troisième était destinée à s'emparer de Mayence. Le ministre Dumouriez fit des changemens à ce plan. Le duc de Biron, qui avait plus de bravoure et d'esprit que de talent militaire, obtint le commandement d'un corps détaché de l'armée de Rochambeau ; il reçut l'ordre d'attaquer Mons, tandis que Théobald Dillon faisait du côté de Tournay une diversion. L'attaque de Mons ne produisit qu'une déroute ridicule et la perte de beaucoup d'équipages. Ce revers fut l'effet du défaut d'ensemble des troupes et de la trahison de quelques hommes, qui crièrent *qu'on était coupé*, et répandirent dans l'armée une terreur panique. On ne sait jusqu'où la désorganisation se serait portée, si le maréchal de Rochambeau n'était venu avec quelques régimens recueillir et rassembler les fuyards, que personne ne poursuivait. Le corps de Théobald Dillon * s'enfuit au premier coup de canon et massacra son chef.

Dans le même temps on avait ordonné au général la Fayette de se rendre avec dix mille hommes à Givet, pour attaquer Namur : on

* Le ministre de la guerre, M. de Grave, assure que Théobald Dillon ne devait faire qu'une fausse attaque avec une colonne de cavalerie, et qu'il n'exécuta pas ses instructions. Ce même ministre, qui n'était pour rien dans les intrigues du général Dumouriez, répond aux plaintes du général la Fayette en citant tous les rapports officiels faits à cette époque ; qu'en arrivant au ministère, il trouva que le comte de Narbonne avait été trompé sur l'état de l'armée ; qu'il y existait un incomplet de cinquante mille hommes ; que les deux tiers des emplois d'officiers étaient vacans, et qu'on manquait totalement de munitions et d'effets.

ne lui avait donné ni tentes, ni moyens de transport, ni vivres, ni fourrages; il semblait qu'on voulait faire retomber sur lui le mauvais succès de son expédition. Ses instructions, avant de lui être parvenues, étaient connues dans les cafés de Paris. Malgré les obstacles qui devaient l'arrêter, il arriva au jour fixe; et il ne trouva aucune mesure prise pour exécuter son attaque : il apprit à Givet le désastre de Mons, et reçut du ministre l'ordre de ne point continuer une opération dont la principale partie venait d'échouer. Un corps de trois mille hommes, sous les ordres du général Gouvion, fut attaqué près de Bouvines par les Autrichiens, se défendit courageusement, et se retira sous le canon de Philippeville, sans être entamé. Le maréchal de Rochambeau, fatigué par les intrigues qui le poursuivaient, quitta le commandement de l'armée. Le ministre Dumouriez, qui venait de faire renvoyer Roland, Clavière et Servan, ses collègues, après une querelle scandaleuse qui s'était élevée entre eux sur l'emploi secret de six millions, se fit nommer lieutenant-général, sous les ordres du maréchal Luckner, qui entra dans les Pays-Bas. L'avant-garde du général la Fayette fut placée à Grisvelle, en avant de Maubeuge. Les troupes du camp retranché devaient se porter sur le flanc droit de l'ennemi : les ordres furent lentement exécutés; les colonnes arrivèrent lorsque les Autrichiens se retiraient sur Mons. Le corps de Grisvelle fit sa retraite sur Maubeuge. Le général Gouvion, qui le premier avait prouvé que l'ardeur française savait résister à la discipline allemande, fut tué dans cette affaire. Le général la Fayette prit ensuite une position à Bavay, et le maréchal Luckner entra dans Menin.

L'armée était encore troublée par les déroutes de Mons et de Tournay. Le général Valence, à la tête des bataillons de grenadiers, se voyant attaqué par les Autrichiens, rallia les Français, leur rappela leur antique valeur, repoussa avec perte les ennemis, prit quelques batteries, et s'empara de Courtray. Ce premier avantage avait ranimé la confiance des troupes; mais les troubles intérieurs, qui annonçaient l'approche d'un nouvel orage révolutionnaire, empêchèrent le ministère d'autoriser les généraux à profiter de leurs succès.

Le général la Fayette, qui croyait que les intrigues des jacobins étaient plus dangereuses pour la France que les canons de la coalition, écrivit, le 16 juin, à l'assemblée nationale, pour dénoncer la conduite perfide de ces désorganisateurs; mais tandis qu'il attaquait inutilement de loin cette faction redoutable, elle se fortifiait dans l'opinion publique par les malheurs mêmes dont elle était la cause. Le parti républicain, par une fausse politique, se joignit momentanément à ces démagogues factieux ; il ignorait encore qu'une pareille alliance se paie nécessairement par beaucoup de honte et de sang.

Le 20 juin, une multitude féroce, poussée par les magistrats, dont le devoir était de la contenir, se porta au château des Tuileries, le força, et vint accabler le roi d'injures et de menaces. Le prétexte de ce mouvement était d'obtenir par la peur la sanction de quelques décrets ; mais son but réel était de faire reprendre au roi les ministres républicains qu'il avait renvoyés, en le contraignant de chasser les ministres constitutionnels qui les remplaçaient.

Les instrumens anarchiques dont on s'était servi dans cette occasion auraient probablement voulu pousser plus loin cette entreprise, et tout annonçait qu'on allait voir renouveler aux Tuileries les scènes sanglantes de Versailles. Mais le peu d'accord des chefs du complot, l'antique habitude du respect pour le trône, et la froide fermeté de Louis XVI, suspendirent encore ce jour-là les fureurs des séditieux; ils se retirèrent sans avoir rien obtenu, mais après avoir placé sur la tête du monarque le bonnet rouge, emblème fatal du sang qui devait bientôt couler.

L'administration départementale, composée d'hommes attachés à l'ordre et à la constitution, destitua le maire Pétion pour avoir favorisé le désordre qu'il aurait dû prévenir. Le roi confirma cette destitution. Pétion vint avec audace plaider sa cause devant l'assemblée, et le corps législatif, effrayé par l'effervescence populaire, annula l'arrêté du département. Pétion, à qui cette lutte parut alors donner quelque éclat, éprouva bientôt combien il est dangereux de confondre la populace avec le peuple, et avec quelle rapidité l'aveugle multitude passe de l'enthousiasme à la haine. Lorsque les rues retentissaient à son passage de ce cri de triomphe : *Pétion ou la mort!* il ne prévoyait pas que, peu de mois après, ce même peuple, égaré par des scélérats, crierait avec la même frénésie : *Pétion et ses amis à la mort!*

Les événemens du 20 juin annonçaient évidemment une seconde révolution; en vain les constituans et les amis de l'ordre espéraient l'empêcher. L'insubordination des armées, l'approche des ennemis, leurs premiers succès, la faiblesse de la cour, la méfiance qu'elle inspirait, la discorde dans le sein du corps législatif, le fanatisme populaire excité par les clubs dont la France était couverte, et dont la constitution autorisait l'existence, tout contribuait à rendre cette catastrophe inévitable.

Cependant le général la Fayette voulut tenter un dernier effort pour s'opposer à un bouleversement qui semblait devoir livrer les débris de la France à l'étranger. Chargé d'adresses signées par une foule d'officiers et de soldats, qui se plaignaient avec force de l'atteinte portée à la constitution par des factieux, il osa venir seul à Paris, et se présenta au corps législatif; il y parla avec fermeté, mais avec le peu de succès qu'obtient la sagesse lorsqu'elle plaide contre les passions : ceux qui les ont long-temps enflammées perdent leur puissance lorsqu'ils veulent les éteindre.

Il comptait sur l'empressement mérité et l'entourage imposant de la garde nationale : cette garde, intimidée par les dispositions de la populace, et paralysée par la méfiance de la cour, trompa l'espoir du général ; elle n'osa pas venir seconder par sa présence un courage que des vœux individuels secrets et stériles rendirent inutile. La popularité que le général la Fayette avait conservée, et qu'on ne put jamais lui faire perdre, ne lui servit alors qu'à ralentir la fougue des jacobins qui voulaient le proscrire. Il retourna à son armée, et fit proposer au roi de le conduire à Compiègne, en prévenant l'assemblée, et d'y faire protéger sa personne et la constitution par des troupes aussi braves que fidèles. Le roi refusa de suivre ce conseil, soit qu'il eût conservé des préventions contre les hommes qui avaient commencé la révolution, soit que sa faiblesse naturelle lui fît regarder l'inaction comme moins dangereuse que tous les partis qu'on lui proposait de prendre.

La reine alors était si persuadée que toutes les démarches de la cour paraîtraient criminelles aux démagogues soupçonneux, qu'elle fit cette réponse à l'aide-de-camp du général la Fayette : « Peut-être la position la plus heu-
» reuse pour nous, au milieu de cette grande
» fermentation, serait d'être enfermés dans une
» tour jusqu'au dénoûment de cette crise. »

Peu de temps après, le duc de la Rochefoucauld-Liancourt, sincèrement affligé des excès qui souillaient et des égaremens qui compromettaient la liberté, trouva, dans les dispositions des habitans de Rouen, le moyen d'offrir à Louis XVI un asile qu'il croyait sûr contre la fureur des démagogues. Le monarque rejeta aussi cette proposition : sa destinée semblait ainsi le porter à fuir tous les secours qui s'offraient à lui, et l'entraîner vers l'abime qui s'ouvrait sous ses pas.

Cependant les colonnes prussiennes s'avançaient, et leurs progrès vers les frontières du royaume accroissaient chaque jour la fermentation intérieure. Sous prétexte d'avoir une armée de réserve en cas de revers, l'assemblée législative avait voulu qu'on rassemblât près de Paris vingt mille patriotes ardens. Roland, homme impétueux, avait soutenu cette mesure avec chaleur, sans s'apercevoir que le but secret des auteurs de ce projet, qui depuis le proscrivirent, était de grossir leur parti pour se rendre les maîtres de Paris, et braver à la fois les magistrats courageux et les armées fidèles.

La cour, éclairée par la peur qui n'aveugle pas toujours, ne voulait pas consentir à ce rassemblement. Roland, en quittant le ministère, avait publié une lettre écrite au roi, dans laquelle il exhalait sa méfiance et son mécontentement, et il acheva par-là de perdre le monarque dans l'esprit du peuple et de ses représentans soupçonneux. Tout, depuis quelque temps, annonçait, par des signes certains, l'écroulement de la constitution. L'assemblée avait renvoyé de Paris trois régimens de ligne, décrété d'accusation le commandant de la garde constitutionnelle du roi, et forcé ce prince à licencier ce corps, seule barrière qu'il pouvait opposer aux factions.

Les clubs, les lieux publics, les sections retentissaient de déclamations fougueuses et de dénonciations violentes contre le monarque et sa famille. Dans les comités de l'assemblée, on délibérait sur sa déchéance ; dans les carrefours, des orateurs en haillons la demandaient à grands cris. Les gardes suisses, ces vieux alliés de la France, n'étaient plus regardés que comme les satellites d'un tyran; on exigeait leur éloignement.

Les nobles, les propriétaires, les négocians étaient désignés à la populace comme des auxiliaires de la coalition, comme des soutiens du despotisme, comme des ennemis éternels d'un peuple qui devait enfin partager leur fortune. Les bandes furieuses des hommes ardens du Midi venaient en foule, par leur présence redoutable et par leur énergique accent, enflammer la multitude avide de nouveautés, et effrayer les hommes paisibles.

Le roi, les officiers de sa maison, les ministres, les courtisans, les constitutionnels attachés à leurs lois, et les aristocrates effrayés, prenaient pour se défendre des mesures inefficaces, que l'on interprétait en projets d'attaque et de contre-révolution. Les royalistes, ennemis des lois nouvelles, mais hors d'état de les renverser, donnaient quelque apparence à ces soupçons, en formant au prince une garde illégale, plus dangereuse qu'utile, et en refusant dédaigneusement de se mêler dans les rangs de la garde nationale.

Cet état violent de fermentation ne pouvait durer long-temps, et le 10 août on vit enfin éclater cet orage annoncé depuis deux mois par tant de craintes, d'intrigues, de fautes et de passions.

Toute la nuit qui précéda cette journée fut employée, de part et d'autre, aux préparatifs d'attaque et de défense, et des deux côtés il régnait beaucoup de désordre dans les combinaisons et d'incertitude dans les mouvemens. Le château des Tuileries était protégé par une garde nationale bien disposée mais méfiante, et par des Suisses intrépides; les appartemens étaient remplis d'une foule d'officiers et de courtisans dont l'ardeur indiscrète et le zèle imprudent servaient, sans qu'ils s'en doutassent, la cause de leurs ennemis. Les émissaires des jacobins profitaient de la présence de ces royalistes, *coupables de fidélité*, pour verser le soupçon dans l'esprit de la garde nationale.

« Pourquoi, disaient-ils, rassembler ainsi
» cette troupe d'aristocrates armés ? S'ils vou-
» laient défendre la constitution, ils seraient
» à leurs places de citoyens, dans les rangs de
» nos bataillons; ils en porteraient l'uniforme;
» mais ils détestent la révolution et nous mé-
» prisent. Tous ces bruits de sédition sont
» supposés par eux; ils nous trompent; ils
» veulent nous faire attaquer le peuple; et
» nous serions, en les suivant, les aveugles
» instrumens de la contre-révolution qu'on
» prépare. »

Ces propos, écoutés par la garde nationale, excitaient son inquiétude, ébranlaient sa résolution, et, répétés avec adresse dans les faubourgs de Paris, ils y répandaient la fermentation et la crainte.

La majorité immense des députés n'était point dans la confidence du complot tramé contre la cour. Les conjurés avaient peu de partisans dans l'assemblée : le côté droit était décidé à soutenir le roi; et, dans le côté gauche, un grand nombre d'hommes les plus ardens, n'entrevoyant l'espoir d'établir une république en France que dans un avenir éloigné, ne s'étaient proposé, dans leurs efforts, que de parvenir à enchaîner, par des ministres de leur choix, un roi dont ils se défiaient. Ainsi l'assemblée, effrayée par l'orage qui l'entourait, troublée par les différentes nouvelles qui lui parvenaient, était presque aussi tremblante que la cour, et attendait en frémissant cette explosion, dont elle ne connaissait pas entièrement l'objet, et dont on ne pouvait prévoir la fin.

D'un autre côté, les conjurés, qui avaient à leur tête Danton, Robespierre, Marat, Collot-d'Herbois, Barbaroux, Fabre-d'Églantine, Chabot, n'étaient pas sans inquiétude ; ils avaient contre eux la constitution, les autorités constituées, les gardes suisses, la plus grande partie des bataillons parisiens ; et ils connaissaient trop la populace qu'ils animaient pour ne pas savoir qu'elle est toujours esclave du succès, et que d'un moment à l'autre les guides de sa furie peuvent en devenir les victimes.

Leurs tentatives pour donner à leur conjuration une forme légale avaient échoué ; l'assemblée législative ne voulait pas prononcer la déchéance du roi, et la majorité s'était récemment prononcée pour le général la Fayette, lorsqu'on avait voulu le décréter d'accusation. Un trait suffit pour peindre à la fois la violence et l'embarras des conspirateurs. Après la victoire, la vanité est indiscrète ; et Chabot, oubliant qu'il justifiait par son aveu la cour qu'il avait accusée d'agression, déclara publiquement que, les conjurés ne sachant quel prétexte trouver pour rendre le roi odieux et pour animer le peuple, lui, Chabot, avait dit à ses collègues : « Coupez-moi la tête ; dites qu'elle » est tombée sous le coup de la tyrannie royale ; » placez-la sur une pique, et marchez avec cet » étendard sanglant contre le palais. »

Des hommes si déterminés ne pouvaient être arrêtés par aucun obstacle : aussi, quoiqu'ils ne pussent compter que sur sept à huit cents Marseillais intrépides, et une troupe désordonnée de gens sans aveu, plus effrayans par leur figure féroce que par leur courage, ils tentèrent de changer le sort d'un empire, et ils y parvinrent.

Couverts des ombres de la nuit, quelques jacobins ardens, se disant députés des sections, volent à la commune, destituent la municipalité et la remplacent ; ils font venir au point du jour et massacrent M. Mandat, commandant de la garde parisienne, dont la probité était inébranlable, et, par sa mort, ôtent ainsi tout point de ralliement aux bataillons de cette garde nationale.

Ils suspendent de ses fonctions Pétion, suspect à leurs yeux par son incertitude, et coupable d'avoir donné l'ordre à M. Mandat de défendre le palais. Cet homme, célèbre sans gloire, factieux sans caractère, désirait une république, mais ne la voulait pas achetée par tant de dangers et de sang.

Tandis qu'ils prenaient ces mesures violentes, leurs adroits émissaires répandent au château que le complot est éventé, que l'attaque n'aura pas lieu, et par cette ruse ils endorment leurs adversaires et les plongent dans une funeste sécurité. Enfin le tocsin sonne; les Marseillais marchent; les bataillons de la garde nationale courent aux armes, mais sans ordre; ils ne savent quel danger les appelle et quel ennemi les attend.

Cependant la garde du château et les Suisses étaient sous les armes; l'administration du département, fidèle aux lois, avait donné l'ordre de repousser la force par la force; si Louis XVI eût tiré l'épée, il aurait vaincu avec rapidité, ou péri avec gloire. Mais, par un mélange inconcevable de fermeté et de faiblesse, il pouvait supporter stoïquement toutes les souffrances, et ne savait repousser courageusement aucun péril. Doué de toutes les vertus d'un saint, et privé totalement de celles d'un général et d'un monarque, il avait autant d'horreur pour l'effusion du sang des autres qu'il montra d'indifférence lorsqu'on allait répandre le sien.

En vain la reine, lui présentant des armes, le pressa de défendre son trône, sa tête et sa famille. Un des administrateurs, qui connaissait son caractère, et qui le voyait décidé à se livrer sans résistance, comme le 20 juin, aux furieux qui cette fois étaient décidés à l'immoler, lui conseilla de chercher, au sein du corps législatif, un asile qu'il croyait sacré. Le roi était trop disposé à adopter cet avis pour hésiter; il s'y rendit; sa retraite enleva tout espoir à ses défenseurs et toute crainte à ses ennemis.

A peine le roi fut-il placé dans une des tribunes de cette assemblée aussi incertaine que lui, qu'on entendit le canon, dont le bruit redoutable formait un contraste frappant avec le silence profond qui régnait dans toute la salle.

Les bataillons de la garde, après le départ du roi, s'étaient trouvés sans chefs, sans ordre et sans plan : les uns étaient sortis pour regagner leurs sections, et avaient été ramenés par la foule contre le château qu'ils avaient voulu défendre ; d'autres arrivaient au secours du palais, et étaient reçus en ennemis par les troupes qu'ils venaient secourir. Les Marseillais, d'abord repoussés par les Suisses, reprirent courage en voyant qu'ils n'étaient pas poursuivis; ils entraînèrent à leur suite et les bataillons qu'ils rencontraient, et une foule immense qu'ils animaient, en lui disant que les royalistes avaient attaqué le peuple et voulaient l'égorger.

Bientôt le château fut forcé, les Suisses massacrés, les royalistes immolés ou dispersés; le sang inonda rapidement le palais, les rues, les places publiques; et tous ceux qui, par leur nom, leur place, leur uniforme ou leur rang, étaient connus pour tenir au trône, furent ou fusillés, ou forcés de chercher quelque asile obscur qui pût dérober leur tête à la fureur d'une populace égarée *.

L'assemblée législative, instruite avec promptitude de ces événemens, n'eut point le courage noble, mais périlleux, de soutenir le roi et de résister aux conjurés triomphans; le canon dicta ses décrets : le vaincu parut coupable,

* Les hommes les plus attachés au roi furent arrêtés et massacrés peu de temps après. Les ex-ministres Narbonne, Bertrand de Molleville et quelques autres se cachèrent pendant plusieurs jours à Paris: leurs amis firent courir le bruit de leur mort, et ils échappèrent par miracle à ceux qui les poursuivaient, ainsi que le prince de Poix, dont on mit la tête à prix. Quoique ami de la liberté, sa reconnaissance et son attachement pour Louis XVI l'avaient décidé à ne jamais l'abandonner.

Dans ces temps malheureux, presque tous les hommes modérés se sont vus à la fois proscrits des deux côtés, pour la fidélité de leurs sentimens et la liberté de leurs opinions.

les vainqueurs furent approuvés. Pour sauver seulement les formes constitutionnelles, autant que la circonstance et la crainte le permettaient, Louis XVI, qu'on suspendit de ses fonctions, fut enfermé avec sa famille dans la tour du Temple.

On établit un gouvernement provisoire, et l'on convoqua une Convention nationale pour prononcer définitivement sur le sort du monarque. Depuis ce moment la puissance n'exista plus dans le corps législatif; la commune de Paris s'en empara totalement; l'usage sanglant et barbare qu'elle en fit remplit encore l'âme de tristesse et d'horreur.

Ce qui dut surprendre les rois coalisés, et tous ceux qui ne calculent ni l'influence des opinions politiques sur le caractère des nations, ni la violence de la passion naturelle de l'homme pour l'indépendance, ce fut l'intrépide fermeté des Français contre les ennemis du dehors, dans les momens où ils montraient le plus de faiblesse contre les factieux qui ensanglantaient et déchiraient le sein de leur patrie.

Après la journée du 10 août, la méfiance régnait partout, et l'autorité légale ne se trouvait nulle part. La nation française avait fortement exprimé son vœu de vivre sous la forme d'une monarchie libre, et ses représentans venaient de violer la constitution et d'emprisonner le monarque qu'elle déclarait inviolable.

Le corps législatif, se reconnaissant incompétent pour donner à la nation une constitution nouvelle, osa, en appelant une Convention, livrer la France aux orages des élections au milieu du désordre de mille factions, et au bruit effrayant du canon des puissances étrangères qui venaient envahir la France.

Cette assemblée si rigoureuse contre le prince, et si timide contre la multitude, ne pouvant gouverner, avait nommé un conseil exécutif provisoire, qui était dominé lui-même par cette redoutable commune de Paris, écume des clubs et foyer de crimes, dont la tyrannie se voyait appuyée par la fureur des jacobins et par le fanatisme de la populace.

Le même trouble, le même désordre, les mêmes dissensions qui agitaient la capitale, régnaient dans les armées. Une grande partie des généraux et des officiers étaient indignés des événemens du 10 août; beaucoup de subalternes, dans l'espoir de leur succéder, se dévouaient aux nouveaux maîtres de la France, et affectaient de regarder comme des traîtres ceux qui n'approuvaient pas la révolution de Paris.

1792.

La foule des soldats, d'abord soumise à ses chefs, avait renouvelé le serment constitutionnel; mais, comme il arrive toujours à la multitude, la nouveauté, le succès, les séductions et les soupçons répandus avec adresse, ébranlèrent bientôt sa fidélité.

Cependant, au sein de cette agitation qui donnait tant d'espoir aux ennemis, l'ardeur pour repousser leur invasion ne cessa pas un instant d'être unanime. Les Français, divisés d'opinion sur tout le reste, s'accordaient sur ce seul point; prêts à se battre pour les différentes formes de gouvernement qu'il fallait adopter, ils étaient tous réunis pour défendre leur indépendance et pour se soustraire au joug humiliant de l'étranger.

La désorganisation de l'État, l'anarchie des clubs, la méfiance du nouveau gouvernement, et la jalousie des généraux paralysèrent les efforts des armées, et empêchèrent tout accord dans les opérations. Les ennemis en profitèrent; mais ce succès passager, qui fit naître tant de brillantes illusions dans l'esprit des coalisés, n'était qu'un phare trompeur qui les séduisit en leur inspirant une folle confiance, et qui hâta leur chute en précipitant leur course.

La connaissance du pays et les mouvemens de l'ennemi avaient facilement fait prévoir aux généraux français que les Prussiens voulaient pénétrer dans le royaume par Longwy, et l'on avait résolu de porter tous les moyens de défense sur les frontières de Champagne et du pays Messin. Le commandement général des troupes avait été partagé entre les généraux Luckner et la Fayette. Le premier devait couvrir les frontières depuis Montmédy jusqu'au Rhin, et le second depuis Dunkerque jusqu'à Montmédy. On avait fait beaucoup de recrues en soldats de ligne et en volontaires ; mais le parti qui voulait perdre le général la Fayette ne lui avait donné, dans la distribution de ces secours, que le tiers des recrues, quoiqu'il eût la moitié du terrain à défendre.

Le maréchal Luckner était particulièrement chargé de s'opposer au front de l'attaque des Prussiens, et le général la Fayette devait les inquiéter sur leur flanc. Le duc de Saxe-Teschen, pour diviser les forces françaises, s'était porté avec un corps de troupes autrichiennes en Flandre, du côté de Bavay. Les généraux la Fayette et Luckner, qui ne furent pas trompés par cette fausse attaque, avaient ordonné au général Dumouriez de quitter le camp de Maulde, où il entassait ses troupes sans utilité, et de venir rejoindre le maréchal Luckner. Le général Dumouriez, exagérant le danger de la marche des Autrichiens et l'importance du camp de Maulde, désobéit. Les jacobins de Paris approuvèrent sa conduite, et crièrent que le général la Fayette était un traître. Celui-ci ordonna au général Dillon d'arrêter le général Dumouriez. Dillon n'osa pas exécuter cet ordre, et les armées de Luckner et de la Fayette, privées des moyens sur lesquels on avait compté, ne se trouvèrent plus en force suffisante pour combattre une armée de soixante-dix mille hommes qui s'avançait sous les ordres du roi de Prusse.

Ainsi ce fut en partie cette désobéissance du général Dumouriez qui rendit les premiers progrès de l'ennemi si faciles et si rapides. Il ne resta plus de voile sur ses motifs quelque temps après; car, lorsque son ambition fut satisfaite, et qu'il eut remplacé le général la Fayette dans le commandement de l'armée, non-seulement le camp de Maulde qu'il fit évacuer n'eut plus d'importance à ses yeux, mais, ne se croyant même pas en état de résister avec ses forces et celles de Luckner réunies, il fit venir d'Alsace le général Kellermann avec les troupes qu'il y commandait.

Cependant le corps législatif, convaincu qu'il était de la plus haute importance pour lui de s'assurer des troupes, avait envoyé à toutes les armées des commissaires chargés de les instruire de la révolution du 10 août. Rapports infidèles, relations mensongères, dénonciations absurdes, déclamations pompeuses, étalage charlatanique de principes déjà violés, promesses séduisantes d'avancement, corruption adroite, rien ne fut oublié pour répandre dans le cœur du soldat la haine contre le roi captif, l'enthousiasme pour les législateurs, la méfiance contre les généraux fidèles à la constitution, et l'ardeur pour le maintien d'un nouvel ordre de choses qui devait donner les biens du riche au pauvre et les places des supérieurs aux subalternes.

L'approche des ennemis, les soupçons que l'armement des émigrés inspirait contre les hommes de leur caste qui étaient restés dans l'intérieur, l'indignation causée par les manifestes des rois, le mécontentement produit par le peu de succès des premières opérations de la guerre, et l'impulsion générale qui avait été donnée aux esprits depuis 1789 contre le trône et la noblesse, secondèrent puissamment les efforts des commissaires de l'assemblée.

Inutilement quelques généraux voulurent opposer la raison aux passions, la fidélité à l'intrigue et la résistance à la révolte : leurs partisans, tièdes et peu nombreux, furent bientôt entraînés par le délire général. Quelques officiers émigrèrent; d'autres, protestant contre l'incompétence du corps législatif, déclarèrent qu'ils attendraient le vœu du peuple rassemblé en Convention.

Le capitaine Bureau de Puzy*, les généraux Latour-Maubourg et Alexandre de Lameth montrèrent vainement plus de fermeté. Le général la Fayette, d'accord avec eux, bravant les menaces du nouveau gouvernement, et résistant aux offres séduisantes qu'on lui prodiguait, fit d'abord arrêter à Sédan, par la municipalité, les commissaires de Paris, et voulut défendre jusqu'au dernier moment la constitution qu'il avait jurée. Mais bientôt, abandonné par son armée séduite, et averti qu'on allait exé-

---

* Le capitaine Bureau de Puzy, connu par son instruction, s'était fait estimer par la douceur de son caractère, et par la sagesse avec laquelle il avait présidé l'assemblée constituante.

Le général Latour-Maubourg, patriote franc, ami fidèle, citoyen probe et ferme, avait à la fois excité la haine des jacobins dont il détestait les principes, et celle des aristocrates passionnés, qui ne lui pardonnaient pas d'avoir été un des trois commissaires nommés pour veiller à la sûreté de Louis XVI lorsqu'il revint de Varennes à Paris.

Le général Alexandre de Lameth, au commencement de la révolution et dans le sein de l'assemblée nationale, avait montré un vif amour pour la liberté : doué d'un esprit insinuant, cultivé, d'une instruction rare à la cour et d'un caractère ferme, ami chaud, adversaire redoutable, il chercha courageusement à réparer les maux produits par l'enthousiasme d'un parti, et par

cuter le décret d'accusation qui venait d'être lancé contre lui, il se vit obligé de s'expatrier pour éviter l'échafaud qu'on lui préparait.

Dès que le général la Fayette eut franchi la frontière, il fut arrêté par un poste autrichien, ainsi que les trois constituans qu'on vient de nommer, et quelques officiers. Quoiqu'ils déclarassent qu'ils avaient cessé de combattre, qu'ils se rendaient en Hollande, et qu'ils étaient déterminés à s'éloigner des ennemis de la France, comme de ceux qui déchiraient intérieurement son sein, ils furent traités en prisonniers d'État, conduits à Luxembourg pour y attendre la décision de la cour de Vienne, exposés aux insultes des émigrés, qui les haïssaient comme les premières causes de leurs malheurs,

l'opposition maladroite et menaçante de l'autre. Son dessein était de rendre au trône une force et une popularité nécessaires.

A l'époque du départ du roi pour Varennes, exerçant, avec son frère et avec les députés Barnave et Duport, une utile influence sur l'assemblée, influence que le courage donne toujours dans les momens de danger, il se réunit au général la Fayette pour s'opposer à la déchéance du monarque. Depuis cet instant, consulté par la cour, il travailla activement à lui faire éviter le double danger dont la menaçaient le délire des factieux et l'ardeur irréfléchie des émigrés. Lorsque des fautes de tout genre eurent fait éclater une seconde révolution, il aima mieux s'éloigner que de se soumettre ou de participer à cette sanglante tyrannie qui couvrit la France de deuil; et, proscrit par les jacobins, il fut emprisonné par les prétendus défenseurs d'un roi qu'il avait voulu sauver.

et livrés bientôt après au roi de Prusse, qui les fit transporter en charrette comme des criminels, de cachot en cachot, de Wesel à Magdebourg, les privant de toute correspondance, de toute communication entre eux, de tout exercice, et ne soutenant, dans ces prisons infectes, leur existence infortunée que dans le dessein de donner à leur châtiment et à leur supplice plus de solennité, lorsque la conquête dont on se flattait serait consommée.

Cet acte cruel de despotisme, sur des hommes dont la plus grande partie de la nation française avait partagé les opinions avec enthousiasme, était une grande faute en politique, surtout dans le moment où ces hommes n'étaient proscrits que pour avoir voulu défendre les débris d'un trône qu'ils avaient sans doute trop affaibli, mais qu'enfin ils s'efforçaient de sauver.

Les conséquences de cette absurde injustice étaient faciles à prévoir : elles montraient évidemment la violence des passions des rois coalisés; elles annonçaient à quelles vengeances on devait s'attendre, si la contre-révolution s'opérait; elles confirmaient le peuple dans la crainte que les révolutionnaires lui inspiraient sur les projets des Français expatriés.

De ce moment tous les hommes qui, par

conviction, par fanatisme, par ambition ou par crainte, avaient servi la cause de la liberté dans les législatures, dans les armées, dans la diplomatie, dans les administrations, dans les tribunaux, dans les sociétés populaires, dans la garde nationale, c'est-à-dire, peut-être dix millions d'hommes, quoique saisis d'horreur pour les scènes sanglantes et coupables qui souillaient la capitale, détournèrent leurs regards de ces orages qu'ils croyaient peu durables, pour s'occuper du soin d'écarter un danger plus général, plus pressant, et qui remplissait leurs âmes d'un plus grand effroi et d'une indignation plus profonde.

La tyrannie de la commune de Paris ne semblait qu'une explosion passagère; elle n'effrayait d'ailleurs encore personnellement ni le petit marchand, ni les hommes de bureau, ni les artistes, ni les cultivateurs, ni les soldats: l'invasion des étrangers, au contraire, leur avidité, leurs menaces, les vengeances des émigrés, dont on avait maltraité les familles, détruit le pouvoir et séquestré les biens, excitaient les alarmes de chaque individu; le nouveau gouvernement profitait habilement de cette disposition des esprits pour enflammer leur ardeur et les associer à ses périls. Aussi l'embrasement qu'il voulait produire fut aussi rapide que l'inflammation des matières les plus combustibles. Tous les généraux qui avaient hésité adhérèrent aux décrets de l'assemblée, tous les soldats jurèrent de vaincre ou de mourir, et tous les citoyens, courant aux armes, se précipitèrent dans les rangs des bataillons nombreux qui se préparaient à chasser l'ennemi.

Les révolutionnaires du 10 août, quoique rassurés sur la soumission des troupes, ne l'étaient pas encore sur celle de la nation : ils savaient que la majorité du corps législatif de Paris n'avait cédé qu'à la force ; ils craignaient que la Convention ne fût composée d'hommes opposés à leur système, et qu'elle ne rétablît la constitution en ordonnant le châtiment de ceux qui l'avaient renversée.

La composition même du conseil provisoire les effrayait. Roland, homme ardent et ferme, exalté par une femme qui jugeait plus avec ses sentimens qu'avec son esprit, mais qui aimait la liberté en Spartiate et mourut en Romaine, Roland avait repris le ministère ; intrigant contre une cour dont il se méfiait, opposé pendant la législature à l'autorité royale, il aimait la révolution avec ivresse, mais il détestait les assassins.

Une partie des députés de la Gironde qui, comme lui, avaient été factieux, trouvaient qu'on allait trop loin, et se flattaient chimériquement d'arrêter le mouvement révolutionnaire. Le général Dumouriez, réconcilié avec ce parti, était placé à la tête de l'armée, et pouvait trouver sa gloire et sa fortune dans le rôle de Monk. Danton, Robespierre, Marat et leurs amis, pour éviter tous ces écueils, résolurent alors de rejeter sur leurs adversaires la crainte qu'ils leur inspiraient, de frapper les esprits d'épouvante par d'effrayantes proscriptions, et de dominer les volontés par la terreur.

Ils profitèrent, pour exécuter ce funeste projet, du trouble qu'excita dans tous les esprits de la capitale la marche rapide du roi de Prusse. Le général Dumouriez, qui avait succédé au général la Fayette dans le commandement de l'armée, n'avait pu, à la tête de dix-sept mille hommes, opposer aucune résistance aux premiers progrès des Prussiens; il s'était retiré afin d'opérer sa jonction avec Luckner, de se donner le temps de recevoir les renforts qu'on lui envoyait, et de se réunir à Kellermann.

Frédéric-Guillaume et le duc de Brunswick, ne rencontrant aucun obstacle, durent croire alors que les émigrés ne s'étaient point trompés dans leurs espérances, et que cette campagne décisive ne serait qu'un voyage court et brillant. Longwy se rendit sans résistance; la garnison de Verdun capitula aussi honteusement que promptement. Le général Beaurepaire, qui la commandait, ne pouvant déterminer les habitans et les troupes à se défendre, se donna la mort pour se conserver l'honneur.

L'armée coalisée, enivrée de ses succès rapides, crut qu'il était inutile d'observer les règles que la prudence prescrit dans toutes les guerres. Laissant sur ses flancs et derrière elle toutes les places fortes dont elle ne s'était pas emparée, elle s'avança témérairement en Champagne, jusqu'à peu de distance de Châlons, sans avoir formé de magasins, sans s'être assurée d'aucun moyen de subsistance, et sans que le silence et la solitude qui l'entouraient l'éclairassent sur le peu de disposition du peuple à se déclarer pour elle.

A Verdun, à Longwy, on avait, à la vérité, prodigué au monarque prussien et à ses alliés ces hommages que la multitude ne refuse jamais aux vainqueurs; mais personne ne s'était armé pour eux, et cette inertie seule aurait dû suffire pour dessiller leurs yeux.

Dès qu'on sut à Paris la prise de Verdun, les hommes qui voulaient établir par le crime, cimenter par le sang et étendre par la terreur leur infernale puissance, dispersèrent dans la ville leurs fougueux émissaires, qui cherchèrent de tous côtés à répandre dans le peuple l'effroi, la méfiance et la fureur. Depuis le 10 août les barrières étaient fermées; on avait entassé dans les prisons tous les prêtres, tous les nobles, tous les riches qu'on avait pu saisir; on avait surtout arrêté tous les citoyens qui, dans la garde ou dans les sections, avaient montré un attachement ferme à l'ordre et à la constitution.

Les orateurs forcenés de la municipalité conspiratrice disaient partout « que ces pri-
» sonniers étaient des scélérats, des chevaliers
» du poignard, qui avaient voulu faire la
» contre-révolution sous les ordres d'un roi
» parjure, et de concert avec l'ennemi qui
» envahissait la France; que déjà les phalanges
» barbares de la Germanie, introduites par la
» perfidie du général la Fayette, s'avançaient
» vers la capitale, ravageant les champs, pil-
» lant les villes, immolant les hommes, outra-
» geant les femmes; qu'il était temps que tous
» les citoyens se levassent en masse pour les
» repousser; mais qu'avant de quitter leurs
» foyers pour courir aux armes, il fallait se
» délivrer de cette foule de conspirateurs qui
» n'attendaient que le moment d'égorger les
» familles des patriotes pendant leur absence.

1792.

Ces nouvelles désastreuses, ces discours violens glaçaient d'épouvante les habitans paisibles, versaient une rage aveugle dans l'âme d'une populace ignorante, et frappaient de stupeur le corps législatif, ainsi que les membres du conseil provisoire qui ne partageaient pas les fureurs du ministre Danton, et qui redoutaient ses sinistres projets.

Tout étant disposé comme le souhaitaient les proscripteurs, le tocsin sonne; des assassins féroces, payés par la commune, et suivis d'une foule de misérables égarés et enivrés par eux, se portent à toutes les prisons, les forcent; et, d'après les arrêts prononcés sur-le-champ par de prétendus juges qui n'étaient que de vils bourreaux, ils égorgent au nom du peuple, ils assomment, ils mutilent, ils déchirent, sans égard pour l'âge, pour le sexe, pour la faiblesse, toutes ces malheureuses victimes qui demandaient inutilement quel était leur crime, et qui vainement imploraient leur pitié.

La populace, attirée par les cris des mourans, par les flots de sang qui coulaient dans les rues, croyait qu'on étouffait une conspiration réelle, et qu'on immolait des coupables. Pour la confirmer dans son erreur, on prenait au hasard quelques prisonniers qu'on rendait à la liberté, en les déclarant innocens; et la foule, trompée par cet acte apparent de justice, reconduisait en triomphe ces malheureux échappés à la mort.

Le massacre dura trois jours; trois jours l'air retentit des cris des mourans; trois jours la terre fut inondée du sang de l'innocence, sans qu'aucune autorité constituée voulût ou bien osât mettre un frein à cet exécrable carnage. Roland seul eut le courage de dénoncer ces crimes à l'assemblée, qui voulut en vain faire quelques efforts tardifs pour les réprimer. L'ex-ministre comte de Montmorin fut égorgé, malgré la présence de quelques députés envoyés pour rétablir l'ordre. Des scélérats atroces, suivis de femmes enivrées de sang et de rage, portèrent sur des piques, au Temple, sous les fenêtres du roi, la tête de la malheureuse princesse de Lamballe : sa fidélité pour la reine fut son crime ; ses grâces ne purent désarmer ses assassins féroces; son innocence ne trouva ni soutiens ni vengeurs.

Si le maire fit quelques tentatives pour arrêter le crime, elles furent faibles et impuissantes. Santerre, commandant de la garde nationale, était trop lié au parti terrible qui dominait pour s'opposer à ses proscriptions. Le corps législatif, voulant échapper à la tyrannie des municipaux de la commune, les avait enfin destitués par un décret; la crainte fit bientôt taire l'indignation : le décret fut rapporté, et les chefs triomphans de cette commune rebelle crurent alors qu'ils pourraient étendre sur toute la France leur criminel empire, et qu'ils y trouveraient partout des complices, des bourreaux et des victimes.

Jamais une nation ne s'était vue menacée d'un péril plus affreux et d'une plus sanglante tyrannie : les maux soufferts et les crimes commis pendant la durée de la Convention, n'empêcheront point de croire que cette Convention, au moment où elle se rassembla, sauva la France de la crise la plus terrible où jamais un pays se soit trouvé.

Pour peindre l'étendue de ce danger, la cruauté des projets de cette commune conspiratrice et l'audace de ses chefs, il ne faut que transcrire la lettre que ces proscripteurs écrivirent, après les massacres de septembre, à tous les départemens pour les enchaîner sous leurs lois, par la contagion de la peur et par les liens du crime. On trouvera cette lettre terrible dans les pièces justificatives *.

---

* *Extrait du Moniteur du 27 septembre 1792.*
Cette circulaire fut dénoncée à la Convention par Vergniaud. Quelques jours après, la commune envoya déclarer qu'elle n'avait pris aucune part aux actes tyranniques de son comité de surveillance.

On voit, par ce monument affreux, que cet infâme comité de la commune de Paris, qui s'intitulait *comité de salut public*, avouait audacieusement qu'il s'était emparé de la puissance souveraine; qu'il traitait avec un mépris insultant le corps législatif, dont il inculpait et menaçait déjà la majorité; qu'il employait les cris de la sédition et les fureurs de ses satellites pour le contraindre à rapporter ses décrets, et qu'il espérait que, dans toutes les communes de la France, le peuple obéissant immolerait l'innocence et s'attacherait à lui par l'horrible lien des forfaits.

Son infernal espoir ne fut pas rempli. Deux ou trois municipalités seules se déshonorèrent en imitant l'exemple de celle de Paris. Meaux vit couler le sang par la main des mêmes hommes qui avaient été payés dans la capitale pour cet horrible ministère. Le duc de Brissac, l'ex-ministre de Lessart et tous les prisonniers d'Orléans, qui devaient être jugés à la haute cour nationale, furent amenés à Versailles et massacrés par les assassins de la commune de Paris. En Normandie, des émissaires de cette même commune, égarant une foule insensée, égorgèrent le vertueux duc de la Rochefoucauld, qui avait soutenu l'éclat de son nom par sa philosophie, par son désintéressement et par sa franchise dans ses opinions.

Mais, si l'on excepte quelques villes épouvantées et quelques clubs furieux, la France entière apprit avec horreur les événemens de septembre, reçut avec mépris l'odieuse circulaire de la commune, et appela par des vœux inutiles, sur la tête des proscripteurs, le châtiment que la justice leur devait, et dont ils furent sauvés par la politique et par la peur. Quelques années après, une équité apparente et tardive ordonna la recherche des auteurs et des acteurs de ces scènes criminelles : les tribunaux ne trouvèrent pas de coupables, et la lettre circulaire existe! Elle prouvera à la postérité combien dans ce siècle le crime fut audacieux et la probité timide, ou plutôt elle attestera combien la tyrannie avait inspiré d'horreur aux Français pour toute effusion de sang, puisqu'ils ne voulurent pas qu'on répandit même celui des hommes qui en avaient tant versé.

Tandis que des tyrans cruels, secondés par des clubs forcenés, saisissaient d'horreur, glaçaient de crainte tous les esprits, et inspiraient à une foule de citoyens le funeste désir de fuir un pays où l'on ne voyait que des prisons forcées, des échafauds sanglans et des magistrats bourreaux, le corps législatif, dominé par la crainte des ennemis extérieurs, et entraîné par l'impulsion des révolutionnaires terribles qui le menaçaient, achevait de rédiger ce code de proscriptions, et ordonnait la confection de ces fatales listes qui ruinèrent tant de familles, allumèrent tant de haines, excitèrent tant d'avidité et immolèrent tant de victimes.

Précédemment on avait séquestré les biens des Français expatriés; alors on les confisqua: on prononça la peine de mort contre tous ceux qui rentreraient en France; on enveloppa dans ce terrible arrêt les vieillards qui cherchaient le repos loin du volcan de la révolution, les femmes, les filles, les enfans, dont la crainte trop légitime justifiait assez l'absence, et que les lois divines et naturelles obligeaient à suivre leurs pères et leurs époux.

De ce moment, violant tous les principes d'équité, et renversant toute idée de morale et de jurisprudence, on ne fut pas obligé de prouver le délit, mais l'innocence: chaque Français, étant pour ainsi dire présumé coupable, fut forcé de se justifier par des certificats de résidence; le plus léger retard dans l'expédition ou l'envoi de ces actes le faisait inscrire sur ces listes que rédigeaient des jacobins furieux, d'avides anarchistes ou des hommes ignorans et grossiers, qui confondaient les noms, les domiciles, les familles, les propriétés, les absences légitimes ou criminelles. De ce moment enfin, sur toute la surface de la France, les sentimens sacrés dictés par la nature devinrent des délits; l'existence fut un tourment, la propriété un crime, et la spoliation une vertu civique.

Voilà quels furent les effets des premiers succès de cette coalition impolitique, qui croyait intimider un peuple et qui l'exaspéra; qui se vantait de soutenir le roi, et qui précipita sa perte; qui voulait relever la noblesse, et qui l'anéantit; qui prétendait enfin ramener l'ordre en France, et qui n'y fit régner que la plus sanglante anarchie.

Les législateurs ne luttaient plus que faiblement contre Robespierre et contre la commune; de nouvelles proscriptions se préparaient encore.

Enfin la Convention nationale vint succéder au corps législatif, et par l'étendue de ses pouvoirs elle parut en imposer quelque temps à la commune usurpatrice; mais ses premières séances prouvèrent évidemment la passion violente de la plupart des membres qui la composaient. Sans délibérer, et par acclamation, elle décréta l'abolition de la royauté et l'établissement de la république ; la coalition parut ainsi ne s'approcher du trône français que pour entendre le bruit de sa chute.

Si les premiers pas de Frédéric-Guillaume furent rapides, bientôt il les vit arrêtés par des obstacles qu'il n'avait pas prévus, et son illusion fut aussi courte qu'elle avait été brillante. Le duc de Brunswick avait négligé de s'emparer des hauteurs de Bienne ; Arthur Dillon s'y étant posté, l'armée prussienne fut obligée de faire un long détour qui lui fit perdre plus de huit jours. Arrivée en Champagne, après avoir passé les gorges de l'Argone, elle se trouva dans un pays stérile, sans vivres, fatiguée par des pluies continuelles, et minée par une maladie contagieuse qui tua ou mit près de vingt mille hommes hors de combat.

Dumouriez, Kellermann, Luckner et Beurnonville, réunis, lui opposaient des forces redoutables, et se préparaient, s'ils étaient vaincus, à retarder sa marche par des combats continuels, et à lui enlever tout espoir de retraite s'ils étaient victorieux. A Paris, on formait un camp retranché, dont la défense était confiée à cent vingt mille hommes qui avaient pris les armes. De tous les départemens on voyait accourir des bataillons nombreux de volontaires, dont une partie rejoignait

1792.
1re année
de la
répub..

Dumouriez, et dont l'autre devait former derrière les Prussiens une nouvelle armée. Custines et Biron, avec d'autres troupes, se portaient sur Mayence, et pouvaient, s'ils le voulaient, couper toute communication entre l'armée coalisée et l'Allemagne. Une lettre que Dumouriez écrivit au général Biron à cette époque, peindra mieux que tout autre récit la position critique dans laquelle Frédéric-Guillaume s'était placé, en n'écoutant que les avis des passions les plus ardentes et les plus aveugles.

LETTRE

DU GÉNÉRAL DUMOURIEZ AU GÉNÉRAL BIRON.

A Sainte-Ménehould, le 28 septembre 1792, l'an IV de la liberté et le Ier de la rép.

« Je suis fâché, mon cher Biron, que ma
» lettre vous soit arrivée trop tard pour chan-
» ger notre plan. Je voulais que vous m'aidas-
» siez tout d'un coup à accabler le roi de Prusse
» et à finir la guerre tout de suite. Votre expé-
» dition sur Mayence et Spire est plus bril-
» lante, mais je la crois moins solide. La
» moindre combinaison manquée, le moindre
» retard, le moindre accident peuvent déjouer
» tout notre plan, et vous exposent à n'avoir
» plus même assez de troupes pour défendre

» l'Alsace. L'historique très court de ma campagne va vous mettre à portée de juger pourquoi je préférais mon plan au vôtre.

» J'ai pris, le 28 août, le commandement » de l'armée du général la Fayette, et je ne » peux pas vous peindre à quel point elle était » désorganisée et faible. Dix-sept mille hommes qui la composaient étaient placés dans » le camp de Vaux, au-dessus de Mouzon. Ce » camp aurait exigé quarante mille hommes » pour être tenu; il n'y avait ni vivres, ni » chevaux, ni fourrages, ni moyen d'avancer » ni moyen de rester. J'avais en tête Clairfait » avec vingt-cinq mille Autrichiens. Les Prussiens assiégeaient Verdun, et je n'avais pas » pu y jeter un commandant : je ne doutais » pas que cette place ne dût être bientôt prise, » étant assiégée par cinquante mille Prussiens. » C'est devant ces quatre-vingt mille hommes » que j'ai entrepris, le 1er septembre, un » mouvement très hardi.

» J'ai marché par Mouzon sur Stenay, où » les Autrichiens venaient de passer la Meuse. » Mon avant-garde les a un peu battus, et les » a fait replier dans le camp de Brouchenu; » de là j'ai filé par-derrière, leur montrant » toujours des têtes imposantes, et j'ai occupé » les défilés de l'Argone : j'y ai reçu, le 8, un

» renfort de cinq mille hommes des troupes
» de Flandre. J'attendais avec impatience Kel-
» lermann d'un côté, et Beurnonville de l'au-
» tre. Verdun s'était rendu le 2; et si j'avais
» eu affaire au grand Frédéric, dès le 3 j'au-
» rais été chassé jusqu'à Châlons.

» Mais, mon ami, les Prussiens ne savent
» plus faire la guerre, et ne valent guère mieux
» que nous. Leur grande armée a paru devant
» moi le 10, et pendant cinq jours je les ai
» battus à toutes les attaques de postes qu'ils
» m'ont faites.

» Les secours n'arrivaient pas, et je gardais
» quinze lieues de terrain, et cinq ou six dé-
» filés, dont un très spacieux, celui de Grand-
» Pré, avec moins de vingt-cinq mille hom-
» mes. Le 13, le plus fort de mes défilés a été
» forcé; il a été repris le lendemain, reforcé
» une seconde fois, et j'ai été tourné sur mes
» derrières par plus de vingt mille hommes,
» n'en ayant que dix-sept mille dans un camp
» devenu détestable.

» Dans la nuit du 14 au 15, j'ai entrepris la
» retraite la plus hardie et la plus dangereuse ;
» elle a été exécutée parfaitement. Tout était
» hors de danger, lorsque l'apparition de quinze
» cents hussards a renouvelé la déroute de
» Mons.

» J'ai très peu perdu ; car une partie des
» équipages, et des corps entiers, avaient fui
» jusqu'à Rhetel, Reims, Châlons et Vitry.
» Les ennemis ont encore fait la sottise de ne
» pas me poursuivre, et, le 17, j'ai encore été
» joint par Beurnonville.

» Le 19 au soir, Kellermann est venu se
» camper à ma gauche, sur les hauteurs de
» Valmy*. Le 20, nous y avons été atta-
» qués, et l'ennemi a été vivement repoussé.

* Cette affaire de Valmy mérite une place très remarquable dans l'histoire militaire de la révolution, qui en consacrera certainement les détails ; et, quoiqu'elle se soit terminée sans autre événement qu'une canonnade inutile, il n'est point de bataille sanglante dont les résultats aient été plus importans que ceux de cette journée célèbre, qui fixa les destinées de la France, dissipa les illusions du roi de Prusse, et décida sa retraite. Kellermann commandait la gauche de Dumouriez, et n'avait que dix-huit mille hommes. Le duc de Brunswick, par une manœuvre habile et digne de sa réputation, avait tourné l'armée française et s'était placé entre elle et Châlons. Si l'aile gauche de Kellermann, composée de quelques bataillons de grenadiers et des carabiniers, eût fait un mouvement rétrograde, elle aurait démasqué la faiblesse de sa position, que l'ennemi supposait soutenue par des forces considérables. Le roi de Prusse comptait sur la désertion d'une partie des Français, et sur l'effroi des autres. Il fut déconcerté par la fermeté de l'armée de Kellermann. La division du général Lynch soutint froidement le feu sans céder le terrain, et la contenance également courageuse des grenadiers et des carabiniers, commandés par Valence, détermina le duc de Brunswick à cesser son attaque. Cette résistance imprévue lui fit abandonner le projet de tourner complètement les deux armées, et de leur couper la retraite en occupant la rivière d'Aune et le chemin de Sainte-Ménehould.

» Nous sommes à présent réunis soixante mille
» hommes au camp de Sainte-Ménehould, te-
» nant en échec devant nous l'armée prus-
» sienne et les émigrés, avec un corps autri-
» chien formant un peu plus de cinquante
» mille hommes. Ils meurent de faim, sont
» très rebutés de la guerre, et ils n'ont pas osé
» avancer vers Reims ni Châlons, quoique
» m'ayant coupé l'un et l'autre, de peur que
» je ne les suive. *Depuis quatre jours, nous
» avons arrangé une espèce de trêve entre les
» Prussiens seulement et moi, et nous som-
» mes entrés en espèce de négociation, qui n'a
» abouti qu'à une cessation de trêve que je viens
» de leur notifier ce soir, parce que le duc de
» Brunswick a tout gâté en m'envoyant un ma-
» nifeste insolent.* J'ai profité de ce temps pour
» rétablir ma communication, et voici ma
» position actuelle :

» Le général d'Harville arrive demain avec
» quinze mille hommes à Aubrive, sur la
» Suippe, où il se retranchera; le général
» Sparre se retranchera, avec dix mille hom-
» mes, dans l'excellent poste de Notre-Dame-
» de-l'Épine; du Bouquet, maréchal-de-camp,
» est actuellement, avec dix-huit mille hom-
» mes, à Fresnes; et la Baroliere, avec cinq
» mille hommes, est à Bar. Je compte, sous

» peu de jours, faire un mouvement par ma
» gauche, qui débordera la droite des Prus-
» siens et les forcera à changer de position.
» J'ai donc réuni cent mille hommes, avec les-
» quels je mine cette armée et je la fais mourir
» de faim; je ne doute pas qu'ils ne reviennent
» aux négociations. Je fais imprimer toutes les
» pièces de celle que je viens de lui notifier, et
» je vous les enverrai. Si vos quinze mille
» hommes, au lieu d'aller courir les hasards
» en terre étrangère, étaient venus par-der-
» rière ma droite, je les aurais fait marcher
» sur Verdun, et j'aurais pu répondre de ter-
» miner la guerre en trois semaines de temps
» par une capitulation, au lieu d'une négocia-
» tion. Voilà pourquoi je trouve que ce que
» vous avez entrepris, quoique très utile en
» soi, n'est pas assez lié avec un plan général,
» comme je l'aurais désiré. Au reste, j'ai tou-
» jours l'avantage de la position, soit que les
» ennemis marchent en avant, soit qu'ils tentent
» une retraite, soit qu'ils veuillent risquer une
» bataille. Ils sont en général très avares de leurs
» hommes, et ils ont raison, car ils ne se recru-
» teront pas chez nous.

» Je vais les harceler plus que jamais, et
» tous les jours je ferai la petite guerre avec
» eux. Voilà, mon ami, le récit d'une campa-

» gne que j'ai commencée avec dix-sept mille
» hommes, et que je finirai avec plus de cent
» mille. Les ennemis l'ont commencée avec plus
» de quatre-vingt mille hommes, et en ont déjà
» perdu plus de vingt-cinq mille. Pour peu que
» cette progression arithmétique aille toujours
» en augmentant pour moi et en diminuant pour
» eux, le roi de Prusse pourra s'en retourner
» à Potzdam tout seul, et n'arrivera pas à
» Paris que je ne l'y mène.

» Votre diversion me sera toujours utile,
» en ce qu'elle fera marcher de votre côté les
» troupes qui auraient pu me gêner beaucoup
» si elles étaient venues à son secours. J'ai
» beaucoup vu les deux fils de M. d'Orléans
» ces jours-ci. Chartres a couché hier chez
» moi, et est parti ce matin pour Paris; son
» voyage sera court, mais très utile; parce
» qu'il voit bien et est bien intentionné.

» Adieu, mon ami; faites-nous de bonne
» besogne, et comptez toujours sur mon ten-
» dre attachement. Renvoyez-moi encore des
» imprimés allemands : portez-vous bien, et
» lisez Plutarque, pour apprendre à devenir
» républicain. Je vous embrasse.

» *Signé*, Dumouriez. »

Cette lettre, où la vérité se montre avec

moins de voiles que dans une dépêche officielle, prouve suffisamment quelle était la faiblesse des moyens de défense des Français dans les premiers momens, et avec quelle rapidité leurs forces s'accrurent : elle doit démontrer encore que si le roi de Prusse n'avait pas négligé plusieurs occasions, il aurait facilement battu Dumouriez ; mais qu'après la victoire sa position n'en aurait pas été moins critique, puisqu'à mesure qu'il se serait avancé, il aurait été entouré par les bataillons de volontaires qui se levaient et s'armaient dans toutes les parties de la France.

Quoi qu'il en soit, les négociations, qui avaient été rompues, furent reprises ; et, au moment où Frédéric-Guillaume, toujours irrésolu, avait promis, contre l'avis du duc de Brunswick, de tenter le sort d'une bataille, l'armée coalisée, qui attendait le signal du combat, reçut l'ordre de se retirer.

Cette retraite parut se faire paisiblement ; les troupes françaises escortaient plutôt qu'elles ne poursuivaient les troupes prussiennes. Verdun fut rendu sans siége, comme il avait été pris. On promit, dans cette capitulation, d'évacuer Longwy. Valence, nommé, à la place de Dillon, au commandement de l'armée des Ardennes, fit cesser, à l'instant de son arrivée, la trêve qui existait entre cette armée et les Prussiens. Il les attaqua, leur enleva quelques villages, et conclut un armistice, par lequel on convint définitivement que Longwy serait restitué aux Français, et que les Prussiens évacueraient sans délai le territoire de la république.

On ouvrit bientôt après des conférences à Longuyon et à Étange, où l'on fit quelques propositions pour poser les articles préliminaires d'un traité de paix. Kellermann, Valence, le duc de Brunswick, M. de Luchesini, le prince de Hohenlohe et le prince de Reuss entamèrent cette négociation qui n'eut point d'effet. Dumouriez brûlait du désir d'attaquer les Pays-Bas autrichiens; le roi de Prusse profita de cette disposition connue et de son impatience pour se retirer sur le Rhin. La crainte de voir sa retraite coupée remplaçait l'espoir des conquêtes; et il était aussi empressé de retourner en Allemagne, qu'il avait montré d'ardeur pour entrer en France. Thionville, dont les ennemis avaient espéré de s'emparer par trahison, avait trompé leur attente* : ainsi,

* Lorsque les Prussiens voulurent faire le siége de Thionville, ils demandèrent au commandant de Luxembourg des canons que cet officier leur refusa. Ce refus, forçant le duc de Brunswick de laisser cette ville de guerre derrière lui, dérangea son plan, et fut une des premières causes de son découragement, et du refroidissement qui ne tarda pas à régner entre la Prusse et l'Autriche.

en moins de quinze jours, cette armée menaçante, qui prenait les villes en passant, et qui devait arriver à Paris sans obstacle, pour y rétablir la monarchie absolue, la religion dominante et le régime féodal, disparut, plus rapidement qu'elle n'était arrivée, ayant aggravé tous les maux qu'elle voulait guérir, et n'emportant que la honte qui suit une entreprise annoncée avec tant de pompe, accompagnée de tant de menaces, conduite avec tant d'imprudence, soutenue avec si peu de fermeté, et terminée par un dénouement si imprévu.*

Quoiqu'on fût accoutumé, depuis la convention de Reichenbach, la paix de Sistow, et la réponse de Frédéric-Guillaume au roi de Pologne, à voir le roi de Prusse abandonner avec facilité les projets qu'il avait paru former avec le plus d'ardeur, sa fuite à l'instant où tout lui présageait la victoire, ses négociations avec des jacobins, lorsque son ardente passion l'avait empêché de négocier avec des hommes royalistes, constitutionnels et modérés, et son

* L'armistice où l'on décida la restitution de Longwy est remarquable : c'est le premier acte authentique qui existe entre les rois et le *peuple français*. Le général Valence, en le signant, le fit terminer par ces mots : *Pour donner à la présente convention la plus grande authenticité, elle sera revêtue du sceau du peuple français et de celui de S. M. le roi de Prusse.*

retour en Allemagne lorsque tous les gazetiers le croyaient à Paris, étonnèrent toute l'Europe; dans cette circonstance, la singularité de sa conduite parut un problème que la politique chercha vainement à deviner. On s'épuisa partout en conjectures, et le temps, qui ordinairement explique tout, n'a point encore pleinement dévoilé ce mystère.

Si le roi de Prusse venait soutenir la cause de Louis XVI, dont on avait ébranlé le trône, pourquoi l'abandonnait-il au moment où on venait de le renverser? S'il était conduit par la gloire, comment se décidait-il à fuir sans combattre? S'il était sûr de vaincre, quel motif pouvait le faire renoncer à la victoire? D'un autre côté, si son armée était aussi affaiblie par les maladies, aussi minée par la famine qu'on le prétendait, comment les républicains soupçonneux n'accusaient-ils pas de trahison Dumouriez qui, à la tête de cent mille hommes, laissait tranquillement retirer un ennemi qui n'avait point fait la paix et qu'il pouvait écraser?

Les uns disaient que le gouvernement français avait fait de grands sacrifices en argent pour acheter cette retraite : la réputation du duc de Brunswick, et le caractère personnel du roi de Prusse, rendent cette hypothèse absolument invraisemblable ; et, en supposant même cette avidité possible, la conquête aurait été certainement plus lucrative que la fuite. D'autres soutenaient que Louis XVI avait écrit au roi de Prusse pour le conjurer de s'éloigner, en lui persuadant que c'était le seul moyen de lui sauver la vie. M. de Malesherbes voulut approfondir ce fait ; il demanda la vérité sur ce point au malheureux monarque, et ce prince l'assura qu'il n'avait point écrit, et que s'il existait une pareille lettre, il fallait qu'on eût contrefait son écriture.

D'un autre côté, Manuel, ex-procureur de la commune, et député conventionnel, affirmait que le roi de Prusse avait reçu une lettre de Louis XVI ; mais il est difficile de croire qu'il en ait existé même une supposée ; car, après la mort de ce prince et de sa famille, quelle raison aurait pu empêcher Frédéric-Guillaume et le duc de Brunswick de publier cette pièce pour se justifier d'une retraite si honteuse et si peu prévue ?

Ces considérations et beaucoup de faits postérieurs portent à croire que le roi de Prusse s'était déterminé à renoncer à ses projets de conquêtes, par plusieurs motifs réunis : il voyait évidemment qu'on l'avait trompé, que ce n'était pas une faction, mais une nation qu'il devait combattre. Il était possible de la vaincre, mais impossible de la soumettre. Plus il s'avançait, plus il s'exposait à se voir enlever toute possibilité de retraite.

Il éprouvait une disette si réelle, qu'il écrivait à madame Rietz que depuis trois jours il était sans café; et lorsqu'un roi manque de café, certainement son armée manque de pain. Une maladie contagieuse faisait le plus funeste ravage dans ses troupes; une victoire sanglante ne terminait rien; un échec le laissait sans ressources. Ses progrès, loin de calmer les esprits, les avaient exaspérés : il avait voulu relever la monarchie, et il avait fait naître la république. Encore quelques pas, et peut-être il faisait tomber la tête du prince qu'il voulait secourir. Probablement Dumouriéz (et sa conduite ainsi que ses mémoires confirment cette idée) fit secrètement valoir cette raison puissante pour arrêter la marche du monarque prussien; il promit sans doute que, si l'on évacuait le territoire français, il parviendrait, de concert avec une partie de la Convention, sur laquelle il comptait, à sauver Louis XVI. Tout doit persuader à ceux qui connaissaient le caractère de Frédéric-Guillaume, l'âme sensible et élevée du duc de Brunswick, que ce motif d'humanité les décida, plus que tout autre, à faire le sacrifice de leur gloire.

Le dépit de s'être laissé engager par la cour de Vienne dans cette malheureuse entreprise, fit sans doute aussi renaître contre l'Autriche d'anciens ressentimens, plus assoupis qu'éteints. Le général Dumouriez l'indique dans sa lettre, qui prouve d'ailleurs que les Autrichiens n'étaient point consultés dans cette négociation, et que c'était avec les Prussiens seuls qu'on traitait.

Il paraît constant qu'il exista une convention secrète, par laquelle le roi de Prusse s'engageait à se séparer de la coalition et à ne plus combattre, pourvu que les Français bornassent leurs opérations à l'invasion des Pays-Bas autrichiens, et ne portassent point leurs armes dans l'Empire; mais ce traité secret ne fut point ratifié par le conseil exécutif qui était divisé, et qui n'aurait pas osé s'exposer à la fougue du parti jacobin de la Convention, en paralysant les efforts du général Custines, dont les succès inattendus enivraient le peuple d'orgueil et d'espérance.

Custines, par une marche rapide et hardie, s'était porté sur Spire, et depuis sur Mayence dont il s'empara sans éprouver aucune résistance; Frédéric-Guillaume, qui exécutait de bonne foi le traité, en évacuant la France et en laissant à Dumouriez le champ libre pour agir dans les Pays-Bas, voyant que le gouvernement français ne ratifiait pas ce traité et poursuivait ses conquêtes en Allemagne, se réunit de nouveau à la coalition pour faire une seconde campagne qu'il termina en reprenant Mayence.

Si l'on pouvait avoir quelques doutes sur la vérité du changement de système de Frédéric, sa conduite postérieure a dû les dissiper entièrement; car, dès qu'il eut rempli son objet et délivré Mayence, il quitta ouvertement la coalition, et, comme on le verra bientôt, signant alors un traité public, assez conforme au traité secret dont on vient de parler, il abandonna l'empereur à ses propres forces, se contentant d'assurer le repos du nord de l'Empire, dont il marqua les limites et garantit la neutralité.

CHAPITRE X.

Division dans la Convention, entre la Gironde et la Montagne. — Procès et mort de Louis XVI. — Conquête de Nice, de la Savoie, de Mayence et de Francfort. — Siége de Lille. — Bataille de Jemmapes. — Invasion du Brabant. — Préparatifs de toute l'Europe contre la France. — Rupture entre la France, l'Angleterre, la Hollande et l'Espagne. — Dumouriez entre en Hollande. — Les Autrichiens font lever le siége de Maestricht. — Ils reprennent le Brabant. — Bataille de Nervinde. — Défection de Dumouriez. — Manifeste du prince de Cobourg. — Révolution du 31 mai.

1792.
Ire année de la répub.

L'INVASION des Prussiens avait fait perdre à Louis XVI sa couronne et sa liberté, et leur retraite ne lui sauva pas la vie. Frédéric-Guillaume avait commis une faute grave, en exaspérant une partie du peuple français, en réduisant au désespoir le parti révolutionnaire par des menaces qui doublèrent son audace et sa force, et en excitant la méfiance populaire contre tous ceux qui voulaient soutenir le trône et défendre la constitution. Cette faute ne pouvait être réparée que par des triomphes; on l'aggravait, au contraire, en se retirant. L'existence du monarque français paraissait trop dangereuse aux hommes qui venaient de l'emprisonner, pour qu'une modération tardive pût désarmer une haine dont la crainte était le principe et l'aliment; et puisqu'une aveugle imprudence avait compromis les jours de ce prince, la victoire seule pouvait le sauver.

Il n'était plus temps de compter sur les principes de justice, sur les sentimens d'humanité : le fanatisme politique leur est aussi étranger que le fanatisme religieux. Les hommes hardis qui, sans consulter le vœu national, avaient changé violemment une monarchie en république, s'étaient placés sur un précipice : l'opposition de la majorité de la nation, la résistance des constitutionnels, la haine des amis de l'ordre et la vengeance des lois les environnaient de dangers; pour ne point périr dans cet abîme, ils résolurent de le combler avec les débris du trône, de l'aristocratie et de la richesse. La peur fit toujours les tyrans : dès qu'un gouvernement sait qu'il est haï, il sent le besoin d'être craint, et il cherche à éloigner la terreur qu'il éprouve par celle qu'il inspire.

La coalition, par son attaque téméraire, par ses manifestes révoltans, par le pillage et par les désordres que commirent ses troupes, seconda parfaitement les vues des révolutionnaires du 10 août.

Le peuple et l'armée, qui auraient probablement condamné cette révolution; la sanc-

tionnèrent par leur silence, parce que l'invasion
étrangère attirait aux frontières toute l'activité
et toute l'énergie nationales. Tous les partis divisés se rallièrent contre ce danger commun,
et l'intérêt pour le trône s'affaiblit par la haine
qu'on ressentait contre les rois qui se disaient
ses alliés. Tout se réunit alors pour assurer
non-seulement le triomphe des républicains,
mais même celui des anarchistes.

La multitude égarée crut la cour parjure,
lorsqu'elle vit les étrangers conquérir et ravager
la France en son nom; elle regarda tous les
nobles comme des traîtres, lorsqu'elle vit leurs
parens sous les bannières des ennemis; tous
les hommes riches, instruits et modérés, lui
devinrent suspects, parce qu'ils voulaient le
maintien de l'ordre et de la justice. La retraite
des Prussiens, les succès de Custines, les
triomphes de Dumouriez portèrent l'ivresse
populaire à son comble. Les constitutionnels
avaient combattu sans moyens et sans succès;
leur malheur fut regardé comme un crime.
Les révolutionnaires étaient victorieux, on
n'osa pas les déclarer coupables; le prétexte
du salut public excusa leurs crimes; la fortune
les couvrit d'un vernis brillant et perfide, et
la multitude éblouie suivit avec enthousiasme
les factieux qui flattaient ses passions, en pro-

mettant toutes les places à l'ignorance et toutes les richesses à la pauvreté.

La vie du roi était alors devenue le seul objet de crainte du parti vainqueur ; d'un moment à l'autre le malheur de ce prince pouvait exciter la pitié, réveiller la justice, ressusciter la monarchie. Robespierre, Danton, Marat et leurs amis résolurent sa mort et la perte des hommes qui s'y opposeraient. Il leur eût été facile de l'immoler secrètement ; mais une condamnation judiciaire, une mort publique leur parurent plus utiles ; ils espérèrent qu'en profitant du fanatisme excité par la coalition, de la terreur produite par les massacres de septembre, et de l'ivresse inspirée par la fuite des Prussiens, ils pourraient contraindre la nation à souffrir cet attentat, à sanctionner leur révolution, et à s'enchaîner à leur système. Leur espoir fut rempli.

Un grand nombre des députés du côté le plus ardent du corps législatif, avaient été nommés membres de la Convention. Brissot, Pétion, Vergniaud et leurs amis, presque tous remarquables par leurs talens et leur éloquence, formèrent ce qu'on appela le parti de *la Gironde*. Républicains par opinion, ils avaient contribué, par leurs intrigues, à l'affaiblissement du trône constitutionnel ; mais tous n'avaient pas eu de part à la conjuration qui le renversa. Le 20 juin fut leur ouvrage, et leur but était de gouverner la France par des ministres de leur choix. La révolution du 10 août avait été conduite par Danton, Robespierre, Chabot, Barbaroux, Fabre-d'Églantine, Collot-d'Herbois, et par les membres de la nouvelle commune de Paris.

1792.
1re année de la répub.

Ces terribles révolutionnaires, dont la masse redoutable prit le nom de *la Montagne*, prétendaient recueillir le fruit de leur audace, et gouverner la république qu'ils avaient créée. Les girondins voulurent leur disputer l'honneur et le fruit de cette révolution, quoiqu'ils se vantassent faussement et tardivement d'y avoir concouru. Ils furent d'abord soutenus dans leurs projets par le vœu public, et par la majorité de leurs collègues, qui détestaient le système tyrannique et les sanguinaires intentions de leurs adversaires. Ainsi, dès le commencement des séances de la Convention, elle fut divisée en deux partis, dont la lutte violente annonçait évidemment de nouveaux orages.

Quoique les girondins parussent, pendant plusieurs mois, avoir un avantage marqué sur leurs rivaux, on pouvait prévoir sans peine qu'ils succomberaient dans ce combat.

Forcés d'excuser des crimes, de sanctionner la violation des lois, de maintenir le code de spoliation qui avait démoralisé le peuple, ils voulaient en vain arrêter la révolution dont ils venaient de précipiter la marche; ils avaient trop promulgué de décrets iniques pour ramener la justice, trop enflammé de ressentimens pour faire renaître la modération, et trop favorisé l'anarchie pour rétablir l'ordre.

Leurs intentions nouvelles étaient louables, mais le changement de leur langage les rendait suspects à la multitude; les montagnards lui paraissaient plus patriotes, plus conséquens. Ils oubliaient que ceux qui commencent les révolutions ne les finissent jamais, et qu'on a perdu le droit et le moyen de réprimer les factions lorsqu'on a été factieux.

Les girondins, en remplaçant les constitutionnels, durent s'attendre à leur sort. Ils voulurent opposer les principes aux passions, la raison à l'ivresse, la justice à la cupidité; ils ne furent qu'orateurs : leurs ennemis étaient conspirateurs, et, dans les troubles civils, la fortune est toujours pour celui qui frappe contre celui qui parle.

Le procès du roi fut le premier combat important des deux partis, et sa mort la première défaite de la Gironde : en effet, quoique plusieurs hommes de ce parti se soient tachés par sa condamnation, il parait que leur intention était de le sauver; et, dans cette circonstance, ils manquèrent également de conduite et de courage.

On accusa le roi de délits antérieurs à l'acceptation de la constitution et à l'amnistie générale qui avait tout effacé; ce qui était absurde. On lui reprocha de n'avoir pas accepté de bonne foi l'acte constitutionnel, d'avoir favorisé les émigrés, et d'avoir été de connivence avec l'étranger. Aucune de ces accusations n'était accompagnée de preuves. Mais, en supposant même qu'il eût effectivement désiré de changer la constitution, ses ministres seuls étaient accusables; et ce n'était pas ceux qui venaient de la renverser qui pouvaient lui faire un crime de ne l'avoir pas aimée.

D'ailleurs, la république était décrétée; Louis XVI n'était plus roi : sa déchéance, seule peine qui lui fût infligeable par la constitution, était prononcée de fait; et il ne pouvait plus, suivant les règles de la justice, être poursuivi que pour des délits ultérieurs.

La politique s'opposait autant à sa mort que l'équité, puisque son supplice devait rendre la guerre plus cruelle et plus générale; enfin l'humanité devait frémir à l'idée seule d'égorger un ennemi vaincu et désarmé. Mais les passions n'écoutent ni la justice, ni la politique, ni l'humanité; et malheureusement le parti qui voulait défendre le roi fut aussi faible et divisé que le parti qui voulait sa mort était fort et uni.

Le moyen infaillible pour sauver Louis XVI, était de s'opposer à son jugement. C'était, dans une aussi grave circonstance, le terrain le plus avantageux sur lequel on pût se placer pour combattre. En effet, la Convention n'était pas compétente, et ce prince n'était pas jugeable. Si l'on voulait accuser le roi de n'avoir pas été fidèle à la constitution, c'était elle seule qu'il fallait consulter : elle déclarait le monarque inviolable; et, s'il existait des délits, cette même constitution, qui les avait prévus, avait décidé *que les ministres seuls seraient responsables.*

Malheureusement, excepté cinq députés, personne ne vit assez juste ou ne fut assez courageux pour maintenir ce principe. La terreur qu'inspirait la révolution du 10 août, et la crainte de se déclarer contre elle, égarèrent les hommes les plus décidés à sauver le roi : tous les girondins, qui s'étaient prononcés pour cette révolution, se croyaient condamnés eux-mêmes si on la condamnait. Ainsi, tout le parti qui vota contre la mort du roi, eut la funeste inconséquence de commencer par le déclarer *jugeable** et coupable.

Cette première faute devait nécessairement donner un grand avantage à la Montagne. Dès qu'un tribunal s'est reconnu compétent, et qu'il a déclaré l'innocence coupable, il a presque perdu la possibilité de la sauver. Au mépris de cette constitution qui n'existait plus, qu'on osait encore invoquer, et sans respect pour tous les principes de la probité, pour toutes les maximes de la jurisprudence et pour toutes les règles de la morale, les hommes qui avaient violé toutes les lois prétendirent les venger, et ils osèrent, sans pudeur, être à la fois législateurs, magistrats, dénonciateurs, témoins, accusateurs et juges.

Les discours qu'on prononça dans ce célèbre procès, prouvent que le parti décidé à faire périr le monarque s'y était déterminé par des motifs différens. Les uns, politiques sombres et cruels, pensaient assurer par sa mort

---

* La justice exige de rappeler cependant ici la déclaration que firent, après l'appel nominal, tous ceux qui s'opposaient à la condamnation. Voici l'acte textuel :

« L'assemblée a reçu la déclaration que lui ont faite tous ceux
» de ses membres qui n'ont pas voté pour la peine de mort, ou
» qui y ont attaché une condition : *qu'ils s'étaient déterminés*
» *à voter comme législateurs, et non comme juges, et qu'ils n'a-*
» *vaient entendu prendre qu'une mesure de sûreté générale.* »

leur existence et celle de la république ; d'autres, par un fanatisme aveugle, se croyaient des Brutus et regardaient Louis comme un tyran ; le plus grand nombre n'obéissait qu'à la terreur, et proscrivait de peur d'être proscrit.

Le malheureux monarque parut au sein de cette assemblée, dont il aurait dû ne pas reconnaître la juridiction, et dans laquelle il ne trouvait que des soutiens divisés et des ennemis implacables ; il y porta la fermeté de la vertu, le sang-froid du courage et la simplicité de l'innocence. Ses réponses furent aussi précises que l'interrogatoire était insidieux ; et ce noble plaidoyer, sans art et sans apprêts, aurait suffi pour faire triompher la vérité, si elle avait été entendue par la justice, et non par la passion.

Louis XVI avait pour défenseurs Desèze et Tronchet, dont on estimait les talens et la probité ; ils vivront dans la postérité par leur courage. Malesherbes, qui les lui avait indiqués, bravant la rage des proscripteurs, avait aussi pris sa défense. On ne peut prononcer son nom sans respect et sans verser des larmes d'admiration et de douleur.

Vertueux sans orgueil, savant sans pédanterie, ministre sans ambition, cet illustre magistrat, ami des hommes, des lois, des lettres et des arts, distingué dans tous les genres, et ne se doutant pas de sa gloire, fut toujours le soutien du peuple tant que le roi fut puissant dans son palais; il ne devint courtisan qu'au moment où le prince fut en prison. Appui de la liberté nationale contre les abus de la monarchie, et défenseur du monarque contre la tyrannie populaire, sa probité resta intacte au milieu de la corruption générale; son courage fut inébranlable, lorsque la crainte était universelle. Il périt quand le crime régna: la mort la plus héroïque couronna la plus belle vie; et l'infâme échafaud, sur lequel il monta sans émotion, fut le dernier degré d'où son âme pure s'élança vers l'immortalité.

Le plaidoyer, composé par ces trois sages défenseurs, et rédigé par Desèze, était noble, convaincant et sévère; il opposait la vérité aux calomnies, les faits aux suppositions, et la raison aux injures. Il ne laissait aucun doute sans éclaircissement, aucun reproche sans réfutation. Ce discours lumineux dissipait, par sa clarté, toutes les ombres que l'esprit de parti voulait étendre sur les yeux d'une multitude fanatique.

S'il n'avait été question que de porter la conviction dans les esprits, ce discours aurait atteint parfaitement son but; mais il fallait combattre des passions, et peut-être les armes d'une pathétique éloquence auraient dû se joindre aux argumens pressans de la logique.

Jamais sujet plus noble et plus touchant ne s'était offert au talent d'un orateur : un monarque puissant, précipité du haut de son trône dans un cachot; un roi désarmé, poursuivi par des ennemis sans pitié; le législateur humain qui avait aboli la torture; le protecteur de l'Amérique, le libérateur des serfs du Jura, le restaurateur volontaire de la liberté française, enchaîné par le peuple qu'il voulait affranchir; l'homme pacifique et sensible, persécuté par des proscripteurs implacables dont il avait épargné le sang, et qui voulaient répandre le sien; le combat de la bonté contre la haine, de la vertu contre le crime, du courage contre la destinée ; le tableau de tous les malheurs qu'entraînerait sa mort; les vengeances qu'attirerait cet attentat; l'effrayante peinture des remords qui feraient l'éternel supplice de ses juges; tous ces moyens propres à ranimer le courage, à réveiller la sensibilité, à effrayer la haine, furent interdits par Louis XVI à ses défenseurs; et, lorsque Desèze lui présenta la péroraison touchante qui devait terminer son discours, ce prince voulut qu'il la supprimât, et lui dit : *Je ne veux pas attendrir.*

Les députés qui parlèrent contre la mort développèrent en vain les moyens d'une politique prévoyante, d'une raison éclairée et d'une humanité généreuse; leurs terribles adversaires, d'autant plus véhémens que leur cause était plus opposée à la justice, obtinrent enfin, malgré la fermeté des opposans, un horrible triomphe. La mort de Louis XVI fut décidée par une très faible majorité.

Inutilement Malesherbes et ses collègues vinrent protester contre l'illégalité de ce décret; le code criminel exigeait la majorité des deux tiers pour la condamnation de tout accusé; mais le parti dominant était déterminé à ne respecter aucune loi, et le féroce Danton répondit avec audace « que lorsque la Conven-
» tion décidait de la destinée d'un empire à
» la simple majorité des voix, il était absurde
» de s'arrêter à de vaines formes quand il s'a-
» gissait de juger un tyran. »

Les députés qui voulaient sauver le roi avaient en vain voté pour l'appel au peuple; ils s'efforcèrent encore sans succès d'obtenir un sursis jusqu'à la paix. Leurs vœux furent rejetés; l'arrêt fut porté au monarque, qui soutint cette épreuve terrible avec

1793.
1re année
de la
répub.

la dignité de son rang et le calme de la vertu.

Le 21 janvier 1793, sa tête tomba : il mourut en pardonnant à ses ennemis, et *en priant le ciel de détourner les malheurs dont il voyait la France menacée par son trépas.*

Les Parisiens consternés le pleurèrent sans oser le défendre; les étrangers se montrèrent plus disposés à le venger qu'à le secourir. Otcaritz, envoyé d'Espagne, fit seul une noble tentative pour prolonger sa vie; et la terreur qui glaça toutes les âmes, dans cet instant fatal, rappelle ce que dit Tacite en parlant de la mort de Galba : *Isque habitus animorum fuit, ut pessimum facinus auderent pauci, plures vellent, omnes paterentur.* « Telle fut la disposi-
» tion des esprits à l'égard de ce crime : quel-
» ques-uns l'osèrent, plusieurs le voulurent,
» et tous le souffrirent. »

Les conséquences de cet événement furent terribles. La partie de la Convention qui avait décrété la mort de Louis XVI, craignit, dès cet instant, d'être exposée au ressentiment de tous les membres qui n'avaient pas voté comme elle, de l'immense majorité de la nation française, consternée par cet arrêt, et des ennemis de la France, dont ce tragique événement augmentait le nombre et la haine. Le principe du gouvernement républicain ne peut être que la vertu ; et la Montagne, en fondant sa puissance sur une injustice aussi éclatante, se condamna elle-même à la nécessité d'exercer un pouvoir tyrannique.

Les hommes sans morale furent les seuls patriotes sur lesquels elle crut pouvoir compter; tout homme probe lui parut un juge redoutable; et, par une erreur funeste, les mots *justice* et *contre-révolution* devinrent synonymes pour elle.

Ce résultat d'un jugement inique et cruel ne se fit pas sentir dans toute sa force au premier moment : une partie de la Convention, qui avait voté par faiblesse, se rallia quelque temps encore au parti de la Gironde, qui voulait gouverner la république avec sagesse et modération. Les triomphes des armées, en éloignant le danger, diminuèrent la crainte. Mais, dès que la fortune parut, quelques mois après, abandonner les drapeaux français, l'effroi rendit la Montagne dominante, et soumit toute la France à la tyrannie la plus atroce dont les annales de l'histoire aient été souillées.

Il est certain que le succès des armées républicaines était dû à l'enthousiasme des Français pour l'indépendance, à l'élan que l'égalité donnait à l'ambition générale, et aux fautes des puissances coalisées. Mais, par un hasard malheureux, on essuya des revers dans les momens où le gouvernement était modéré ; on remporta des victoires lorsqu'il fut cruel. Frédéric-Guillaume et plusieurs princes, qui avaient menacé les constitutionnels, négociaient avec les jacobins; et la multitude aveuglée, non-seulement en France, mais dans beaucoup de pays, crut long-temps que la barbarie était habileté, la modération perfidie, et la justice faiblesse.

Autant les soldats français avaient été intimidés par les premiers revers, autant ils furent enivrés de leurs premiers succès. La retraite de Frédéric-Guillaume fit une révolution complète dans l'esprit national, et le même peuple, qui craignait de ne pouvoir pas se défendre contre un roi, se crut assez fort pour subjuguer toute l'Europe. L'opinion fait tout, et en sortant, au moment où l'on s'y attendait le moins, d'un danger si pressant, chaque guerrier français se crut un héros, et le devint.

Le général Montesquiou pénétra rapidement dans les États du roi de Sardaigne, et conquit la Savoie sans résistance. Le général Anselme s'empara de Nice. Biron ne fut point attaqué en Alsace. Custines fit la conquête de Worms, de Spire et de Mayence; il leva des contributions dans la Hesse, et prit Francfort. Kellermann entra dans l'électorat de Trèves. Les Autrichiens, qui avaient eu la présomptueuse folie de vouloir prendre Lille avec vingt-quatre mille hommes, en levèrent le siège, après l'avoir inutilement bombardée.

1793.
1re année de la répub.

Dumouriez, débarrassé des Prussiens par les maladies, la famine et les négociations, s'était porté en Flandre à la tête d'une armée de trente mille hommes; celle des Autrichiens était fortement retranchée à Jemmapes : il se décida à tenter le sort d'une bataille, et il remporta une victoire complète qui lui ouvrit les portes de Mons. Ce triomphe éclatant et inattendu de l'ardeur française sur l'expérience, de la valeur indisciplinée sur la tactique méthodique, porta au dernier degré l'étonnement des politiques, l'enthousiasme des Français et la consternation de leurs ennemis.

Dumouriez profita, avec plus d'activité que de prudence, de sa victoire. Il s'empara rapidement de tous les Pays-Bas; et, tandis que Beurnonville s'avançait sur Trèves et sur Coblentz, et que Valence s'emparait de Namur, il se rendit maître de Gand, de Bruxelles, d'Anvers, envoya Lamarlière dans la Gueldre prussienne, forma le siége de Maestricht, et se prépara à envahir la Hollande. On verra bientôt quels revers amenèrent ce projet trop vaste et ce développement de forces, qui affaiblirent tous ses moyens en les divisant. Le peuple brabançon et le peuple savoisien, sous l'influence du canon français, demandèrent ou parurent demander leur réunion à la France, et la Convention nationale rendit un décret par lequel la république française *promettait son assistance à toutes les nations qui s'insurgeraient pour conquérir la liberté.*

Ces conquêtes rapides, au moment où les politiques ne s'occupaient que du démembrement de la France, frappèrent de terreur tous les cabinets de l'Europe; menacés de voir s'étendre partout le torrent qu'ils avaient cru repousser si facilement vers sa source, ils sentirent alors un peu tard que Mirabeau avait eu raison, lorsque Burke écrivait *que la France n'était plus qu'un vide sur la carte de l'Europe,* de lui répondre : *Ce vide est un volcan.*

Après ce premier moment de surprise, la coalition ne songea qu'à multiplier ses forces et à se venger de ses défaites; l'empereur et le roi de Prusse resserrèrent leurs liens; Frédéric-Guillaume ordonna de nombreuses levées de soldats, et fit marcher jusqu'aux pères de famille : cependant l'effectif de ses forces contre la France ne passa jamais cinquante mille.

hommes. Le landgrave de Hesse joignit une partie de ses troupes aux Prussiens, et s'arma lui-même pour la défense de ses États. Toutes les troupes hanovriennes se mirent en mouvement; l'électeur de Saxe fournit son contingent; l'empereur envoya de nouvelles forces sur le Rhin et sur la Meuse, sous les ordres de Cobourg. Le roi d'Espagne, qui avait tenté d'adoucir les esprits en faveur de Louis XVI, par sa neutralité, accéda à la coalition; l'Angleterre enfin, quoiqu'elle ne déclarât pas précisément la guerre, refusa la paix; ses préparatifs menaçans décidèrent promptement la Convention à l'attaquer.

On distinguait, à cette époque, trois partis en Angleterre : celui des torys, dévoué à la cour, et prépondérant par son crédit et ses richesses; le parti républicain, peu nombreux, mais actif et turbulent; enfin celui des wighs, attaché à la constitution, mais jaloux de la liberté, et opposé à toute extension de la prérogative royale. Ce dernier parti désirait une réforme parlementaire : M. Pitt autrefois partageait leur vœu; mais il avait changé d'opinion, ou par ambition, comme ministre, ou par prudence politique. L'esprit d'égalité excitait tant de fermentation, que ce moment devait en effet ne pas lui paraître propre à tenter des modifications qui auraient pu dégénérer en révolution.

Les premiers efforts des Français pour se rendre libres avaient été trop applaudis en Angleterre par les wighs et par les républicains, pour que le gouvernement pût les désapprouver hautement; et, lorsque Burke écrivit une diatribe amère contre l'assemblée constituante, M. Pitt prononça, en février 1790, un discours * dans lequel il exprima nettement son vœu pour l'établissement solide de la liberté en France. Le temps a trop prouvé son animosité contre notre pays, pour garantir la sincérité de son langage; mais il prouve quelle était alors l'opinion publique en Angleterre, et combien il fallait d'événemens et d'adresse pour que, sans se dépopulariser, le cabinet britannique parvînt à rendre un peuple libre complice de la destruction de la liberté polonaise, à lui faire embrasser la querelle des gouvernemens absolus contre un gouvernement représentatif, et à décider des troupes protestantes à verser leur sang pour la cause du pape et de la religion catholique.

Le ministère anglais espérait probablement que le combat de la liberté contre la royauté, affaiblissant la nation française par des dé-

* *Voyez* l'extrait de ce discours, *Pièces justificatives.*

chiremens intérieurs, le débarrasserait pour long-temps de la rivalité commerciale et politique de cette puissance : il manifesta, comme tous les gouvernemens de l'Europe, sa haine contre les principes des démocrates qui avaient détruit la noblesse ; mais il ne ressentit pas la même crainte qu'eux, et l'amour des Français pour l'égalité absolue, lui faisant prévoir l'anarchie, qui en est presque toujours la suite, le rassura contre la crainte de la solide et vraie liberté, qui aurait pu donner trop de force et de richesses à la France.

Dans cette persuasion, M. Pitt détourna le roi d'Angleterre de prendre une part active à la guerre qui s'était allumée entre les Français et les cours germaniques. On assure même qu'il avait conseillé au roi de Prusse de l'éviter, peut-être parce qu'il prévoyait qu'elle pourrait rallier les partis en France contre un danger commun. La révolution du 10 août, et les atrocités dont elle fut suivie, n'affligèrent que les wighs ; les torys voyaient dans ces désordres la justification de leurs déclamations contre la révolution française, et l'accomplissement de leurs prédictions ; le parti républicain, exalté par ces événemens, se flattait que l'établissement d'une grande république allait réaliser toutes ses chimères.

1793.
1re année de la répub.

Les premières déroutes des Français, et la marche rapide des Prussiens, durent faire croire au cabinet britannique, comme à toute l'Europe, que la contre-révolution allait être faite, et que Louis XVI, rétabli sur son trône chancelant, serait forcé de payer ses protecteurs par le démembrement de son royaume.

Mais les massacres de septembre, l'abolition de la royauté, la résistance des troupes républicaines, la retraite imprévue de Frédéric-Guillaume, l'explosion de l'ardeur martiale des Français, l'énergie furibonde de la Convention, les succès de Dumouriez, la victoire éclatante de Jemmapes, la conquête du Brabant, la propagation de la démocratie en Hollande et dans les Pays-Bas, changèrent totalement le plan du ministère anglais : il se résolut à ranimer la coalition, et à détruire cette république, dont les principes menaçaient l'ordre social, et qui montrait, dans son berceau, tant d'audace, de force, d'ambition et d'inhumanité.

Après le 10 août, le ministère avait rappelé de Paris son ambassadeur lord Gower, et il refusa de reconnaître M. de Chauvelin, qui était accrédité par le conseil exécutif provisoire. Une politique plus généreuse aurait conseillé sans doute, au lieu de suspendre les négociations, de redoubler leur activité pour sauver l'infortuné monarque français, en présentant franchement la paix, si ses jours étaient épargnés, et la guerre, si sa mort était résolue.

1793.
1re année de la répub.

Mais, soit que le ministère britannique vît sans peine la France mériter, par le supplice de Louis XVI, les reproches de cruauté que la mort de Charles Ier avait fait subir à l'Angleterre, soit qu'il se plût à voir l'ennemi qu'on se préparait à combattre attirer sur lui la haine, on ne fit aucune démarche en faveur du roi dont on déplorait si hautement le malheur : il périt, et l'on se crut obligé à un éclat d'autant plus grand, après cet événement, qu'on avait moins tenté d'efforts pour le prévenir.

Quoique les Français fussent en pleine anarchie, leur étendard portait le nom de *liberté*, et ce mot sacré pour les Anglais obligeait le ministère à de grandes précautions, s'il voulait rendre la guerre nationale et populaire.

La navigation de l'Escaut, que la Convention prétendait rendre aux Belges, n'était pas un motif suffisant de rupture ; car, en 1786, Yorck, ambassadeur anglais, avait lui-même pressé l'empereur de réclamer la liberté de cette navigation.

L'invasion du Brabant ne pouvait autoriser des hostilités ; car l'Angleterre, étant neutre, ne devait pas défendre aux Français, dont l'empereur avait envahi le territoire, de porter les armes sur le sien.

L'abolition de la royauté était un changement intérieur dont on n'avait pas le droit de se mêler. Les massacres de septembre et la mort du roi devaient inspirer une profonde horreur ; mais ces événemens étaient étrangers aux intérêts de l'Angleterre, et la France n'avait point fait la guerre à Cromwel pour venger Charles Ier.

Les dangers dont on disait la Hollande menacée n'étaient pas évidens ; et lorsque lord Aukland offrit aux états-généraux les secours stipulés par les traités, ils lui répondirent qu'ils ne croyaient point que la France eût l'intention de les attaquer.

Pour faire valoir ces différens motifs, il fallait que le ministère pût rallier à son système tous les propriétaires, en excitant leurs alarmes ; le délire des jacobins anglais et français lui fournit à cet égard tous les prétextes qu'il pouvait désirer.

Thomas Payne avait publié contre la constitution anglaise un livre peu lu, tant que le gouvernement n'en avait pas défendu la circulation. Depuis long-temps il existait une correspondance entre le club de Londres et celui de Paris. La société constitutionnelle anglaise venait d'envoyer, dit-on, un don patriotique de mille paires de souliers aux armées françaises ; le parti républicain avait excité quelques émeutes à Leith et à Yarmouth ; beaucoup de wighs venaient de signer des adresses pour obtenir une réforme parlementaire ; les clubistes français, exaltés par ces légers événemens, avaient publié, avec leur arrogance et leur folie ordinaires, que la révolution française ferait le tour de l'Europe ; enfin, ce qui était certainement la circonstance la plus marquante, la Convention nationale, enivrée de ses premiers triomphes, et aussi aveuglée qu'Anacharsis Clootz, l'un de ses membres, qui se disait l'orateur du genre humain, avait rendu, au mois de novembre, un décret par lequel la république *promettait assistance à tous les peuples qui s'insurgeraient pour conquérir la liberté et l'égalité*. Il est trop vrai qu'un pareil décret, tant qu'il subsistait, constituait la France en état de guerre avec tous les gouvernemens établis.

Le cabinet britannique, profitant de tous ces événemens réunis et de l'effroi que le jacobinisme inspirait aux rois, aux princes, aux nobles, aux prêtres et aux riches, éprouva ou feignit d'éprouver les plus vives alarmes. Il avertit par des proclamations le peuple anglais des dangers qui le menaçaient; il convoqua extraordinairement le parlement, rassembla les milices, et se fit investir d'une autorité que la crise la plus redoutable pouvait seule rendre nécessaire.

Au mépris des clauses du traité de commerce, il défendit la circulation des assignats, et interdit aux Français l'achat des blés dans les ports britanniques; il arma de fortes escadres, et en fit partir une pour s'emparer de Saint-Domingue: mais une tempête la dispersa et la força de rentrer dans le port. Il négocia avec la coalition, y fit accéder le stathouder, et voulut inutilement déterminer le roi de Danemarck et le grand-duc de Toscane à renvoyer de leurs États les ministres français.

La Gironde avait alors la majorité dans la Convention; et le conseil exécutif, soumis à son influence, redoubla vainement d'efforts pour éloigner la guerre. M. de Chauvelin offrit, sans succès, la réparation des griefs dont la cour de Londres se plaignait; il ne put obtenir aucune réponse satisfaisante. M. Maret, négociateur éclairé, spirituel, instruit et modéré, tenta deux fois sans succès d'opérer un rapprochement que la politique anglaise rendait impossible.

Il paraît constant que la France se montrait disposée à laisser aux Belges discuter l'affaire de la navigation de l'Escaut sans y prendre d'intérêt, et qu'elle promettait que ses troupes n'approcheraient point des frontières de la Hollande. Enfin, après avoir voulu donner au décret de la Convention une interprétation qui l'annulait, on consentit à le rapporter. On prétend même que, dans sa seconde mission, M. Maret, revêtu de pouvoirs plus étendus, devait offrir des concessions encore plus avantageuses à l'Angleterre et à la Hollande. Il ne fut point écouté; et M. de Chauvelin reçut, le 24 janvier, l'ordre de sortir d'Angleterre sous huit jours. La Convention nationale, irritée de ces affronts et trop impétueuse pour être politique, ne garda plus alors aucune mesure; elle se donna, comme le désirait M. Pitt, l'apparence de l'agression, et déclara en forme à la Hollande et à l'Angleterre une guerre que celle-ci, de fait, avait déjà commencée.

La France, dans sa déclaration, récapitulait toutes les infractions faites par les Anglais au traité de commerce, le rappel de lord Gower, les intrigues du cabinet britannique avec la coalition, l'interdiction de la circulation des assignats, la défense des achats de blé, l'armement menaçant des escadres anglaises, les conseils hostiles donnés et les secours promis au stathouder, le refus des explications proposées, enfin le renvoi insultant du ministre français.

De son côté, le roi de la Grande-Bretagne, après avoir rappelé, dans son manifeste, sa déclaration de neutralité, qui prouvait la sincérité de ses vœux et de ses vains efforts pour le maintien de la paix, se plaignait avec une vive amertume de l'intolérable audace des révolutionnaires français, de leur invasion en Brabant et en Savoie, de la propagation dangereuse de leurs doctrines démagogiques, de leurs fréquentes tentatives pour soulever tous les peuples, de leurs décrets hostiles qui tendaient à renverser tous les gouvernemens et à bouleverser l'ordre social, de leurs efforts pour anéantir la Hollande, enfin des complots tramés récemment par eux pour jeter en Angleterre les brandons de la guerre civile.

Tout ce qu'on peut conclure de ces déclamations opposées, c'est que la Convention, sans finances et sans marine, craignant d'avoir un ennemi de plus, désirait sincèrement de conserver la paix avec l'Angleterre, quoique ses principes, ses actes et ses orateurs fussent en hostilité permanente avec tous les gouvernemens, et que, d'un autre côté, le ministère anglais, qui devait moins craindre qu'un autre la propagation du jacobinisme dans un pays où les lois sont justes, le peuple heureux et le gouvernement fort, étant resté témoin indifférent de la révolution tant qu'elle affaiblissait la France, s'était décidé à la combattre dès qu'il lui avait vu développer assez d'énergie pour faire des conquêtes.

Les manifestes sont les voiles de la politique; mais, en les levant, on voit presque toujours qu'ils servent non pas d'enveloppe à la justice, mais de déguisement à l'égoïsme; car les nations ont le leur comme les individus. La vraie cause de la guerre fut donc alors, de la part des Anglais, la crainte de voir la Belgique conquise par la France.

Cette même cause, qui donna lieu aux premières hostilités, devint toujours depuis le plus grand obstacle opposé au rétablissement de la paix.

La guerre étant ainsi déclarée entre l'Angleterre et la France, l'Espagne et presque toutes les puissances de l'Europe suivirent l'exemple du cabinet britannique. La Convention, instruite des dispositions du roi d'Espagne, lui déclara la guerre, ainsi qu'au stathouder. La nation française, sans argent, sans crédit, déchirée par mille factions, tyrannisée dans l'intérieur par des hommes sanguinaires, et menacée au dehors par les armées de tous les rois, ne semblait pas devoir, sans miracle, sortir d'une crise si terrible.

Ses ennemis, consternés par les premiers succès des soldats républicains, passèrent subitement de l'excès d'une terreur panique à celui d'une confiance sans bornes; l'indignation que leur inspiraient la mort de Louis XVI, les massacres de septembre, et les menaces de la Convention donnant à leur ardeur la violence de la haine, tout espoir de rapprochement s'évanouit, tout sentiment de modération fit place à la passion de la vengeance, et de part et d'autre on ne combattit plus pour vaincre, mais pour se détruire.

Dans cette lutte sanglante entre un gouvernement populaire et des gouvernemens absolus, les Français avaient un avantage très remarquable : chaque individu de leurs armées croyait combattre pour sa cause personnelle, tandis que les soldats de la coalition, indifférens aux intérêts de leurs chefs, ne combattaient que par obéissance, et n'éprouvaient point cet enthousiasme qui fit seul, dans tous les siècles, ou des martyrs ou des héros.

Cette différence, qui échappait à l'attention des esprits ignorans ou passionnés, suffit seule alors pour balancer la supériorité des forces et des richesses, pour faire triompher la France de toute l'Europe, malgré les efforts de ses ennemis et la féroce ineptie de la plupart de ses magistrats.

1793.
Ire année de la répub.

Le général Dumouriez, profitant de l'épouvante qu'inspiraient ses victoires, et de l'appui que lui promettaient les patriotes bataves, était entré rapidement en Hollande, avait forcé Breda, pris Gertruidenberg, assiégé Kludest, Willemstadt, Berg-op-Zoom. Ces rapides et brillantes conquêtes augmentèrent l'éclat de sa gloire et en abrégèrent la durée : Dumouriez, abusant des faveurs de la fortune, ne prévoyait pas les revers qui devaient suivre le succès d'un plan trop audacieux et trop peu réfléchi.

Par une inconséquence trop ordinaire en politique, le ministère britannique, qui n'avait pas voulu traiter avec les envoyés français, consentait à laisser lord Aukland négocier avec Dumouriez, dont le front venait d'être couvert du bonnet rouge, et qui, pour flatter ou tromper les anarchistes, prenait audacieusement, dans ses lettres, le titre de *général des sans-culottes*; mais l'éclat des succès de Dumouriez devait être aussi court qu'il avait été brillant, et sa chute fut aussi prompte que son élévation avait été rapide.

Le conseil exécutif, dans l'absence de Dumouriez, donna le commandement des armées de la Belgique au général Valence. Miranda, qui se prétendait indépendant, lui refusa la copie de ses instructions; il l'assura que l'ennemi avait peu de forces sur la rive gauche du Rhin, et l'informa qu'il avait ordonné le rassemblement des troupes qui devaient couvrir le siége de Maestricht. Les informations se trouvèrent fausses; le prince de Cobourg et le général Clairfait, arrivant à l'improviste à la tête d'une forte armée, surprirent les cantonnemens dispersés, attaquèrent les troupes que commandait le général Lanoue, forcèrent ses positions, et marchèrent sur Maestricht et sur Liége.

Le général Valence ordonna à Miranda de se porter à Fauquemont pour disputer au prince de Cobourg le passage de la Gueule, ou de réunir ses troupes sur la hauteur, en face de Maestricht; enfin de faire venir par la route de Maseyck les troupes qui étaient à Grave, commandées par le général Champmorin, et celles qui étaient sous les ordres de Lamarlière à Ruremonde. Il se chargeait lui-même de couvrir Liége et la rive droite de la Meuse. Ses ordres ne furent point exécutés; les troupes qui faisaient le siége de Maestricht le levèrent précipitamment, et se dispersèrent du côté de Tongres. Miranda vint à Liége; Champmorin se retira sur Diest, Lamarlière sur Louvain, Blotefière sur Saint-Tron, Ihler sur Visé. Valence, attaqué à la barrière de Coupé, repoussa les ennemis; il avait commandé à Lanoue de couvrir Liége et d'occuper les hauteurs de Robermont. Mais le général Miranda lui ordonna, par écrit, de traverser Liége et de se porter sur les hauteurs d'Ans. L'armée de Miranda étant dispersée, les Autrichiens débouchèrent par Maestricht et s'emparèrent de Tongres. Valence, voyant ses communications avec la Belgique coupées, fut obligé de forcer le passage du Jars, et de prendre une position entre l'armée autrichienne et les villes de Saint-Tron, Tirlemont et Louvain. Étant parvenu à rallier les troupes dispersées, il délivra le corps du général Ihler qui était entouré, et chassa les Autrichiens jusque derrière Tongres.

Le général Dumouriez, contraint de quitter la Hollande, et croyant, d'après les rapports de Miranda, que Valence était battu et toutes ses forces détruites, trouva les trois armées réunies, ainsi que le prouve la lettre qu'il

1793.
Ire année de la répub.

écrivit au général Valence *. Il voulut enfin tenter un dernier effort pour arrêter l'ennemi qui s'était avancé jusqu'à Saint-Tron, et perdit la bataille de Nerwinde. Les Français, dans cette action sanglante et célèbre, disputèrent avec acharnement la victoire à leurs ennemis. Leur aile droite arracha même et conserva quelque temps cette victoire; elle avait gagné la bataille en tournant et en enfonçant l'ennemi; mais l'aile gauche ne la seconda point. Le duc de Chartres, aujourd'hui duc d'Orléans, combattit avec intrépidité; le général Valence, qui commandait l'aile droite, après plusieurs charges, se précipita au milieu des rangs ennemis, et se retira couvert de blessures.

Le général Miranda, à qui Dumouriez reprocha la perte de la bataille, accusa depuis son général d'avoir trahi la France dans cette journée. Ces deux accusations invraisemblables ne furent appuyées d'aucune preuve : il paraît que, dans cette affaire, le défaut d'ensemble et de discipline força seul la valeur française à céder à la tactique autrichienne. Après cette bataille, Dumouriez arrêta la poursuite des Autrichiens, et les repoussa dans une action sanglante qui eut lieu près de Louvain; il convint ensuite d'une suspension d'armes

* Voyez *Pièces justificatives.*

avec le prince de Cobourg. Clairfait n'était pas instruit de cette convention; il attaqua les postes français, et d'un autre côté les Autrichiens reprirent Namur. Dumouriez, pour sauver les débris de son armée, qu'il ne pouvait exposer sur la foi d'une convention ignorée par le gouvernement français, abandonna toutes ses conquêtes, rentra en France et se retira au camp de Maulde.

Il paraît que, dès ce moment, connaissant l'esprit de la Convention, et prévoyant le sort que les républicains soupçonneux réservaient à un général vaincu, il résolut de changer de parti, de trahir celui qu'il servait, de faire sa paix avec la coalition, et de marcher avec ses troupes sur Paris, pour y faire une révolution et rétablir la royauté.

Ses liaisons ont fait croire qu'il avait le dessein de placer le duc d'Orléans sur le trône : ce fut même alors l'opinion la plus accréditée ; mais ce qui la rend tout-à-fait improbable, c'est le concert qui régnait entre les Autrichiens et lui. Ils étaient tellement d'accord, qu'ils l'escortèrent plutôt qu'ils ne le poursuivirent dans sa retraite jusqu'à Mons. Ils permirent même aux troupes qu'il avait laissées en Hollande de le rejoindre à Courtray. Tout porte à croire que son projet, s'il avait pu conserver son influence sur l'armée, était de rendre la couronne au dauphin, et de prévenir, par cette révolution, la vengeance des républicains, dont il connaissait la violence et l'inflexibilité.

Quoi qu'il en soit, l'événement trompa complétement ses espérances. Si le gouvernement français était justement haï par la nation, les étrangers l'étaient davantage; l'ardeur pour la république était trop nouvelle pour être facilement éteinte; et Dumouriez éprouva bientôt que la trahison est plus odieuse aux Français que la tyrannie. Il aurait peut-être pu les entraîner à la guerre civile; mais son intelligence avec les ennemis de l'État excitait leur juste méfiance, et le fit entièrement abandonner par l'armée, qui préférait honorablement le danger des troubles intérieurs, et les périls d'une guerre malheureuse, à la honte de subir le joug de l'étranger.

Ces événemens répandirent la consternation en France et excitèrent la fureur des jacobins. La Gironde, conservant une apparente majorité, luttait faiblement depuis quelques mois contre la Montagne : ce parti violent, qui ne pouvait lui pardonner d'avoir voulu sauver Louis XVI, avait tenté, au mois de mars, d'exciter un soulèvement dans la capitale, de renouveler les scènes de septembre, et de faire égorger, au sein de la Convention, les députés dont la modération paralysait sa furie.

Beurnonville, distingué dans les camps par sa valeur et par son audace, était alors ministre de la guerre : il dénonça le projet des jacobins, en empêcha l'effet, et proposa aux girondins de faire exterminer ce parti féroce par une troupe nombreuse d'officiers et de soldats, qu'il avait successivement fait venir à Paris. Mais la Gironde, autrefois factieuse contre la cour, semblait alors, en usurpant sa place, avoir aussi pris toute sa faiblesse.

Marat, accusé par elle et absous par l'influence de la commune, insultait journellement la Convention par son triomphe. Inutilement Louvet, dénonçant Robespierre, avait dévoilé ses tyranniques projets. La commune, sommée de rendre ses comptes, jouissait impunément de ses crimes et de ses dilapidations, et les orateurs de la Gironde se contentaient d'opposer aux conspirations de la Montagne des discours éloquens, dont le seul effet était de retarder la marche des conjurés, tandis qu'il aurait fallu désarmer leurs bras et prévenir leurs coups.

Quelque faible que soit un gouvernement, il conserve son autorité tant que ses opérations sont couronnées par la victoire ; mais, dès qu'il est battu, ses malheurs deviennent des crimes.

Les girondins avaient constamment soutenu Dumouriez contre les déclamations de Marat et les accusations des jacobins. Dès que ce général fut battu, la Montagne, dont les cris étaient répétés par tous les clubs de la France, excita dans le peuple les plus violens soupçons sur les intentions de ce général et sur celles de ses protecteurs ; lorsqu'on fut informé, par la dénonciation de trois émissaires envoyés au général Dumouriez, qu'il s'entendait avec l'ennemi, et se préparait à faire la guerre à la Convention, la Gironde effrayée se joignit vainement au parti jacobin pour prendre les mesures propres à prévenir cette trahison et à punir cette révolte ; elle n'en fut pas moins regardée par la multitude égarée comme complice du général rebelle ; et dès cet instant sa perte fut inévitable.

Camus, Bancal, Quinette et Lamarque, tous quatre députés, partirent avec le ministre de la guerre, Beurnonville, pour s'assurer des dispositions de l'armée et de la personne du général Dumouriez, qui les vit avec inquiétude arriver dans son camp, les accueillit avec froideur, entouré d'un cortége imposant.

Les commissaires ne purent tromper sa vigilance. Il lui fut impossible, de son côté, d'ébranler la fidélité de Beurnonville, et de le faire entrer dans ses projets; après une conférence aigre et longue, levant ouvertement l'étendard de la révolte, il fit arrêter le ministre et les députés, et les livra au prince de Cobourg, comme garans de la sûreté des personnes de la famille royale que la Convention avait emprisonnées.

Jusque-là les soldats, ignorant les vues de leur général, avaient, malgré leurs malheurs, conservé pour lui beaucoup d'enthousiasme. Ils étaient mécontens de la Convention et du gouvernement, que Dumouriez avait accusés d'être la cause de tous leurs revers. Aussi, dans le premier instant, l'arrestation des commissaires fut approuvée par l'armée, qui voyait avec indignation qu'on osât venir dans son sein arrêter un chef couvert de tant de lauriers.

Dumouriez, comptant sur l'attachement de ses troupes, se crut alors certain de réussir dans son projet. Cependant Lille et Condé, qu'il avait promis de livrer aux Autrichiens comme places de sûreté, refusèrent de recevoir les détachemens qu'il y envoya. Un corps de troupes, alarmé des bruits qui se répandaient, venait de couper la communication entre le général et le camp de Maulde, et cette résistance devait l'avertir des obstacles qui allaient arrêter sa marche.

Mais le moment était venu de développer enfin avec éclat ses projets, et de passer le Rubicon : il alla trouver le prince de Cobourg, et rédigea, de concert avec lui, deux manifestes. Le prince de Cobourg, dans le sien, faisait un éloge magnifique de Dumouriez; renonçant à toute idée de conquêtes, il promettait de seconder les efforts de l'armée française pour détruire la tyrannie conventionnelle, et terminer les malheurs de la France, en rétablissant la monarchie et la constitution de 1791.

Après cette opération, Dumouriez, avec une escorte autrichienne, rejoignit son camp, et harangua son armée, dans laquelle il répandit le mémoire qu'il venait de composer. Cherchant à enflammer les esprits des soldats par la peinture des maux de l'anarchie, des crimes de la Convention, de l'ineptie du gouvernement, des malheurs de la famille royale, il leur proposa de se couvrir de gloire en relevant le trône, et d'assurer leur liberté par le rétablissement d'une constitution que le vœu national consacrait, et qu'une conspiration avait renversée.

Il fut d'abord encouragé par les acclamations de ceux qui l'entouraient, et par le silence d'une multitude incertaine, qui n'osait manifester ses sentimens dans une circonstance si imprévue; mais ensuite, apprenant que l'artillerie avait quitté le camp pour se retirer à Valenciennes, toutes les troupes, animées par leurs officiers qu'indignaient la défection du général et la présence de l'ennemi, firent entendre universellement un murmure de courroux, qui bientôt, éclatant en plaintes, en reproches, en menaces, dissipa complétement l'illusion du général, et ne lui laissa plus de ressource pour son salut que dans une prompte fuite. Il partit, abandonnant sur la frontière les rêves de sa gloire, et n'emportant que la honte d'un projet si témérairement conçu et si rapidement avorté.

Sept à huit cents soldats consentirent seuls à l'accompagner et à le défendre dans sa fuite. Ainsi cet homme, qui excitait l'enthousiasme de toutes les troupes, devint en un instant l'objet de leur haine; il croyait donner une armée à la coalition, et il ne put lui amener que quelques proscrits.

Le général Valence, le duc de Chartres, et quelques officiers qui n'avaient point pris part à la révolte de Dumouriez, mais qui étaient trop liés avec lui pour n'être pas suspects dans un temps de passion, apprenant qu'ils étaient poursuivis par des décrets et des mandats d'arrêts, se virent contraints de s'éloigner de leur patrie.

Le général, enflammé de colère, conseilla au prince de Cobourg de profiter du désordre qui régnait dans l'armée française. Cobourg, en effet, s'avança rapidement, croyant n'avoir à combattre que des troupes dispersées, sans courage, sans plans et sans chefs. Il se trompa; à cette époque, la résistance inattendue et opiniâtre des Français aurait dû ouvrir les yeux des monarques de l'Europe, en leur démontrant que la nation française, quelque malheur qu'elle éprouvât, était déterminée à périr plutôt que de renoncer à son indépendance.

Les ministres du roi de Prusse et de l'empereur se rassemblèrent, à cette époque, à Anvers, avec lord Aukland, le prince d'Orange et les envoyés de Naples et d'Espagne.

Ce congrès décida du sort de l'Europe; il pouvait peut-être y établir la tranquillité, en offrant la paix à la France effrayée. Pourvu qu'on eût consenti à reconnaître la république, la Convention aurait alors été facilement amenée à renoncer à ses projets d'agrandissement, et à mettre la famille royale en liberté ; mais on croyait trop à la conquête pour se contenter de la paix, et les ressentimens étaient trop violens pour écouter la sagesse.

1793.
I.re année de la répub.

Tout conspirait à redoubler l'ivresse des coalisés et à ranimer leurs espérances : la Hollande était délivrée, les Pays-Bas reconquis ; Frédéric-Guillaume, à la tête des Prussiens et des Hessois, avait battu le général Custines, repris Francfort, bloqué Mayence, et pénétré jusque auprès de Landau. Un autre corps de Prussiens et d'Autrichiens s'était emparé de l'électorat de Trèves. L'escadre française, dans la Méditerranée, avait tenté sans succès une entreprise contre la Sardaigne. Les royalistes, ayant levé l'étendard de la révolte, venaient de soulever la Vendée et une grande partie de la Bretagne. Les Espagnols attaquaient les provinces méridionales. Les colonies françaises, en Amérique, étaient exposées sans défense à l'invasion des Anglais, qui se préparaient en même temps à faire une attaque formidable en Provence.

Le gouvernement français, divisé en deux partis violens, paraissait prêt à se détruire par une guerre intestine. Le concours de toutes ces circonstances faisait croire à la coalition que la France, entourée de tant d'ennemis, et déchirée par de si cruelles convulsions, ne leur offrirait qu'une proie facile à partager. On résolut donc de pousser les opérations avec vigueur; Condé fut assiégée, et les Anglais, réunis aux Impériaux, voulurent s'emparer de Valenciennes.

Le général Dampierre, ralliant tous les différens corps de l'armée, s'était mis à leur tête. Après plusieurs combats sanglans, il périt héroïquement à la bataille de Famars, combattant jusqu'à son dernier soupir, et vendant chèrement aux ennemis une victoire qu'ils n'avaient pas prévu qu'on pût leur disputer.

Un fait qui peut servir à caractériser cette funeste époque d'extravagance et de tyrannie, c'est qu'au même instant où le général Dampierre périssait sur le champ de bataille en défendant la république, on inscrivait son nom sur la liste des proscriptions, sur la liste des émigrés; et, lorsque son généreux sang coulait pour la France, la Convention confisquait et vendait ses biens.

Les troupes qui défendaient le camp retranché de Famars, opposèrent encore quelque temps une vigoureuse résistance aux Autrichiens; mais elles furent enfin forcées de céder au nombre, et de se disperser dans différentes places, en attendant que de nouveaux renforts les missent en état de combattre. Leur retraite débarrassant le prince de Cobourg de tout obstacle, il investit Valenciennes, dont il ne put s'emparer qu'après un siége long et meurtrier.

1793.
Ire année de la répub.

Le général Custines vint prendre, peu de temps après, le commandement des débris de l'armée; on lui reprochait de n'avoir rien tenté pour secourir Mayence : il était soupçonné de trahison par les conventionnels. Ayant envoyé imprudemment un mémoire où il développait les dangers du système désorganisateur des jacobins, et la nécessité d'avoir recours à une espèce de dictature pour rétablir l'ordre, sa perte fut résolue; sa loyauté devint la cause de sa mort. Ne pouvant prévoir un sort qu'il ne méritait pas, il vint lui-même se livrer sans méfiance aux tyrans qui l'envoyèrent à l'échafaud.

Le général Montesquiou avait évité la même destinée en se sauvant en Suisse, au moment où on venait l'arrêter dans son camp. Le général Anselme fut aussi décrété d'accusation; ses infirmités et le peu d'éclat de son nom le firent échapper à la proscription.

Les revers des armées, les succès du roi de Prusse et l'invasion des Autrichiens consternaient les hommes éclairés, et portaient à la fureur une populace aveugle. Il est impossible à la multitude de réfléchir assez pour attribuer ses malheurs à leur véritable cause; il est plus facile pour elle de tout expliquer par la trahison; et tous les démagogues, qui lui disent qu'on la trompe, sont certains d'être écoutés par sa crédulité, de plaire à ses passions et de diriger son ressentiment.

Robespierre, Marat, Danton, Collot-d'Herbois, et tous les chefs de la Montagne, connaissaient parfaitement ce secret, qui fit en tout temps la fortune des factieux : ils répandirent partout les poisons de la calomnie, et la Gironde, qui ne conservait d'influence que dans la Convention, éprouva bientôt que la puissance n'était plus dans l'assemblée, et que la force des clubs l'emportait sur toutes les autorités.

La commune de Paris, les sections, les sociétés populaires retentissaient de plaintes, de menaces et d'imprécations contre la partie de la Convention qui conservait quelques sentimens d'humanité, quelque amour pour l'ordre et quelque respect pour la justice. Les girondins, avertis de leurs dangers par le triomphe de Marat, par les cris séditieux des tribunes, par les harangues factieuses que les faubourgs de Paris les forçaient d'écouter, voulurent s'entourer d'une garde départementale, et transférer la Convention à Bourges. Tous ces projets, sans exécution, redoublèrent la rage de leurs ennemis, et les décidèrent à tenter une nouvelle révolution.

Presque tous les départemens, malgré les efforts des agitateurs, soutenaient par leurs vœux la majorité de la Convention. La Montagne n'avait pour elle que les jacobins et la lie du peuple de Paris; mais elle savait que le parti triomphant dans cette immense cité était certain de se faire obéir par la crainte dans toute l'étendue de la république; tandis que les girondins raisonnaient, délibéraient et menaçaient, elle conspira, frappa et régna.

Le 31 mai, le tocsin sonne, les barrières sont fermées. Henriot, commandant de la garde nationale, dévoué à Robespierre, retient dans chaque section, sous les armes, les citoyens qui auraient pu contrarier ses vues. Il ne porte autour des Tuileries que trois mille hommes dont il était sûr. La Convention, entourée d'une foule féroce et impatiente de renverser la dernière barrière qui s'opposait à l'anarchie, voit arriver à sa barre un comité central, composé des comités révolutionnaires de chaque section (institution fatale que souffrit la faiblesse des girondins, et qui les perdit):

ce comité dénonce à la Convention vingt-deux députés, les accuse de complicité avec Dumouriez et la coalition, leur attribue l'intention de rompre l'unité de l'État, et de le morceler en plusieurs républiques fédérées ; il les accuse aussi d'être du parti d'Orléans. Tous ces reproches, absurdement contradictoires, se détruisaient réciproquement ; mais, lorsqu'on veut animer la multitude, l'accumulation des griefs a plus de force que leur vraisemblance.

Enfin le comité factieux, appuyé par la commune, par les faubourgs et par l'administration même du département, demande l'emprisonnement et la mise en jugement des députés dénoncés. Malgré les clameurs des tribunes, les cris des séditieux et les vociférations de la Montagne, la majorité de la Convention opposa encore, dans cette journée, quelque résistance aux conspirateurs. Elle n'avait pas la force de les punir ; mais elle ne leur sacrifia point les victimes qu'ils demandaient.

Cet effort pour les défendre fut le dernier que l'on tenta. La terreur gagna rapidement tous les esprits ; la Convention nationale, deux jours après, ayant en vain essayé de percer la ligne qui l'entourait, et d'en imposer au peuple par sa présence, rendit honteusement tous les décrets qu'on voulut lui arracher ; elle fit conduire en prison les accusés qui se laissèrent arrêter, proscrivit ceux qui, par la fuite, évitaient l'échafaud, envoya dans tous les départemens des commissaires chargés d'inspirer l'obéissance par la crainte, et se soumit sans réserve, ainsi que toute la France, à la plus odieuse et la plus sanglante tyrannie.

1793.
Ire année de la répub.

CHAPITRE XI.

Nouvelle constitution en 1793. — Elle est voilée. — Le pouvoir dictatorial est confié aux comités de salut public et de sûreté générale. — Leur tyrannie. — Asservissement de la Convention. — Proscription des membres les plus énergiques. — Révolte de Lyon. — Insurrection de plusieurs départemens. — Mort de Marat. — Division parmi les tyrans. — Portrait de Robespierre. — Mort de Custines, de Biron, du duc d'Orléans. — Toulon livré aux Anglais. — Progrès de Cobourg. — Succès des royalistes de la Vendée. — Fureur des jacobins, des cordeliers et de la commune de Paris. — Armement général en France. — Émission d'assignats. — Le roi de Prusse prend Mayence. — Les Prussiens et les Autrichiens forcent les lignes de Weissembourg, investissent Landau, menacent Strasbourg. — Cobourg s'avance jusqu'à Landrecies. — Fautes de la coalition et des royalistes. — Cruauté du gouvernement français. — Mort de la reine, de madame Élisabeth. — Toulon est repris. — Lyon est soumis et détruit. — Les Espagnols chassés du Roussillon. — La Vendée dépeuplée et saccagée. — Le duc de Brunswick et les Autrichiens sont battus et chassés d'Alsace. — Les Anglais sont mis en fuite près de Dunkerque. — Les prêtres, les nobles, les riches sont partout incarcérés et massacrés. — La terreur s'étend sur tous les sexes, sur toutes les classes. — Mort de Danton. — Division parmi les coalisés. — Le roi de Prusse songe à se retirer de la coalition. — Il envahit la Grande-Pologne. — Bataille de Fleurus. — Succès de Jourdan et de Pichegru. — Seconde conquête du Brabant. — Fureur et délire des décemvirs. — Leur division. — Révolution du 9 thermidor et mort de Robespierre.

1793.
1re année
de la
répub.

EN 1788, les troubles de la France avaient pour objet la réforme des abus : le mal était évident, le remède nécessaire, et la France entière, à l'exception de quelques courtisans, n'avait qu'un vœu et qu'une opinion. Aussi la justice alors dictait tous les écrits et présidait à toutes les mesures. En 1789, les fautes de la cour et l'amour de la liberté firent éclater une grande révolution. La crainte et les passions exilèrent la sagesse; l'enthousiasme, franchissant les bornes de la politique et de la raison, fit commettre trop d'erreurs, consacrer trop de folies et excuser trop d'égaremens; mais la cour et les deux premiers ordres perdaient seuls à ce mouvement, et toute la masse de la nation, qui croyait y gagner, soutint encore par son vœu les révolutionnaires.

En 1792, la méfiance et l'ambition égarèrent les esprits, et l'amour de l'égalité remplaça celui de la liberté : on oublia qu'en politique comme en architecture la symétrie est indispensable, que, sans parler d'hiérarchie héréditaire, il faut différens étages pour bâtir, et qu'en toute construction, égaliser c'est démolir.

L'égalité des droits ne suffisait plus à des hommes pressés de jouir; ils renversèrent toutes les institutions anciennes, toutes les lois nouvelles; ils détruisirent même les académies. On n'en doit pas être surpris ; un gouvernement si absurde, si barbare, devait craindre et haïr la raison et la lumière. Les ambitieux, les pauvres, les intrigans les suivirent avec ardeur; les hommes paisibles, et tous ceux que leurs principes ou leurs intérêts attachaient à l'ordre, les combattirent inutilement; dans cette nouvelle révolution, le parti dominant, n'étant plus appuyé par l'opinion générale, fut obligé de substituer la force à la persuasion et la crainte à la justice.

En vain la Gironde, après la mort du roi, voulut asseoir la république sur sa vraie base, sur la vertu; en vain toute la France, ne pouvant revenir sur le passé, se ralliait à ces hommes qui annonçaient l'intention de gouverner avec modération : les Montagnards, bravant le vœu public, et marchant audacieusement à la tyrannie sous l'étendard de la licence, immolèrent ces factieux repentans, ces politiques incertains, sur les débris du trône qu'ils avaient tous ensemble renversé.

Ces tyrans sanguinaires et farouches croyaient que si le système de la Gironde se réalisait, ils seraient perdus, et que le jour où la justice régnerait serait celui de leur chute, et peut-être de leur destruction; ils savaient qu'ils n'auraient jamais l'estime des hommes honnêtes, l'approbation des hommes éclairés, la confiance des propriétaires, et qu'ils ne pourraient en aucun temps désarmer la haine des aristocrates dont ils avaient égorgé les familles, assassiné les chefs, ni calmer le ressentiment des fondateurs de la liberté, dont ils venaient de prostituer les principes et de détruire l'ouvrage.

1793.
1re année de la répub.

Dans cette persuasion, ils formèrent le plan le plus vaste en atrocité dont l'histoire ait offert d'exemple; ils tentèrent une troisième révolution, dont le but était de changer de mains toutes les propriétés, et d'exterminer toute la partie de la nation qui possédait quelques lumières, quelques richesses, quelques talens et quelques vertus.

Démoraliser le pauvre en lui donnant le bien du riche; détruire toute espèce de religion pour étouffer tous les remords; accuser tous les ex-nobles, tous les gens sensés et tous les amis de l'ordre, de complicité avec l'étranger, et les massacrer pour se délivrer de toute opposition; ruiner le commerce pour enivrer la multitude par les jouissances passagères du pillage; proscrire tous les talens distingués, afin qu'aucune lumière n'éclairât le peuple; sacrifier toute la substance de la nation pour envoyer l'énergique jeunesse aux combats, et pour fasciner par des victoires les esprits consternés par tant de crimes : voilà quelles furent les intentions et les moyens de ces terribles conjurés, qui, ayant régné pendant plus d'une année sur des monceaux de cadavres, étonneront à la fois la postérité par la férocité de leurs caractères, la patience de leurs victimes, la démence de leur politique, l'éclat de leurs triomphes, et par la terreur que, long-temps après leur chute, les débris de leur parti inspirèrent aux hommes qui faisaient trembler toute l'Europe.

Il ne faut cependant pas croire que tous les députés qui se rallièrent à cette Montagne redoutable, eussent pénétré les projets et partagé les crimes de ceux qui siégeaient à sa cime : la plupart des hommes qui grossissaient ce parti y étaient enchaînés par la crainte qu'excitaient, dans tous les esprits, l'invasion des étrangers, et l'effroi du sort dont l'imprudent fanatisme des royalistes menaçait alors les républicains. Quand la peur s'empare des âmes, le parti le plus violent est celui qui rassure toujours le plus la faiblesse; il fallait, dans ces temps affreux, beaucoup de courage pour rester attaché au parti modéré, qui se trouvait à la fois exposé aux proscriptions des révolutionnaires, et aux vengeances des ennemis de la révolution.

La très grande majorité de la Convention

haïssait la Montagne et ses principes; elle ne s'y soumit qu'au moment où la violence d'une multitude effrénée l'y contraignit : la terreur la condamna depuis à un long silence et à une obéissance forcée : mais, dès que la division se mit entre les tyrans, elle saisit avec transport l'occasion de secouer leur joug, de briser ses chaînes, d'expier une partie des crimes commis, et d'immoler ou de bannir les insolens démagogues qui l'avaient si long-temps humiliée, opprimée, souillée et décimée.

Lorsque l'hypocrisie jette ses voiles, et que le crime audacieux règne sans pudeur, la violence tient lieu de tout autre mérite, et le pouvoir appartient nécessairement au plus méchant. Aussi Robespierre, Danton, Marat, Collot-d'Herbois, Billaud, Couthon, se trouvèrent de droit les dominateurs de la France. Ils s'associèrent des hommes plus doux, dont les talens étaient nécessaires à leur administration, et qui consentirent à les servir, les uns par crainte, les autres par ambition, et d'autres par politique.

Leur première opération fut d'envoyer partout des commissaires pour calmer le mécontentement que devait inspirer la chute du parti girondin, et pour amener les esprits à l'obéissance par la calomnie, la corruption et la terreur. Ils voulurent en même temps tromper le peuple qu'ils enchaînaient; ils rédigèrent à la hâte une constitution célèbre sous le nom de *constitution de* 1793. Il n'en exista jamais de plus absurde et de plus favorable à l'anarchie : la législation était confiée à une seule chambre, dans laquelle on était élu sans condition de propriété; le pouvoir exécutif était divisé entre vingt-quatre ministres, que l'assemblée nommait et révoquait à volonté; la permanence des insurrections partielles était décrétée par l'établissement constitutionnel des jacobins et de tous les clubs affiliés, par le pouvoir accordé aux communes, par la fréquence des assemblées de sections, et par l'obligation de faire accepter toutes les lois par le peuple.

Cette constitution, qui fut si souvent depuis l'étendard des factieux, n'avait été présentée que pour couvrir la tyrannie d'un manteau démocratique : ses perfides auteurs, se jouant de leur propre ouvrage, l'enfermèrent dans l'arche (telles étaient leurs expressions), déclarant audacieusement que cette constitution ne pourrait être mise en activité qu'au moment où la patrie se verrait hors de danger, et que jusque-là les Français seraient soumis à un *gouvernement révolutionnaire*.

Ce gouvernement, le plus absolu et le plus

féroce dont on ait vu d'exemple, fut confié à deux sections de douze députés. L'une se nomma *comité de salut public*, et l'autre *comité de sûreté générale*. Ils devaient être renouvelés chaque mois; mais, par un de ces effets incalculables de la peur qui aveugle ceux qu'elle domine, la Convention, se dépouillant de son inviolabilité, donna aux comités le droit redoutable d'emprisonner ses membres, et rendit ainsi la puissance du gouvernement aussi solide qu'elle était étendue. Tout député qui aurait proposé de changer les comités, se serait vu proscrit; dès ce moment la tyrannie fut sans frein et la servitude sans bornes.

Cependant quelques députés de la Gironde, qui avaient fui la proscription, avaient publié leur protestation et soulevé les esprits. Plusieurs départemens se montrèrent disposés à les venger et à résister à l'oppression : quelques-uns s'armèrent; Lyon leva l'étendard de la révolte. La France fut à la fois alors ravagée par les étrangers qui s'avançaient en Roussillon, en Flandre et en Alsace, et déchirée par la guerre civile qu'allumaient les royalistes dans la Vendée, et les girondins dans le centre de la république.

L'histoire, dont l'impartialité doit résister à l'horreur même qu'inspire la férocité, est

1793.
1re année
de la
répub.

obligée, en peignant les gouvernemens les plus odieux, de ne pas plus dissimuler leurs talens que leurs crimes.

Au milieu de cette crise violente, qui devait livrer la France épuisée aux ressentimens de ses ennemis, et peut-être faire effacer son nom de la liste des nations, le gouvernement révolutionnaire montra une vigueur qui triompha de tous les obstacles, trouva des ressources qu'il était impossible de prévoir, et déploya des forces qui portèrent l'épouvante jusqu'aux extrémités de l'Europe.

Les moyens étaient terribles, mais les effets furent prodigieux. Quatre cent mille combattans disciplinés se préparaient à conquérir la république. Quarante mille royalistes venaient de battre dans l'Ouest les généraux ineptes qu'on leur avait opposés. Le prince de Cobourg s'emparait, en Flandre, de Condé, de Valenciennes, et s'avança depuis jusqu'à Landrecy. Puisaye et Wimpffen, avec une armée de mécontens, étaient à vingt lieues de Paris. Bordeaux armait des bataillons pour venger ses représentans proscrits. Lyon, révolté, rassemblait dans ses murs une foule de mécontens qui bravaient les décrets de la Convention, et présentaient un foyer redoutable d'insurrection. Le roi de Prusse, après avoir chassé les Français de

Francfort, s'était rendu maître de Mayence. Les Prussiens, les Autrichiens, réunis au prince de Condé, avaient forcé les lignes de Weissembourg, et provoqué l'émigration de cinquante mille Alsaciens. Landau était bloqué, Strasbourg menacé ; enfin les Anglais et les Espagnols réunis, s'étant emparés de Toulon, se croyaient au moment d'être maîtres de tous les départemens méridionaux.

On ne doit pas s'attendre à trouver ici une histoire méthodique et détaillée des événemens militaires ; tous les faits qu'on vient de retracer, pour présenter un tableau politique, appartiennent à la même époque, quoiqu'ils soient séparés les uns des autres par de légers intervalles. Mais il était nécessaire de les rassembler, pour montrer combien la situation des Français était périlleuse, la position des coalisés brillante, et combien il fallut d'efforts et de prodiges pour qu'une république naissante pût résister à tant d'ennemis et survivre à tant de malheurs.

Le seul avantage du gouvernement tyrannique qui existait alors, était de tout oser, de tout pouvoir, de n'être arrêté par aucune opposition, par aucun principe, par aucune pitié, et de disposer à son gré des terres, de l'industrie, des bras, de l'or et du sang, de vingt-quatre millions d'hommes soumis à son despotisme. Ce gouvernement terrible, fondant sa puissance sur l'effroi qu'inspirait un tribunal révolutionnaire, institution fatale, arrachée à la faiblesse de la Gironde, qui en fut la première victime, couvrit en un instant la surface de la France de comités révolutionnaires, d'armées révolutionnaires, de bastilles et de bourreaux.

Créant une immense quantité d'assignats, il força le peuple à les recevoir; et, pour leur donner une apparente hypothèque, il s'empara de tous les biens des riches, qu'il accusait de conspiration et dont il avait résolu la mort. Tous les biens des Bourbons restés en France étaient déjà séquestrés; on les avait arrêtés comme ôtages, lorsque Dumouriez livra à l'empereur les députés qu'il avait pris. La funeste complaisance du duc d'Orléans pour les jacobins ne les fléchit pas en sa faveur; il fut enfermé à Marseille comme ses parens; et les vertus de sa malheureuse épouse, qui était universellement aimée et respectée, n'empêchèrent pas ces monstres de la tenir dans une étroite captivité, et de menacer à chaque instant sa tête, qu'ils n'osèrent cependant pas frapper. Le noble alors fut emprisonné comme traître, le banquier comme contre-révolutionnaire, le négociant comme accapareur. La populace, payée pour aller aux sections, crut régner, et se jeta dans l'esclavage avec une espèce de fanatisme pour les hommes qui satisfaisaient à la fois ses passions constantes, la paresse, l'envie et la cupidité.

Les tyrans, ayant grossi la liste des émigrés de tous les noms de leurs ennemis, saisi tous les dépôts chez les notaires, confisqué tout l'or qu'ils pouvaient découvrir, mis en réquisition toutes les denrées et toutes les armes nécessaires à l'entretien de leurs troupes, destitué tous les officiers dont ils craignaient la résistance, et multiplié sans obstacle la monnaie fictive des assignats, dispersèrent rapidement la force des mécontens en gagnant la foule par des largesses, et en épouvantant les chefs par des supplices. La corruption se glissant partout, la démoralisation fut générale, et la terreur universelle. Bientôt le crime eut dans tous les lieux des complices, la tyrannie des espions, la vertu des ennemis, l'innocence des bourreaux.

Le fils dénonçait son père; le pauvre accusait son bienfaiteur; le domestique trahissait son maître; le frère emprisonnait son frère; l'homme honnête, indigné, n'osait exhaler son ressentiment; la femme sensible cachait ses larmes; à peine osait-on penser. Rien n'échappait à la tyrannie; aucune retraite ne pouvait lui dérober ses victimes, aucun secours ne les protégeait dans leurs dangers, aucune consolation ne les accompagnait dans leurs cachots, et une foule aveugle et stupide insultait avec une joie féroce à leurs supplices.

La résistance générale devenant alors impossible, peu d'efforts partiels furent tentés pour secouer ce joug odieux.

Charlotte Corday, célèbre par son audace, donna seule un exemple d'intrépidité qui n'eut pas d'imitateurs : elle plongea un poignard dans le sein de Marat; et, comme le dit madame Roland alors dans les fers, et qui périt quelques jours après, *ce coup, bien porté, était mal adressé*. Marat, apôtre des brigands, était plus vil que redoutable. Déclamateur absurde, anarchiste sans masque, prêchant ouvertement la guerre du pauvre contre le riche, calomniateur de tous les talens, orateur de la populace, son parti le traitait comme un insensé, et le regardait comme un instrument usé : d'ailleurs, il était mourant, et son assassinat, loin d'affaiblir la tyrannie, la fortifia, en justifiant aux yeux de la multitude sa méfiance et sa cruauté.

Une digue plus difficile à renverser ralentit

cependant encore dans sa marche le parti le plus violent des nouveaux maîtres de la France. Danton, qu'on appelait alors une des colonnes de la révolution, et qui, par ses formes d'athlète et sa voix de Stentor, semblait en être le colosse, ne partageait pas entièrement le système anarchique et absurde de ses fanatiques collègues. Cet avocat ambitieux, successivement payé par tous les partis, n'avait suivi l'étendard de la liberté que pour s'emparer du pouvoir, acquérir des richesses, et se livrer sans réserve à la volupté.

1793.
1re. année de la répub.

Poursuivi d'abord par les constituans, mais gagné, dans les derniers temps, par la cour et par eux, il les trahit encore, et renversa le trône, qu'il trouvait trop faible pour être soutenu.

Proscripteur au mois de septembre pour épouvanter et dominer ses ennemis, il avait dit à l'un des premiers fondateurs de la constitution de 1791 que, s'il ne voyait pas de moyen de sauver Louis XVI, il serait un des premiers à le condamner. Il fit ce qu'il avait dit. Après la mort du roi et la chute de la Gironde, il voulait terminer la révolution, en plaçant la couronne sur la tête du duc d'Orléans, qui n'avait ni assez d'audace pour la prendre, ni assez de fermeté pour la refuser. Aucune proscription n'effrayait Danton, quand il la croyait utile; mais il lui paraissait absurde de prolonger ces mesures violentes, et dangereux de donner à la crainte la force du désespoir.

Danton voulut donc mettre un terme à l'anarchie sanglante qu'il avait fait naître, et il aurait été secondé dans ce dessein par la majorité de la Convention; mais son luxe indiscret avait diminué sa popularité; ses projets étaient connus. Robespierre, qui méditait déjà sa perte, répandit contre lui des soupçons qui le forcèrent à quitter le comité de salut public, et à songer à sa propre sûreté. Robespierre, délivré de sa rivalité, ajourna sa mort, et acquit promptement une telle prépondérance, qu'il fut universellement regardé comme le chef de la tyrannie.

La postérité comprendra difficilement comment cet homme, qui n'avait rien de grand, put dominer si long-temps un pays si vaste, une nation si énergique, et comprimer des factions si fougueuses.

Robespierre, en effet, avocat sans réputation, orateur sans éloquence, politique sans jugement, législateur sans connaissances, et factieux sans courage, n'avait aucune de ces qualités qui font briller les ambitieux dans les

orages populaires. Sa stature était basse, sa
figure ignoble, son teint livide, son regard incertain annonçait la peur et inspirait la méfiance : il n'avait ni la bravoure qui éblouit
par son éclat, ni l'opulence qui se fait des
partisans par des largesses, ni l'aménité qui
donne des amis, ni la bienveillance qui attire
des cliens. Craint par tout le monde, il n'aimait personne. Au moment où la liberté était
l'étendard des Français, il enchaînait les actions et comprimait les pensées. Ennemi des
philosophes dans le siècle de la philosophie,
prêchant la vertu et protégeant tous les crimes, ne parlant que d'humanité, et inondant
la France du sang de ses victimes; on ne pourrait concevoir quels furent les moyens de sa
fortune, les causes de sa popularité et les
bases de sa puissance, si l'on n'observait pas
attentivement la situation des esprits, la marche des passions et la corruption des mœurs à
cette funeste époque.

La révolution française, préparée par les
lumières de la philosophie, avait changé de
route. Au lieu de tendre à élever, comme la
supériorité le veut, elle n'avait eu pour objet
que d'abaisser, comme la médiocrité le souhaite. La peur et l'envie étaient devenues les
deux passions dominantes, et ceux qui en res-

sentaient le plus vivement les impressions, et qui en parlaient plus énergiquement le langage, étaient nécessairement les hommes les plus écoutés et les mieux entendus. Or, la peur et l'envie composaient tout le caractère de Robespierre, et lui donnaient une parfaite ressemblance morale avec la populace, qu'on appelait alors exclusivement *le peuple*.

Méfiant comme la multitude, et croyant toujours comme elle aux trahisons, haïssant comme elle tout ce qui s'élevait au-dessus du niveau par quelque richesse ou quelque talent, enfin irascible et sanguinaire comme elle, il lui était si parfaitement analogue, qu'elle reconnaissait dans ses craintes, dans ses fureurs, dans ses discours, dans ses actions, toutes les impressions qu'elle éprouvait, toutes les idées qui la dominaient, tous les désirs qu'elle formait.

Robespierre était l'interprète fidèle de ses sentimens, l'organe énergique de ses volontés; leur cause paraissait commune; et elle ne le démentit jamais, lorsqu'il prétendit que ses ennemis étaient ceux du peuple; que l'attaquer c'était attaquer le peuple, et que son pouvoir était la puissance du peuple.

La simplicité de ses mœurs, sa frugalité, son habitude de vivre avec la famille d'un

menuisier, sa pauvreté réelle dont il tirait
vanité, consolidèrent l'affection que la classe
indigente avait conçue pour lui; elle devint
une espèce de fanatisme, et lui donna cette
force inconcevable qui si long-temps étonna
la politique, confondit la raison et fit gémir
l'humanité.

Robespierre, éclairé par la peur, avait appris de l'expérience qu'on était renversé dès qu'on voulait arrêter le char révolutionnaire dans sa pente rapide.

Necker, Lally, Mounier en étaient les premiers exemples; la Fayette, en voulant combattre à la fois les jacobins à Paris et dans l'armée, avait perdu sa popularité; Lameth, Barnave et Duport succombèrent lorsqu'ils voulurent servir de digue au torrent démocratique.

Les girondins, qui s'étaient crus assez forts pour mettre une borne aux crimes et un frein à l'anarchie, en étaient devenus les victimes; enfin Danton lui-même, malgré sa force, son crédit et son audace, venait de perdre sa puissance en cessant de se montrer terrible.

Robespierre était menacé du même sort par ses collègues, et surtout par la commune de Paris et par le club des cordeliers, qui chaque jour redoublaient de violence et de férocité. Il résolut donc, pour ne point se voir proscrit, d'être toujours le plus effrayant des proscripteurs, et de se placer constamment à la tête de la colonne révolutionnaire, quelque rapide que fût sa chute dans l'abime de l'anarchie.

Toujours accusateur, de peur d'être accusé, il ne proposait aucune loi, mais il se plaignait sans cesse de leur insuffisance; il ne nommait point de généraux, mais il les rendait responsables de tous les revers; il ne se mêlait à aucun parti, mais il les taxait tous successivement d'intrigues, de royalisme ou de corruption. Échappant à la critique, parce qu'il ne produisait rien, plaignant toujours le peuple que trahissaient, selon lui, les riches par leur avarice, les législateurs par leur mollesse, les tribunaux par leur lenteur, il se lavait de tous les malheurs publics par des supplices, et se faisait attribuer tous les succès par sa rigueur.

Le tribunal révolutionnaire, composé d'hommes dévoués aux tyrans par fanatisme et par lâcheté, condamnait sans examen toutes les victimes qui lui étaient désignées. Les députés proscrits de la Gironde, les constituans qu'on put saisir, l'éloquent Barnave, le vertueux Bailly, le brave Custines, Biron et Beauharnais, chéris du peuple et de l'armée, furent envoyés à l'échafaud : plus l'ennemi faisait de progrès, plus le gouvernement se croyait obligé de multiplier ses proscriptions pour empêcher la révolte par la terreur.

1793.
Ire année de la répub.

Soixante-treize députés, dont la modération était suspecte, furent incarcérés, et vécurent une année dans l'attente cruelle de la mort, dont ils étaient sans cesse menacés. La reine Marie-Antoinette, sur laquelle les Français n'avaient aucun droit, et que le peuple haïssait sans motifs, périt sous la hache révolutionnaire. On ne pouvait lui reprocher que sa naissance, la fierté de sa maison, et la légèreté naturelle à son sexe ; mais ses malheurs auraient dû toucher les âmes les plus féroces, et l'indigne traitement qu'elle éprouva ; les infâmes et absurdes accusations dont elle se vit l'objet, furent peut-être encore plus atroces que son supplice. Si sa vie politique ne fut pas à l'abri de tout reproche d'intrigues, son courage dans la prison, sa noble dignité en présence de ses méprisables juges, et sa fermeté en marchant à la mort, inspireront autant d'admiration pour son caractère que d'horreur pour ses bourreaux.

Bientôt le duc d'Orléans, qui avait cru échapper au trépas en obéissant à la tyrannie,

1793.
1re année
de la
repub.

succéda sur l'échafaud au monarque qu'il avait condamné; et supporta avec fermeté l'humiliante et générale approbation qu'excita dans le peuple son supplice. Jusqu'au dernier instant, il crut que ses partisans le feraient absoudre. On assure même que Robespierre fut quelque temps incertain s'il devait le couronner ou l'immoler; mais, trouvant son nom trop dangereux pour la république, et son caractère trop faible pour le trône, il ordonna sa mort.

Robespierre et ses collègues justifiaient aux yeux d'une grande partie du peuple l'atrocité de leurs rigueurs, par l'imminence des dangers dont ils étaient menacés; et que ce peuple croyait partager. Le succès, qui éblouit toujours, couvrit pendant quinze mois leurs crimes d'un funeste éclat. Quatre cent mille étrangers vaincus et chassés des frontières, Lyon soumis, Toulon délivré, et la Vendée subjuguée, excitèrent quelque admiration pour un gouvernement qui ne devait inspirer qu'une juste horreur. Ses moyens étaient immenses; la terreur qu'il répandait assurait l'exécution des ordres les plus tyranniques.

Il ordonna une levée en masse, douze cent mille soldats marchèrent contre l'ennemi; il voulut de l'or, un emprunt forcé lui livra toutes les fortunes.

Quelques hypothèques solides lui étaient nécessaires pour donner du crédit au milliard d'assignats qu'il mettait en circulation; tous les biens des étrangers, des prêtres et des aristocrates furent saisis. (On sent bien que la richesse alors fut réputée crime, et que tout homme opulent fut désigné comme contre-révolutionnaire ou comme accapareur.) La résistance des ex-nobles inquiétait; on les désarma; la masse des dettes pouvait gêner; les créanciers des émigrés, frustrés de leurs hypothèques, furent soldés en papier sans valeur.

On manquait de bestiaux et de grains, de vêtemens et de fusils, pour nourrir, équiper et armer les bataillons nombreux que l'on créait : on mit en réquisition tout ce que possédaient les citoyens aisés; toutes les villes furent remplies de fonderies, et métamorphosées en arsenaux. L'humanité pouvait encourager la désobéissance en sauvant quelques victimes; on paya les dénonciateurs; on fit une vertu patriotique de la délation, un mérite de l'infidélité; on décerna des couronnes civiques à l'ingratitude; la pitié courageuse qui donnait asile au malheur fut vouée à l'infamie et condamnée à l'échafaud; enfin, si le père nourrissait son fils expatrié *, si la fille écri-

---
* Le tribunal révolutionnaire, interrogeant avec sa férocité

vait à sa mère du fond de son cachot; la loi de la tyrannie les frappait de mort pour avoir écouté la nature.

Le ciel effraie toujours les hommes qui veulent opprimer la terre : aussi les décemvirs (c'est ainsi qu'on les nomma, depuis le supplice de deux de leurs collègues, Hérault et Simon), les décemvirs, dis-je, voulurent détruire toute idée de religion pour étouffer la voix des consciences qui résistait à leurs injustes décrets. Ils avaient proscrit les pontifes; ils vouèrent le culte au mépris et en firent profaner, avec ignominie, tous les emblèmes et tous les ornemens. La plupart des prêtres qui siégeaient à la Convention abjurèrent publiquement leur croyance, et prétendirent scandaleusement qu'ils avaient trompé l'univers. On tenta de substituer à la religion chrétienne une sorte de paganisme, dont les divinités métaphysiques se prêtaient à toutes les interprétations que la politique exigeait. La raison et la liberté furent ces nouveaux dieux; sous leurs noms, le délire et l'esclavage régnè-

ordinaire Angrand d'Allerai (ce respectable magistrat qu'on nommait *le père des pauvres*), lui demanda s'il ne connaissait pas la loi qui défendait d'envoyer de l'argent à ses enfans émigrés. Il répondit avec une noble fermeté : *Je connais une loi qui parle plus haut que la vôtre, c'est celle de la nature*. Le public fut ému, les juges bourreaux frémirent, et l'homme vertueux périt.

rent, et leurs autels furent inondés du sang des victimes humaines, qu'on y versait sans motif, sans mesure et sans pitié.

Il n'existera peut-être jamais un pays désolé tout à la fois par tant de fléaux; on eût dit que l'enfer s'était déchaîné pour le consumer par tous ses feux et le corrompre par tous ses poisons. La vertu trouvait partout un supplice, l'innocence un piége, la faiblesse un danger, le vice un encouragement. La délation, le divorce, la débauche, le sacrilége, l'assassinat, la spoliation étaient sans cesse offerts aux faibles pour les protéger, aux pauvres pour les enrichir, aux ambitieux pour les élever.

On demandait sans honte, dans tous les clubs et comités révolutionnaires, aux candidats qui se présentaient, *quels crimes ils avaient commis, quel supplice ils avaient mérité en cas de contre-révolution* : c'étaient là les titres qu'on exigeait; c'était, dans la langue de ces barbares, ce qu'on appelait avoir donné *des gages à la révolution.*

Aussi, dans ces temps affreux où le repos n'était pas même le partage certain d'une heureuse obscurité, la probité et l'énergie n'eurent que deux places à occuper, les prisons et les camps; ce fut là leur asile : et la France, en gémissant sur cette époque cruelle, peut encore s'enorgueillir avec raison et du courage de ses victimes, et de l'héroïsme de ses guerriers.

Ces guerriers étonnèrent bientôt la coalition par leur nombre, leur force et leur rapidité. Les généraux immolés sur l'échafaud furent remplacés par des hommes que leur naissance exposait à moins de haine, et qui bientôt illustrèrent leurs noms par des prodiges.

Carnot, membre du gouvernement, chargé exclusivement de la partie militaire, fit alors une grande révolution dans la tactique. S'élevant au-dessus du système de manœuvres circonscrites dans des terrains étroits, il considéra de vastes frontières comme des champs de batailles, et, combinant les mouvemens des différens corps d'armées dans cet espace immense, comme on calculait autrefois les évolutions de quelques régimens dans une plaine, il déconcerta la politique des cabinets et l'expérience des généraux ennemis. Hoche, Jourdan, Pichegru, Moreau, Kleber, Desaix, Macdonald, Saint-Cyr, et tant d'autres que cette guerre immortalisera, exécutèrent habilement des plans conçus avec génie. Ces puissances ambitieuses, qui, pour la seconde fois, avaient cru saisir et partager une proie facile, virent, à la fin de l'année, leurs espérances détruites, leurs troupes vaincues, et leurs frontières menacées. Il est vrai que les rois ligués contre la république ne mirent aucune suite dans leur système, aucune mesure dans leur ambition, aucune rapidité dans leurs entreprises, et aucun accord dans leurs opérations.

Lorsque le prince de Cobourg s'était réuni à Dumouriez, il avait annoncé dans son manifeste que la cour de Vienne renonçait à toute idée de conquêtes, et que son but était de secourir le parti qui voulait détruire la tyrannie, délivrer la famille royale, et relever le trône constitutionnel de 1791.

Ce manifeste, qui pouvait diviser les esprits, fut désavoué quelques jours après; les alliés ne dissimulèrent plus leurs projets de rétablir la monarchie absolue, et de punir comme rebelles tous les partisans de la liberté.

En vain plusieurs politiques représentèrent aux chefs de la coalition que le parti constitutionnel en France était encore très nombreux, et que, joint au parti modéré des républicains, il composait l'immense majorité de la nation française; en vain on leur fit observer que les révoltes de Bordeaux, de Lyon et de Marseille prendraient un accroissement très rapide, si leurs progrès n'étaient point gênés par la crainte des vengeances contre-révolutionnaires ; loin de consentir à dissiper cette frayeur en relâchant la Fayette et les députés constituans qui étaient arrêtés, on resserra leurs chaînes *. Les puissances coalisées, ainsi que les émigrés, restèrent opiniâtrément persuadés que le délire des jacobins était plus favorable à leurs vues que les principes des modérés, et que le bien ne pouvait naître que de l'excès du mal : système étrange, aussi faux en politique que cruel en morale, et dont l'expérience n'a malheureusement pas encore guéri toute l'Europe.

Les Autrichiens, les Anglais et les Prussiens, ayant pris la résolution violente de ne ménager aucun parti, de ne transiger avec aucune opinion, et de rétablir l'ancien régime en France, devaient au moins, pour suivre ce plan avec succès, secourir vigoureusement et franchement les rebelles de la Vendée qui avaient levé l'étendard royal ; ils devaient leur donner des vaisseaux, des armes, des soldats, et surtout y envoyer les princes français, qui partout ailleurs ne pouvaient combattre que comme étrangers, et qui dans ces provinces, se trou-

* Voyez Pièces justificatives, relation de la captivité de la Fayette, de Maubourg, de Bureau de Puzy et d'Alexandre de Lameth, rédigée d'après leurs notes.

vant au sein de leur pays, auraient réuni plus de partisans, et peut-être même se seraient vus entourés de tous les ennemis de la tyrannie décemvirale. Ils empêchèrent, au contraire, ces princes d'y porter leurs armes, de se donner l'éclat nécessaire pour exciter l'enthousiasme et reconquérir leur rang et l'opinion publique; ils les traînèrent à leur suite, ne leur laissant ni le pouvoir de se faire craindre, ni les moyens de se faire aimer. Ils accoutumèrent ainsi le peuple à les confondre avec ses ennemis. On fournit bien aux Vendéens un peu d'argent et quelques munitions; mais ce fut avec une telle parcimonie, qu'on peut croire, ainsi qu'on l'a reproché au cabinet de Saint-James, que le but était plutôt de prolonger les troubles de la France que de terminer la révolution.

N'ayant pas suivi de ce côté la marche la plus droite et la plus courte, les coalisés auraient au moins dû, en faisant des conquêtes, montrer évidemment leur loyauté, et rendre les places qu'ils prenaient aux princes dont ils prétendaient soutenir les droits : mais Valenciennes fut prise au nom de l'empereur; l'Angleterre voulait se saisir de Dunkerque; une convention secrète assurait, dit-on, l'Alsace à la cour de Vienne. Toulon seul, dont on détruisait la marine, fut, par égard pour l'Espagne, conquis sous le nom de Louis XVII; et lorsque les Anglais s'emparèrent depuis de la Corse, ils en firent un domaine de la Grande-Bretagne et y établirent un vice-roi.

Dans le même temps, à l'autre extrémité de l'Europe, la même ambition se développait. L'impératrice de Russie, qui avait paru ne s'armer que pour rétablir les émigrés polonais dans leurs priviléges, et pour rendre à la république son ancienne constitution, démembrait ce malheureux pays, malgré les protestations de ses émigrés trompés. Elle était d'accord pour ce partage avec Frédéric-Guillaume, autrefois l'appui de la révolution polonaise, et qui s'emparait alors de Dantzick, de Thorn et d'une partie de la Grande-Pologne, en accusant les Polonais de jacobinisme, parce qu'ils avaient changé une république en monarchie.

Quelque injuste, quelque déloyale que fût cette politique des rois, les coalisés auraient pu réussir dans leurs projets ambitieux contre la France, s'ils avaient profité de la terreur qu'inspiraient leurs premières victoires, de la faiblesse intérieure produite par l'anarchie, et de la dispersion des Français après la bataille de Famars. Mais l'Autriche prétendait s'emparer des places fortes; l'Angleterre voulait faire la guerre sur les côtes et détruire les ports; le roi de Prusse, qui n'avait rien à conquérir en France, s'occupait plus des affaires de Pologne que des intérêts de ses alliés.

Ainsi les plans habiles proposés par Mack furent écartés: au lieu d'agir de concert, chacun suivit son projet séparé; et, perdant un temps précieux, on laissa le loisir au gouvernement français de revenir de son effroi, de comprimer les factions au dedans, de recruter, d'équiper et d'armer un million de guerriers, qui repoussèrent bientôt de toutes parts les phalanges ennemies, et menacèrent enfin l'Europe d'une révolution universelle.

Le prince de Cobourg, après avoir pris Valenciennes et Condé, somma inutilement Cambrai; il resta depuis dans une inaction que rien ne peut expliquer, à l'instant où la France n'avait aucun obstacle à lui opposer.

Les Anglais menacèrent à la fois Dunkerque, Bergues, Gravelines et Calais. Ils comptaient sur des intelligences dans la ville de Dunkerque; mais l'officier qui s'entendait avec eux fut arrêté, et le commandant qui le remplaça se montra également inaccessible à la crainte et à la séduction. On envoya trop lentement au duc d'Yorck l'artillerie qu'il attendait. Houchard, avec trente mille Français, vint l'attaquer, le battit complétement, s'empara de son artillerie et de ses munitions, et fut envoyé ensuite à l'échafaud par les décemvirs, pour n'avoir pas détruit totalement l'armée anglaise.

Le duc d'Yorck fut poursuivi jusqu'à Nieuport, qui opposa aux Français une vigoureuse résistance. L'Angleterre, au lieu de diriger toutes ses forces sur un point, les dissémina; fit trop d'entreprises à la fois, et frappa faiblement partout. Elle s'empara de Miquelon et de Saint-Pierre, manqua la Martinique, donna peu de secours à la Vendée, et ne put, malgré les troubles de Saint-Domingue, conquérir qu'une partie de cette colonie, où elle était appelée par la trahison de quelques mulâtres, et le désespoir d'un grand nombre de propriétaires mis en fuite par la furie sanguinaire des nègres révoltés.

L'amiral Hood, après avoir voulu inutilement ressusciter la royauté à Marseille, s'empara de Toulon, à la tête des escadres anglaise et espagnole; mais il n'y débarqua qu'une armée de quatorze mille hommes, composée de Napolitains, d'Espagnols, d'Anglais, d'Allemands et de Piémontais, trop faible, par son nombre et par son mélange, pour étendre ses conquêtes et pour se joindre aux insurgés de Lyon.

Le gouvernement français, répandant l'argent et la terreur, dirigea contre Lyon des colonnes nombreuses, qui triomphèrent, après un grand carnage, de la résistance opiniâtre des mécontens. Cette malheureuse ville, victime de la fureur de Collot-d'Herbois, l'un des décemvirs, vit en peu d'instans sa gloire éclipsée, ses richesses pillées, ses manufactures détruites, ses maisons démolies, et ses habitans mitraillés par l'ordre des tyrans, qui trouvaient les bourreaux trop humains et les supplices trop lents. On voulut effacer jusqu'au nom de Lyon ; mais il sera immortel comme l'infamie de ses destructeurs.

Après la prise de Lyon, l'armée républicaine marcha rapidement vers le Midi, battit les royalistes à Olioulles, fit prisonnier Ohara, général des coalisés, et, après un siége très court, reconquit Toulon. Les Anglais, en l'évacuant, brûlèrent les magasins et les vaisseaux, et, par une inhumanité aussi impolitique qu'odieuse, livrèrent aux ressentimens de leurs ennemis les Français qu'ils avaient portés à la révolte. Le gouvernement décemviral fut aussi cruel à Toulon qu'à Lyon ; il se vengea, par plusieurs milliers d'assassinats, de l'emprisonnement de deux députés et de la rebellion des Toulonais.

La Convention déclara l'année suivante, par un décret ridicule autant que barbare, M. Pitt ennemi du genre humain, et ordonna, par une loi plus atroce, d'égorger tous les Anglais qui seraient pris. Aucune armée n'obéit à cette loi digne des cannibales.

Tandis que le comité de salut public croyait assurer son pouvoir en outrageant l'humanité, les coalisés, emportés par leurs passions, violaient ouvertement le droit des gens. Maret et Sémonville, ambassadeurs français, furent arrêtés par les Autrichiens sur un territoire neutre, et mis aux fers. Les Anglais, sans égard pour la neutralité des Génois, s'emparèrent, dans le port de Gênes, d'une frégate française. Tel est le malheur des guerres d'opinions, soit politiques, soit religieuses : chacun, voyant la vertu de son côté et le crime dans le camp ennemi, croit tous les moyens légitimes pour arriver à son but; il enfreint alors, sans scrupule, les règles de la morale et de la justice.

Les Vendéens, n'étant ni secourus par les Anglais, ni fortifiés par la présence de leurs princes, et n'occupant aucune place forte qui pût leur servir de point d'appui, firent en vain, sous les ordres du brave Charette, tous les efforts qu'on peut attendre des fanatismes politique et religieux réunis. Après plusieurs victoires et défaites alternatives, les troupes qui composaient la garnison de Mayence étant venues augmenter la force des troupes qui les attaquaient, les royalistes furent complétement battus et obligés de se disperser dans les départemens voisins. Le roi de Prusse avait agi très politiquement, en accordant avec facilité à cette garnison les conditions les plus honorables, et la liberté d'aller combattre dans la Vendée; car il savait que, si la ville avait tenu quatre jours de plus, il aurait été forcé de lever le siège. Cent mille hommes marchaient pour secourir Mayence, et étaient déjà arrivés à Spirbach et à Kaiserslautern.

De ce moment, la Vendée et la Bretagne furent livrées aux vengeances d'un proconsul atroce, nommé Carrier, qui surpassa, par sa férocité, tous les monstres de son temps et tous ceux de l'antiquité. Femmes, enfans, vieillards, rien n'échappait au ressentiment de ce bourreau : il fusillait les hommes désarmés; il égorgeait l'enfant sur le sein de sa mère, et réunissait dans ses affreuses chaînes, avec l'ironie d'un Néron, sous le nom de *mariages républicains*, les amans et les époux

1793.
1re année de la répub.

entassés dans des barques qui s'entr'ouvraient par son ordre au milieu des flots. Enfin ce monstre, brûlant, pillant, dépeuplant toutes ces contrées, fit frémir les étrangers à l'aspect des vagues sanglantes que chaque jour la Loire roulait dans l'Océan.

Tous les habitans de la France s'indignaient de ces horreurs. Mais, quoiqu'ils en fussent les victimes, ils savaient que l'étranger les en rendait responsables, et que le Français serait le plus déshonoré des peuples par ses crimes, s'il n'en devenait pas le plus illustre par ses triomphes; ils voulaient se délivrer de leurs ennemis avant de punir leurs bourreaux. Vaincus, ils auraient passé pour être leurs complices; vainqueurs, ils pouvaient être leurs juges: ils jurèrent donc de vaincre, et accomplirent leur serment.

Placés entre l'échafaud de leurs tyrans et le canon de leurs adversaires, ils méprisèrent le danger du dedans, triomphèrent des périls du dehors, et la patrie dut à la fois à leur courage et son salut et sa gloire.

Les Autrichiens, pressés par des bataillons nombreux, furent battus près de Maubeuge, et contraints de se retirer dans la forêt de Mormale.

Sur le Rhin, les succès furent encore plus

rapides et plus décisifs. Les Prussiens et les Impériaux s'étaient emparés des lignes de la Lauter, de Weissembourg, du fort Louis; ils avaient investi Landau, et repoussé les Français jusqu'à Strasbourg et Saverne : mais il régnait peu d'intelligence entre les alliés; et, quoique la politique ait couvert de ses voiles les causes de cette dissension qui, peu de temps après, décida Frédéric-Guillaume à quitter la coalition, il paraît, d'après l'opinion répandue en Prusse par des hommes considérés, qu'il avait existé entre le roi de Prusse et l'empereur, une convention que l'Autriche ne remplit pas. Les Prussiens avaient garanti à la cour de Vienne la possession de Landau et de Strasbourg, et l'empereur devait céder au roi de Prusse trois bailliages en Silésie.

On assure que le baron de Thugut, trouvant la cession de ces bailliages dangereuse, et les conquêtes sur le Rhin peu solides, avait décidé l'empereur à se tirer de l'embarras où le jetait cet accord, en ordonnant aux généraux autrichiens de changer la guerre offensive sur le Rhin en défensive, et d'évacuer l'Alsace, sans laisser pénétrer leurs instructions aux alliés. Les Autrichiens nient formellement l'existence et de cette convention et de ces prétendues instructions; ils disent qu'on leur proposait bien en effet de céder des bailliages en Silésie, pour prix des acquisitions qu'on les aiderait à faire en Alsace, mais que la cour de Vienne n'y voulut jamais consentir.

Il résulta de ce défaut d'intelligence entre les alliés, que le duc de Brunswick, qui poussait les opérations avec ardeur, fut contrarié dans ses plans par les Autrichiens.

Le général Hoche, qui avait battu, près de Saarbruck, un corps d'armée prussienne, se réunit, à la fin de novembre, au général Pichegru. Ils emportèrent à la baïonnette la redoute de Frecheviller près de Verth. Les Prussiens étant chassés de ce poste, les Autrichiens évacuèrent les redoutes d'Haguenau.

En vain le duc de Brunswick rallia, l'épée à la main, ses troupes découragées : la valeur brillante qu'il déploya dans cette circonstance n'eut d'autre résultat que d'empêcher la retraite de devenir une déroute complète. Les républicains profitèrent de leurs avantages, poursuivirent l'ennemi, reprirent Weissembourg; le prince de Hohenlohe leva le siège de Landau; le général Wurmser repassa le Rhin, et le duc de Brunswick se retira sur Mayence.

Peu de temps après, ce prince quitta le commandement de l'armée, et publia une lettre qu'il avait écrite au roi de Prusse, dans laquelle il se plaignait amèrement du peu d'accord qui régnait entre les alliés *.

C'est ainsi que finit la campagne de 1793, qui avait ressuscité de si brillantes espérances, et qui se termina par la défaite de ces formidables armées, dont les maîtres semblaient, quelques mois avant, n'avoir à s'occuper que du partage de leurs conquêtes.

L'histoire nous montre toutes les coalitions commettant toujours les mêmes fautes, et perdant l'avantage du rassemblement de leurs forces, par la désunion de leurs chefs et la diversité de leurs intérêts. Le mauvais succès des armes de la ligue, en 1793, jeta entre les cours de Vienne et de Berlin une froideur qui, dégénérant en aigreur, éclata bientôt en reproches.

Le duc de Brunswick, en quittant l'armée, s'était hautement plaint des Autrichiens qui voulaient éviter le hasard d'une bataille, et dont la lenteur paralysait ses efforts. L'empereur ôta le commandement de ses troupes au général Wurmser; mais il laissa percer la méfiance que lui inspirait la conduite du roi de Prusse. On répandit en Allemagne le bruit d'un

---

* Voyez, *Pièces justificatives*, la lettre du duc de Brunswick au roi de Prusse.

rapprochement secret entre Frédéric-Guillaume et la république française, et d'un projet de sécularisation qui devait agrandir les possessions prussiennes aux dépens de l'Empire. D'un autre côté, le cabinet prussien soupçonnait l'Autriche et l'Angleterre d'être disposées à traiter avec le gouvernement français; il avait des motifs pour croire que l'empereur voyait avec peine les troupes prussiennes maîtresses de Dantzick et de Thorn, et d'une partie de la Grande-Pologne.

Ce dernier soupçon était plus fondé que le premier; car la conduite des tyrans de la France rendait la négociation invraisemblable; et l'Angleterre, connaissant la faiblesse de la marine française, comptait trop sur des conquêtes faciles pour vouloir terminer la guerre.

L'empereur, rappelant alors à tous les États de l'Empire les périls que courait l'Allemagne et les efforts qu'il avait faits contre un ennemi décidé à détruire partout la royauté, la noblesse, la religion et la propriété, invita tous les cercles à se lever en masse, et demanda que les États qui n'avaient point encore contribué à la défense commune, fournissent et payassent un triple contingent.

Cette demande fut assez mal accueillie : on ne croyait pas, dans l'Empire, à l'impossibilité de la paix; l'ambition des grandes puissances, qui se mêlaient des affaires intérieures de la France pour la démembrer, n'était point approuvée par les princes faibles, à qui la guerre offrait beaucoup de dangers, sans aucun espoir d'indemnité. Frédéric-Guillaume saisit cette occasion pour réfuter les bruits répandus par les Autrichiens sur sa loyauté. « Il espérait, » disait-il, que personne n'ajouterait foi à ces » calomnies ; aucune vue intéressée ne l'avait » guidé; il n'avait d'autre but que le salut de » l'Empire et le maintien de la constitution » germanique. Son trésor s'était épuisé pour » la cause commune, et il était impossible » qu'il continuât des efforts si pénibles à ses » frais. » Il s'opposa hautement à la proposition de faire lever en masse les peuples de la frontière. « C'était, selon lui, ruiner l'agricul- » ture ; on n'aurait pas le temps nécessaire, » avant d'agir, pour instruire et discipliner » un si grand nombre de recrues, et l'agita- » tion que les opinions françaises répandaient » dans les esprits, rendait l'armement de la » multitude dangereux. »

Sur ce point, Frédéric-Guillaume avait raison, et le cabinet autrichien commettait une grande imprudence en invoquant le secours du peuple au milieu d'une guerre déclarée par un peuple contre les nobles et les rois. Le résultat de ces discussions fut que la levée en masse n'eut pas lieu, et que les contingens se fournirent lentement.

Dans le courant de l'hiver, Frédéric-Guillaume prouva par sa conduite que les reproches de ses alliés n'étaient pas aussi injustes qu'il le prétendait. Le général Karlskreuth eut à Francfort avec des commissaires français, pour l'échange des prisonniers ; une conférence qui réveilla tous les soupçons. Ces commissaires arrivèrent avec pompe dans une voiture de Louis XVI, sur laquelle le bonnet de la liberté remplaçait la couronne et les fleurs de lis. Ils furent reçus très amicalement par le général. Depuis cette conférence, l'Autriche prétendait que le gouvernement français, contre son usage, montrait dans ses ordres et dans ses écrits beaucoup de ménagement pour la cour de Berlin. Cependant, à cette époque, on renouvela les défenses de communiquer avec les officiers prussiens, et même un général de division fut destitué pour avoir reçu des parlementaires prussiens à ses avant-postes.

Peu de temps après, Frédéric-Guillaume, exagérant ses sacrifices passés et ses embarras présens, écrivit à l'électeur de Mayence qu'il ne pouvait supporter plus long-temps les dépenses d'une guerre si coûteuse, que l'Empire lui devait des indemnités, et qu'il fallait que les cercles se chargeassent de l'entretien de son armée, parce qu'il serait forcé, si l'on n'y consentait pas, de rappeler ses troupes et de ne les employer qu'à la défense de ses propres États.

Sur le refus des cercles, au mois de mars, le roi déclara qu'il ne fournirait plus que son contingent comme électeur de Brandebourg. Et en effet, ayant ordonné au général Mollendorff, qui avait remplacé le duc de Brunswick, de se retirer avec son armée sur Cologne, il ne laissa près de Mayence que vingt mille hommes sous le commandement du général Karlskreuth, celui-là même qui avait reçu à Francfort les commissaires français. De nouveaux motifs le déterminèrent à rentrer en campagne avec le même nombre de troupes que les autres années; mais il ne fit aucune opération importante, et finit par se détacher totalement de la coalition.

Les motifs de ce changement de système de Frédéric-Guillaume étaient le dégoût d'une guerre pénible, dont l'objet lui paraissait manqué, l'épuisement de son trésor, que ses campagnes et ses malheurs avaient ruiné, la répugnance que les Prussiens montraient constamment pour l'alliance de l'Autriche, la crainte de voir l'esprit révolutionnaire des Français se répandre dans ses troupes et dans son pays, le désir de s'occuper, sans diversion, des affaires de Pologne, et d'y contenir l'ambition de Catherine, le mécontentement des Polonais, et l'opposition secrète des Autrichiens, enfin son amour pour les plaisirs, dont la guerre l'éloignait, et, plus que tout, cette versatilité de caractère qui, pendant dix années, tourmenta ses sujets, étonna ses ennemis, fatigua ses alliés, désola sa famille, dérangea ses finances, et lui enleva toute la considération que devaient lui donner sa position et sa puissance.

Cette défection du roi de Prusse encouragea les puissances neutres à résister aux menaces de l'Angleterre, qui voulait les forcer à prendre part à la guerre. Le cabinet britannique, qui était entré le dernier dans la coalition, y joua depuis le rôle principal; si ses opérations militaires avaient été aussi actives que sa politique, il aurait atteint son but, la destruction de la France. Mais il fut plus prodigue d'argent que d'hommes, et manqua, par sa lenteur, plusieurs occasions que lui offrait la fortune.

Les royalistes français, faute de secours, furent battus à Noirmoutier et forcés de se rendre à discrétion. Les rebelles de la Vendée échouèrent dans leurs attaques sur Granville, parce que les forces anglaises, commandées par lord Moyra qui devait les seconder, n'arrivèrent pas à temps ; de ce moment, les royalistes en France ne furent plus en état de résister à leurs ennemis.

Suivant le rapport de Carrier à cette époque, Charette n'avait plus que trois mille hommes, et Stofflet huit cents : le reste était dispersé dans les forêts; mais ils auraient bientôt été rassemblés, s'ils s'étaient vus soutenus par des troupes, protégés par des vaisseaux, et animés par la présence d'un prince français.

Les forces de ce parti ont toujours été très difficiles à calculer. A l'attaque de Saumur, on en avait vu trente mille sous les armes; dans le même temps seize districts étaient en pleine révolte; la ligne armée était de quarante lieues carrées. Les généraux républicains et Carrier estimaient le nombre des royalistes combattant à cent cinquante mille. Dès que leurs chefs projetaient une expédition, les ailes des moulins à vent servaient de signal ; on se rassemblait, et, l'expédition finie, chacun cachait ses armes et retournait à son champ; de sorte que les troupes qui accouraient pour combattre des bataillons rebelles, ne trouvaient plus que des cultivateurs épars et paisibles.

Cette rebellion dura plusieurs années dans les campagnes, parce que la nature de ce pays, coupé et boisé, offrait aux paysans des retraites impénétrables. Elle ne s'étendit pas dans les villes, parce qu'il était impossible de s'y cacher, et que les royalistes, n'y étant point soutenus par des armées régulières, auraient été exposés sans ressources à la vengeance des républicains.

L'Angleterre, ayant manqué l'occasion favorable de ruiner son ennemi par la guerre civile, résolut de s'emparer des colonies françaises en Amérique; et, pour que la république ne pût pas la troubler dans cette entreprise, elle chercha tous les moyens de réparer la perte qu'éprouvait la coalition par la défection du roi de Prusse, et de rendre la guerre du continent plus active. Elle fit un traité avec le roi de Sardaigne, prêta de l'argent à l'empereur, et conclut avec Frédéric-Guillaume une convention de subsides, qui, d'après ce qu'on connaissait des dispositions de ce monarque, causa beaucoup de surprise aux politiques, et fournit à l'opposition un sujet fécond de critique, de reproches et de sarcasmes.

Ce traité, conclu le 14 avril, obligeait le

roi de Prusse à joindre à la coalition, au mois de mai, une armée de soixante-deux mille hommes. Il devait recevoir cinquante millions. Cette somme lui était accordée, selon les termes du traité, *afin de faciliter à sa majesté les moyens d'agir avec vigueur, et conformément au zèle et à l'intérêt dont elle est animée pour la cause commune.*

Sa déclaration précédente pouvait faire juger de ce zèle, et, l'année d'après, son traité de paix avec la France en donna au ministère anglais la preuve complète.

Avant l'ouverture de la campagne, on tint un grand conseil de guerre en Flandre. Mack, qui venait de Londres, y fut appelé, et on lui attribua encore les malheurs de cette campagne, quoiqu'on n'eût suivi aucun de ses plans.

Le duc d'Yorck, toujours destiné par le ministère à commander les Anglais, et presque toujours condamné par le sort à être battu, ne voulait point servir sous les ordres d'un général autrichien. Pour terminer cette contestation, l'empereur François II vint lui-même se mettre à la tête des troupes. Son arrivée à Bruxelles lui rendit l'amour des Brabançons, et il convint qu'il avait été trompé par tous ceux qui lui avaient rendu compte de ce pays, excepté par le prince Charles et par le comte de Metternich. Sa présence ranima l'ardeur des troupes ; leur première opération réalisa les espérances que tant d'efforts réunis avaient fait concevoir : les Français furent battus à Cateau-Cambresis. Les alliés assiégèrent Landrecies, et se trouvèrent, dès le commencement de la campagne, à quarante lieues de Paris ; mais ce fut là le terme de leurs prospérités.

Cette année, l'Europe fut ensanglantée par les armées les plus nombreuses que jamais elle eût vu rassembler, quoique leur effectif fût au-dessous des états publiés par les deux partis.

Voici le tableau des forces que déployèrent, selon les journaux du temps, les républicains et les rois acharnés réciproquement à se détruire.

ARMÉES RÉPUBLICAINES.

Armée du Nord.	220 mille hommes.
Les armées réunies du Rhin et de la Moselle.	280
Armée des Alpes.	60
Armée des Pyrénées-Orientales.	80
Armée du Midi.	60
Armée de l'Ouest.	80
TOTAL.	780 mille hommes.

Tel était l'état apparent et formidable des

forces républicaines ; mais l'effectif était bien loin d'être aussi considérable. Les deux armées réunies du Rhin et de la Moselle ne formaient pas un complet de plus de soixante mille hommes armés, et en état de combattre. Elles reçurent un renfort de huit mille hommes de l'armée des Alpes, et de quatorze mille hommes venant de la Vendée. Si l'on avait des détails exacts des autres armées, on verrait combien les tableaux présentés à la Convention étaient exagérés.

ARMÉES DES COALISÉS.

Armée du prince de Cobourg.	140 mille hommes.
Armée du duc d'Yorck.	40
Armée des Hollandais.	20
Armée autrichienne sur le Rhin.	60
Armée des Prussiens.	64 ; au plus 50 mille.
Troupes de l'Empire.	20
Armée de Condé.	12 ; au plus 7 mille.
TOTAL.	356 mille hommes.

Il n'entre point dans le plan de cet ouvrage de rendre un compte exact des manœuvres savantes, des combats nombreux, des siéges meurtriers qui remplirent cette époque célèbre ; l'habileté des généraux, l'opiniâtreté des partis, l'importance des combinaisons, les actions éclatantes d'une foule de guerriers, exigent, pour ces détails militaires, un travail séparé; et il est à désirer que l'histoire du commencement de cette guerre mémorable soit tracée par la même plume qui vient d'écrire si brillamment celle des deux dernières campagnes. Le général Mathieu Dumas, dans cette relation, ne laisse rien à souhaiter au lecteur pour le développement des plans, l'enchaînement des opérations, l'exactitude des faits, l'élégante clarté du style et la richesse des détails. Mais nous, en présentant au public le vaste tableau des révolutions de la politique européenne pendant l'espace de dix années, nous ne devons prendre des événemens militaires que les résultats, et nous sommes forcé à ne nous occuper que de leur influence sur le système des rois et sur le sort des nations.

Après plusieurs combats et plusieurs succès alternatifs, Clairfait fut repoussé près de Tournay. Les Français, après avoir forcé le passage de la Sambre, firent de vains efforts pour chasser le général Kaunitz de sa position entre Rocroy et Bitche. L'empereur, arrivant alors à Tournay, fit le plan d'une attaque générale; elle devait se faire sur trois colonnes:

la première sous le commandement de l'empereur et du prince de Cobourg, l'autre sous celui du prince Charles et de Clairfait; le duc d'Yorck, Ott et le colonel Mack étaient chargés de la troisième.

Ces trois colonnes furent battues par les Français; la cavalerie hanovrienne, culbutée, mit le désordre dans l'armée du duc d'Yorck, qui ne dut son salut qu'à la vitesse de son cheval. Après ce revers, les alliés reprirent leur position près de Tournay; ils y furent attaqués de nouveau par les Français, qui y perdirent douze mille hommes. Kaunitz et Beaulieu remportèrent quelques avantages; l'un sur la Sambre, et l'autre près de Bouillon. Tous ces combats n'étaient que le prélude d'actions plus importantes et d'événemens plus décisifs.

Les Français, pressés par les circonstances, stimulés par un gouvernement terrible, et animés par cet enthousiasme qui franchit tous les obstacles, changèrent totalement de tactique. Profitant de la supériorité de leur nombre, et comptant pour rien les places fortes qu'ils laissaient derrière eux, ils déconcertèrent, par des marches hardies, le système prudent et méthodique de leurs adversaires; leur valeur tumultueuse et bouillante triompha de l'ordre et de la discipline des Autrichiens, qui voyaient les baïonnettes françaises braver leur artillerie et forcer leurs retranchemens les plus redoutables.

Tandis que Jourdan occupait la gauche des ennemis, Pichegru, à la tête d'une armée française, battait les Anglais dans la Flandre occidentale, s'emparait d'Ypres, et menaçait les Pays-Bas. Une autre armée française marchait vers le duché de Luxembourg, et forçait Kaunitz et Beaulieu à se retirer. Le prince de Cobourg, dans cette crise périlleuse, voulut tenter un dernier effort, et vint pour secourir Charleroy, dont il ignorait la reddition. Jourdan le battit complétement à Fleurus. Cette victoire, plus célèbre que celle de Jemmapes, fut décisive. Le prince de Cobourg, battu par quatre-vingt mille hommes, et craignant d'être tourné par une autre armée de soixante-dix mille, qui venait de vaincre le duc d'Yorck et Clairfait, et de prendre Ypres; menacé, d'un autre côté, par la troisième armée française qui forçait Beaulieu à évacuer Namur, voulut en vain tenir quelque temps dans la forêt de Soignes : il y perdit sept mille hommes, en fut chassé, et se retira sur Maestricht. Le duc d'Yorck, tardivement secouru par lord Moyra, fit sa retraite sur Breda. L'empereur, perdant toute espérance, retourna à Vienne, et son armée, vaincue à Fleurus et sur la Roër, fut forcée de revenir en Allemagne.

Les Français, pendant le reste de la campagne, s'emparèrent sans obstacles de tous les Pays-Bas, reprirent Valenciennes, Condé, le Quesnoy, Landrecies, qu'ils avaient laissés derrière eux, et se préparèrent à porter la guerre en Hollande.

Sur le Rhin, les Autrichiens et les Prussiens furent également battus. Les Français menacèrent Manheim et Mayence; l'armée d'Italie s'empara d'Oneille. Les troupes républicaines, partout victorieuses, battirent les Espagnols à Saint-Jean-de-Luz, à Figuières, à Irun, et firent repentir le duc d'Alcudia, alors ministre et favori du roi d'Espagne, d'avoir combattu le système pacifique du comte d'Aranda, dont il avait déjoué la vieille politique et renversé le crédit.

Dans le cours de cette campagne, dont le dénouement changea les destinées de l'Europe, il y eut vingt-trois sièges en forme; les Français gagnèrent six batailles rangées, et s'emparèrent de cent vingt-quatre villes.

La république fut aussi malheureuse sur la mer qu'elle était triomphante sur le continent. Presque tous les officiers de la marine française étaient émigrés, et, dans la guerre maritime, il est impossible au courage de suppléer l'instruction. Les Anglais s'emparèrent de la Corse; l'amiral Hood battit complétement l'armée navale républicaine, et lui prit sept vaisseaux de guerre.

Les Anglais durent cette victoire à la supériorité du nombre et des manœuvres; mais ils rendaient eux-mêmes une justice éclatante au courage opiniâtre, à la valeur brillante des vaincus. C'est dans un de leurs journaux les plus accrédités, l'*Annual Register*, qu'on cite le trait héroïque de l'équipage d'un vaisseau près de s'enfoncer dans l'abîme des mers, et qui faisait, en périssant, retentir les airs du cri de *vive la liberté ! vive la république !* On avait attribué ce trait aux braves guerriers qui étaient à bord du *Vengeur*. Ce vaisseau n'a pas péri : on peut s'être trompé sur le nom, mais le fait est attesté. D'ailleurs, dans le cours de cette guerre mémorable, on n'a pas fait un siège, forcé un retranchement et livré une bataille, où l'on n'ait vu une foule de Français insensibles au fer qui les perçait, à la mort qui les frappait, exhaler, en tombant, leurs vœux héroïques pour la gloire et la liberté de leur patrie. Que de merveilles dans tous les genres aurait pu produire un gouvernement vertueux à la tête d'une pareille nation, qui a su couvrir de lauriers toutes les taches que voulurent lui imprimer d'absurdes tyrans!

Les escadres britanniques s'emparèrent des îles de Sainte-Lucie, de la Guadeloupe, de Marie-Galande, de la Martinique et de la Désirade. Le parlement décerna des remercîmens à sir Charles Gray et à Jones Jerwis. Les Français, pour tous dédommagemens de pertes si graves, n'eurent à se féliciter que de l'entrée d'un convoi de cent soixante navires, qui leur portait des grains des États-Unis, et de l'enlèvement d'un grand nombre de bâtimens de commerce que leurs corsaires prirent aux Anglais. Les rois de l'Europe dûrent dès-lors s'apercevoir qu'ils n'étaient que des gladiateurs payés par la Grande-Bretagne, pour prolonger, au détriment de leurs sujets et au péril de leurs couronnes, une guerre dont le cabinet de Londres devait seul retirer les fruits.

Les ministres anglais et autrichiens ont toujours soutenu, pour se justifier, aux yeux de l'humanité, de la prolongation de cette guerre désastreuse, que l'intérêt général de l'Europe était de renverser une tyrannie démocratique si contagieuse par ses principes, si puissante par son étendue, et si évidemment destructive de tout ordre social. Ils ont constamment répété qu'il était impossible de faire et de conserver la paix avec un gouvernement ambitieux et peu stable, qui ne voulait se soumettre à aucune des règles consacrées par le droit des gens.

Ces deux assertions étaient dictées par une violente ambition et par une fausse politique. L'expérience récente n'avait que trop confirmé cette vérité de tous les temps, que les démocraties s'affermissent par la guerre et se dissolvent dans la paix. La coalition réunissait contre un danger commun tous les partis divisés; elle donnait aux tyrans de la France tous les motifs qu'ils pouvaient souhaiter pour concentrer l'autorité dans leurs mains, et tous les prétextes nécessaires pour autoriser leurs spoliations et leurs cruautés. Ainsi la guerre, loin de remplir son objet, aigrissait les esprits qu'on devait calmer, aguerrissait les démocrates dont on craignait la force, étendait la puissance territoriale du pays qu'on voulait affaiblir, et perdait sans retour, par le changement de main des propriétés, l'aristocratie qu'on croyait défendre.

Les victoires de la république apprenaient à tous les peuples que sans noblesse on pouvait combattre et vaincre : les soldats allemands pouvaient voir avec envie un ordre de choses où tout brave devenait général; et la contagion de cet exemple était un danger bien plus réel pour les princes que tout ce qu'on avait allégué pour justifier la guerre. L'espoir de subjuguer un million d'hommes armés était chimérique.

D'un autre côté, on prétendait sans fondement qu'il était impossible de traiter et de vivre en paix avec la France. La Suède et le Danemarck, par leur heureuse et tranquille neutralité, réfutaient cette allégation; peu de temps après, la Prusse et l'Espagne prouvèrent sans réplique qu'on pouvait négocier avec succès et sûreté. Quelque barbare que fût le système jacobin, la France avait besoin de la paix, et tout le monde sait que les traités trouvent malheureusement une garantie plus sûre dans l'intérêt des gouvernemens que dans leur loyauté.

Il paraît constant que, sans l'armement de la coalition, le roi n'aurait pas péri, que les émigrés, n'étant point encouragés et trompés, seraient rentrés en France, et qu'alors probablement on ne les aurait ni proscrits ni expropriés.

Il est hors de doute qu'au moment de la défection de Dumouriez, et jusqu'au commencement de 1794, si la coalition avait voulu faire la paix avec la république, la famille royale aurait été délivrée, et les Pays-Bas seraient restés à l'empereur. Mais, l'abolition de la royauté et la mort de Louis XVI ayant enflammé les passions, la politique prudente ne fut plus écoutée; l'Angleterre, profitant de la haine générale qui existait contre la France, parut déterminée à éterniser la guerre, dans le but d'anéantir le commerce et la marine française, de s'emparer des richesses de l'Inde et de l'Amérique, enfin d'établir sans rivaux sa domination sur toutes les mers.

Cet ambitieux projet fut bientôt dévoilé; il ouvrit les yeux du roi d'Espagne. A la prise de Toulon, ce prince voulait que les vaisseaux de guerre français qui s'y trouvaient lui fussent confiés, comme appartenant à Louis XVII, dont les alliés prétendaient défendre les droits. Les Anglais gardèrent les vaisseaux qu'ils avaient pris, et brûlèrent ceux qu'ils ne purent emmener. La Corse conquise devait appartenir au roi de France; George III en prit possession. Enfin un vaisseau de registre espagnol, portant neuf millions de piastres, ayant été pris par des corsaires républicains, et repris quelques jours après par les Anglais, fut en vain réclamé par la cour de Madrid: celle de Londres prit, sans scrupule, le bien de son allié, et refusa constamment de le lui restituer.

Cette conduite démontra au duc d'Alcudia qu'il était joué par le ministère britannique; elle le décida bientôt à rompre une alliance si peu sûre, et à terminer une guerre si fatale à la maison de Bourbon.

Mais si la haine du gouvernement anglais le portait à prolonger les maux intérieurs de la France, elle dut être complétement satisfaite. Jamais un pays ne fut la proie d'une anarchie plus sanglante et d'une tyrannie plus féroce : on aurait cru que l'inhumanité des hommes qui l'opprimaient ne pouvait s'accroître; mais la division qui s'établit entre eux la porta jusqu'au délire.

Le club des cordeliers, encore plus violent que celui des jacobins, cherchait à perdre ceux-ci comme suspects d'aristocratie et de modérantisme (expression alors inventée par eux). Hébert, Chaumette, Vincent, Momoro, Ronsin, et les membres de la commune de Paris, dirigeaient ce parti, dont le but était, disait-on, de placer une nouvelle dynastie sur le trône, après avoir renversé leurs rivaux.

Depuis le 31 mai, les seuls moyens pour arriver au pouvoir, et pour éviter d'être traité de *royaliste*, étaient d'enrichir la populace par le pillage, d'effrayer la vertu par des supplices, et de proposer les lois les plus sanguinaires, les plus absurdes et les plus impies.

Tous les habitans des maisons furent forcés d'inscrire leurs noms sur leurs portes; tous les propriétaires furent obligés de déclarer leurs biens, et de donner leur or; tous les prêtres qui n'abjuraient pas furent déportés; une partie des ex-nobles fut incarcérée; l'autre fut mise en surveillance dans des lieux désignés pour attendre son arrêt. Tous les parlemens furent égorgés : on obligea tous les marchands à vendre à bas prix leurs denrées, par la loi qui fixait un *maximum*, et qui produisit une disette générale. On prêcha partout l'athéisme; on proscrivit tout costume, tout langage qui pouvait annoncer quelque décence, quelque fortune, quelque éducation.

L'étranger, arrivant à Paris, ne rencontrait dans les rues que des hommes d'un aspect hideux et féroce, des femmes dévergondées et dégoûtantes; il n'entendait que des discours grossiers et des blasphèmes atroces.

Dans chaque commune, dans chaque section, on avait établi des clubs et des comités révolutionnaires, composés de brigands couverts de crimes : ils n'avaient le droit de sauver personne, et leur pouvoir pour dénoncer, incarcérer, piller et envoyer l'innocence à l'échafaud, était sans limites. La lie du peuple était payée pour assister aux assemblées, pour encourager le crime, pour épouvanter la modération, et pour applaudir aux supplices.

On ne pouvait reposer son âme de cet horrible spectacle, qu'en pénétrant dans les prisons dont toute la surface de la France était couverte : c'était là qu'on trouvait réunis la vertu, la beauté, les talens, et cette sérénité qui fuit les tyrans et n'abandonne jamais l'innocence.

De même qu'il faut ouvrir les abimes de la terre pour y découvrir les métaux précieux qu'elle renferme, de même alors il fallait s'enfoncer dans les cachots pour y retrouver l'amour constant, l'amitié fidèle, la douce piété, la générosité héroïque, et cette philosophie dont on a tant prostitué le nom, mais qui peut seule donner aux âmes une égalité constante, aux gouvernemens une vraie gloire, et aux nations un bonheur solide.

Si la France a fait frémir l'Europe par le nombre des scélérats qui l'ont souillée, elle doit aussi exciter son admiration par la foule des actions brillantes, des efforts de vertu, des traits de générosité et des prodiges de courage, de résignation et de dévouement, dont elle a donné l'exemple.

On remplirait d'illustres annales des noms de tous les pontifes qui sont morts martyrs de leur foi, de tous les serviteurs qui ont arraché leurs maîtres à la mort, des pères qui ont péri pour leurs enfans, des maîtresses qui ont partagé les fers de leurs amans, des femmes [*] qui ont bravé les chaînes, les prisons et les bourreaux pour sauver leurs époux, ou pour les suivre sur l'échafaud.

Jamais on n'oubliera les hymnes des prêtres égorgés au mois de septembre, invoquant le ciel pour leurs meurtriers; la piété filiale de mademoiselle de Sombreuil, se jetant entre son père et ses assassins; le courage de la belle et jeune Custines, bravant vainement la tyrannie pour défendre son époux et son beau-père; le stoïcisme de Malesherbes, qui vécut et mourut comme Socrate; l'intrépidité du vertueux Saron, du célèbre Lavoisier [**], au moment de

[*] Madame de la Fayette, honneur de son sexe et de son pays, ne sortit des cachots de Robespierre, où ses parens avaient péri, que pour aller héroïquement, avec ses filles, partager les fers de son époux, à Olmutz, dans les prisons de l'empereur.

[**] Les monstres qui voulaient qu'on respectât leur puissance infernale et leurs crimes, avaient un trop grand intérêt à répandre d'affreuses ténèbres sur toute la France pour supporter l'existence des hommes qui l'éclairaient. Ils avaient massacré M. le premier président Saron, magistrat intègre, académicien estimé, qui s'était encore occupé d'une découverte utile la veille de sa mort; ils immolèrent l'illustre Lavoisier, citoyen vertueux, époux tendre et fidèle, savant célèbre, administra-

leur supplice; la fermeté modeste et l'éloquence douce, pieuse et persuasive de mesdames de Noailles *, qui, par leur exemple et leurs discours, rendirent le courage et le calme à un condamné dont le désespoir s'emparait, et qui marchait avec elles au supplice.

On se rappellera toujours la résignation de madame Élisabeth, dont l'angélique pureté fit,

teur éclairé. Cet homme rare, qui enrichit vingt ans sa patrie de nombreuses découvertes, avait fait une révolution dans les sciences; renversant la fausse doctrine du phlogistique, il avait créé celle des fluides élastiques. Auteur d'un *Système complet* partout admiré, la nouvelle chimie lui doit sa méthode et ses progrès : on n'oubliera jamais ses travaux sur la nature de l'air, sur la combustion, sur les propriétés de la chaleur, sur la dissolution des métaux, sur la végétation, sur la fermentation, sur l'animalisation.

Il contribua aux triomphes des Français en augmentant la force de la poudre, en nous affranchissant du tribut que nous payions à l'étranger pour le salpêtre, en simplifiant l'art d'obtenir le gaz contenu dans les globes aérostatiques qui découvraient, en s'élevant, les manœuvres des ennemis, et nous indiquaient du haut des airs le chemin de la victoire. Il facilita par ses calculs le travail des nouvelles mesures; il découvrit aux agriculteurs le secret de doubler leurs produits; il apprit, par son arithmétique politique, aux administrateurs de nouveaux et faciles moyens d'ordre pour la comptabilité. Sa fortune était consacrée à soutenir les savans, à étendre les sciences, à perfectionner leurs instrumens. Sa mort, comme sa vie, éclairant l'univers, déchira le voile funeste que les passions étendaient sur les esprits aveuglés, et souleva toute l'Europe savante contre les vandales qui voulaient la noyer dans le sang de tous les hommes vertueux et la replonger dans la barbarie.

* Madame d'Aguesseau, duchesse d'Ayen, et madame la vicomtesse de Noailles, sa fille.

dit-on, connaître à Robespierre les remords. Les tyrans eux-mêmes rendirent un hommage involontaire aux vertus, à l'innocence, au courage d'une jeune princesse qui survivait, dans la tour du Temple, à ses parens immolés. Seule dans son cachot, entourée de leurs ombres, ses plaintes et ses larmes ne furent jamais mêlées d'aucun désir de vengeance : la mort, qui moissonnait tout, s'arrêta devant elle ; et lorsque des hommes plus humains ouvrirent les portes de sa prison, et lui permirent d'aller consoler, par sa présence, les débris de sa famille errante et proscrite, ses derniers mots, en s'éloignant de la France, furent des vœux pour le bonheur de sa patrie.

Enfin l'histoire attestera que, durant le cours de cette révolution terrible, crime, vertu, sagesse, erreur, vaillance militaire, courage civique, tout, dans la nation française, fut marqué d'une empreinte de grandeur dont les temps antiques les plus célèbres offrent peu d'exemples, et qui ne peut être désavouée que par le malheur trop aigri ou par une haine trop aveugle.

Cependant, malgré tous les efforts des tyrans pour voiler la vérité, enchaîner la vengeance, aveugler le peuple et imposer silence à la pitié, les yeux de la multitude commençaient à s'ouvrir. Les créanciers des émigrés voyaient leurs créances perdues; le pauvre, qui croyait partager les terres du riche, apprenait qu'on devait les acheter, et qu'il ne lui en reviendrait rien ; la loi du *maximum*, en favorisant un instant les petits marchands aux dépens des négocians, avait produit la famine et la ruine du commerce.

L'insolente dureté des parvenus faisait oublier l'orgueil de la noblesse ; et ces ex-nobles, emprisonnés, dépouillés, immolés, n'étaient plus l'objet de la haine ; en cessant d'être celui de l'envie, ils commençaient à exciter la pitié. Les prêtres, dont le luxe scandaleux avait révolté la nation, inspiraient de la vénération depuis qu'ils étaient pauvres et persécutés, et dans plusieurs départemens, le sang de ces martyrs réveillait la dévotion et la portait jusqu'au fanatisme.

Les émigrés mêmes, contre lesquels le peuple avait été d'autant plus animé qu'il leur attribuait tous les maux de la guerre, paraissaient plus excusables depuis qu'on assassinait tous leurs parens restés fidèles à leur patrie. Les décemvirs, au lieu d'étendre leurs rigueurs uniquement sur les aristocrates, qui avaient combattu la révolution, étaient forcés, pour arrêter les murmures, pour étouffer la voix de l'humanité et pour prévenir la révolte, d'envoyer à l'échafaud une foule de plébéiens et de pauvres artisans, dès qu'ils osaient désapprouver leurs lois tyranniques.

Une si longue proscription et ce grand nombre d'assassinats juridiques inspiraient universellement autant de courroux que de terreur. On s'indignait d'obéir à des hommes qui ne parlaient de liberté qu'au bruit des chaînes, de vertu qu'au sein du pillage, et d'humanité qu'au milieu des bourreaux.

Personne ne pouvait veiller en sûreté ni dormir sans effroi; on craignait de rencontrer dans chaque concitoyen un espion, un dénonciateur, un ennemi: le bruit le plus léger, qui faisait retentir la porte d'une maison, répandait l'alarme dans les familles; elles croyaient toujours voir arriver des brigands et des geoliers. Les hommes les plus ardens pour la révolution ne pouvaient être rassurés par les gages souvent criminels qu'ils lui avaient donnés; tout était également exposé à la fureur soupçonneuse des nouveaux Sylla de la France. Le même échafaud voyait à la fois périr le royaliste zélé, le constitutionnel intrépide, le prêtre fanatique, le jacobin sanguinaire, le financier opulent, l'obscur ouvrier, le philosophe célèbre, la courtisane effrontée, la vierge innocente et l'anarchiste féroce.

Le gouvernement, dans son délire, ressemblait à ces fléaux cruels, à ces funestes épidémies qui dépeuplent rapidement une vaste contrée, en moissonnant au hasard tous les rangs, tous les âges et tous les sexes.

Il paraît constant que Robespierre sentit lui-même, enfin qu'il fallait opposer une digue à ce torrent dévastateur; mais, craignant d'être frappé par ses complices inflexibles en voulant arrêter la faux de la mort, il fit sonder l'opinion des clubs et celle du peuple, en encourageant Camille Desmoulins à publier, comme Danton le lui avait conseillé, un pamphlet intitulé *le Vieux Cordelier*, dans lequel ce député, autrefois trop factieux, mais alors victime de son humanité, réunit différens morceaux tirés de Tacite, qui peignaient vivement à la fois et la tyrannie des empereurs romains, et les malheurs affreux dont Paris était le théâtre.

Cet écrit fut rapidement répandu et avidement accueilli par tout ce qui conservait en France quelque étincelle de sensibilité; mais il répandit l'alarme dans les clubs : les brigands rugirent contre l'auteur audacieux qui osait montrer au crime son image, et donner une lueur d'espérance à la vertu.

Robespierre * défendit faiblement son ami ; redoutant la fureur de ses rivaux, il l'abandonna promptement, et, peu de temps après, il envoya lui-même lâchement au supplice cet infortuné, dont il avait d'abord encouragé la plume. De ce moment, Robespierre, aigri et troublé par la peur, ne mit plus de bornes à sa furie.

Se croyant menacé par Danton, Fabre-d'Églantine, Chabot et quelques députés hardis, il les prévint, les fit arrêter et traduire au tribunal révolutionnaire. Ces députés refusèrent de répondre à leurs juges, jusqu'à ce qu'on les eût confrontés avec leur accusateur. La multitude applaudissait à leur courage; ils avaient un nombreux parti dans la Convention. Robespierre y vint, parla en maître, et arracha, par la crainte, un décret qui autorisait le tribunal à condamner sans formalité tout accusé qui manquerait de respect à ses membres. Danton et ses amis persistèrent dans leur résistance, et furent envoyés

* Robespierre aux jacobins fut provoqué par Camille, qui lui reprocha sa perfidie en lui rappelant qu'il avait lui-même vu et approuvé son pamphlet : Robespierre répondit qu'il n'en avait vu que le commencement, et, attaquant avec véhémence l'ouvrage, il fut si vivement réfuté par Camille, que, n'ayant rien à opposer à son éloquence, il se contenta de dire que cet écrit devait être jeté au feu. Camille alors lui répliqua avec force : *Robespierre, brûler n'est pas répondre.*

à l'échafaud, sans qu'on osât les défendre.
Peu de temps avant, les cordeliers avaient voulu lever l'étendard de la révolte; ils avaient couvert d'un voile noir la déclaration des droits; mais le prompt supplice de leurs chefs, Ronsin, Hébert, Chaumette, Momoro, avait puni leur audace. Le général comte Arthur Dillon, comptant sur la faveur du peuple, forma dans la prison du Luxembourg le projet chimérique de rompre ses chaînes : son espoir indiscret fut dénoncé aux tyrans par l'infâme Laflotte, qui partageait ses fers; sous le prétexte illusoire de cette conspiration idéale, on immola tous les prisonniers renfermés dans ce palais, et une partie de ceux que contenait le couvent des Carmes.

1794.
An II.

Bientôt Robespierre, enivré de sang, et dévoré d'ambition, de remords, de crainte et de rage, trouvant les formes du tribunal trop gênantes et ses poignards trop lents, fit rendre une affreuse loi qui ôtait tout défenseur aux accusés, et n'exigeait que des *preuves morales* pour leur condamnation.

Un citoyen désespéré voulut poignarder Collot-d'Herbois; une jeune fille fut soupçonnée d'avoir attenté aux jours de Robespierre : ces deux tentatives firent égorger une foule d'infortunés qui ne connaissaient pas même de nom les coupables. Dès-lors chaque jour à Paris on vit immoler à la fois soixante ou quatre-vingts victimes; les prisons s'y remplissaient et s'y vidaient avec la plus effrayante rapidité. Le malheureux père de famille, la veille libre et tranquille, était le lendemain soupçonné, arrêté, jugé, condamné, exécuté avant que ses enfans eussent pu savoir le motif de son absence. Le député qui faisait, l'instant d'avant, assassiner ses concitoyens, se voyait à son tour conduit sous la hache du bourreau; les juges eux-mêmes tremblaient sur leur siége.

Les proconsuls dans les départemens répétaient partout les mêmes horreurs. Lebon dépeuplait le nord, Carrier l'ouest, d'autres le midi : si le courage de quelques députés, par une heureuse révolution, n'eût mis un terme à cette exécrable tyrannie, la France entière n'aurait plus été qu'un monceau de ruines et qu'une vaste mer de larmes et de sang.

Tandis que Robespierre donnait ainsi le signal d'une destruction universelle, il songeait à en rejeter l'horreur sur ses collègues et sur ses instrumens. Depuis six semaines il conjurait leur perte et ne paraissait plus au comité de salut public. Étudiant les dispositions de la multitude, il savait qu'elle était lasse de ses cruautés, et surtout effrayée des outrages faits à la religion et à Dieu même. Se déclarant hypocritement le défenseur du ciel, il fit décréter par la Convention que la France reconnaissait l'existence d'un Dieu, et il ordonna de célébrer une fête en l'honneur de l'Être suprême.

Cette déclaration ridicule et sacrilége rendit cependant à Robespierre une partie de son ancienne popularité. Enivré de ce succès, il parut à cette fête, dans le jardin des Tuileries, au milieu d'une foule immense, avec un orgueil contraire à sa dissimulation ordinaire. On assure même qu'il avait conçu le dessein de se faire alors proclamer dictateur; mais, soit que ses agens n'eussent pas disposé le peuple comme il le souhaitait, soit qu'il fût arrêté par la crainte au moment de tenter cette grande entreprise, il ne l'exécuta pas, et démasqua ainsi son ambition avec imprudence, sans oser s'en assurer le fruit par une habile témérité.

Ses collègues n'ignoraient ni sa haine ni leurs dangers : neuf députés, parmi lesquels étaient Barras, Fréron, Rovère, Legendre, Bourdon, Tallien, Merlin (de Thionville), Lecointre, avaient juré de prévenir leur perte et de trancher les jours de ce monstre.

L'agitation sourde qui précède les orages annonçait une grande explosion. Le 8 thermidor la vit naître, et le 9 thermidor la détermina.

Robespierre, informé que l'on conspirait contre lui, s'étant assuré de la majorité des jacobins, de l'assistance de la commune de Paris, de la faveur d'une partie de la populace, du secours d'Henriot, commandant de la garde nationale, et du dévouement de Saint-Just et de Couthon, ses collègues dans le comité, crut qu'il pouvait impunément attaquer les autres membres du gouvernement, les faire décréter d'accusation, envelopper dans leur perte tous les députés dont on redoutait l'énergie, et s'emparer tranquillement, par la terreur, du pouvoir absolu.

Montant à la tribune, il prononça une harangue violente sur la situation de la république, et se plaignit amèrement des calomnies qu'on répandait contre lui, en voulant persuader au peuple qu'il aspirait à la dictature. « Opposant sa vie publique et privée aux re-
» proches de ses ennemis, il prétendit que
» cette imposture était l'ouvrage des Anglais,
» qui avaient de nombreux partisans en Fran-
» ce; que s'il avait voulu trahir la liberté et
» marcher au despotisme, il aurait été se-

» condé par les mêmes hommes qui se décla-
» raient ses accusateurs.

» Son amour pour la république, et le dé-
» cret qu'il avait fait rendre pour anéantir
» l'athéisme, lui attiraient, disait-il, autant
» d'ennemis qu'il y avait de traîtres et d'im-
» pies. Forcé de s'absenter, depuis quatre dé-
» cades, du comité de gouvernement, il n'en
» veillait pas moins assidûment à la chose pu-
» blique.

» Mais il voyait avec douleur que les décrets
» rigoureux contre les Anglais n'étaient pas
» exécutés aux frontières; que les lois étaient
» sans vigueur, les finances sans ordre, le
» pauvre sans appui, l'innocence sans soutien;
» qu'on immolait une foule de victimes sans
» justice; que les efforts des amis de la liberté
» étaient paralysés; qu'on amusait la Conven-
» tion en plantant l'arbre stérile de la liberté
» dans la Belgique, et en faisant de pompeuses
» harangues sur les victoires des armées dont
» on ralentissait la marche; que Paris était
» dégarni d'artillerie; qu'il existait dans le
» sein de cette ville de dangereuses conspira-
» tions; qu'aucun autre motif ne l'animait que
» le désir de sauver la patrie, et qu'il était
» forcé, quelque désagréables que fussent ces
» vérités pour certaines personnes qui les écou-

» taient, de les dévoiler à la Convention, afin » qu'elle prit les mesures propres à se garantir » du péril qui la menaçait. »

Lorsque Robespierre eut terminé son discours, la proposition d'en décréter l'impression fut vivement combattue par Bourdon, Vadier et Cambon, qui accusèrent Robespierre de perfidie et de mensonges, et le contraignirent, pour la première fois, de descendre à se justifier.

Fréron demanda qu'on rapportât le décret qui permettait au gouvernement d'arrêter les députés. Cette courageuse opposition attira de vifs applaudissemens, et réveilla le sentiment de la liberté. Cependant la terreur qu'inspirait Robespierre dominait encore les esprits, et la majorité de la Convention décréta l'impression de son discours.

Cette séance apprit au tyran que son crédit dans l'assemblée était à la veille d'être renversé. Il courut le soir aux jacobins, dont il enflamma les passions par le tableau de leurs dangers communs.

Le lendemain, Saint-Just, comptant sur son éloquence, voulut s'emparer de la tribune pour attaquer les ennemis de Robespierre; mais il en fut chassé par la clameur générale. Billaud-Varennes accusa Robespierre, Saint-

Just, Couthon, Henriot, la Valette, d'aspirer à la tyrannie, et de vouloir égorger la Convention. En vain Robespierre voulut répondre; sa voix fut étouffée par les cris qui s'élevèrent de toutes parts : *A bas le tyran !* Malgré ce tumulte général, personne n'osait encore proposer un décret formel contre lui.

Tallien alors se leva ; et, dans un discours véhément, il peignit sous les plus vives couleurs toutes les atrocités qui faisaient gémir la France, et dont il regardait Robespierre comme le principal auteur. Après avoir rappelé tous les détails de sa sanglante tyrannie, tous les crimes qu'il avait ordonnés, toutes les lois atroces qu'il avait fait décréter, toutes les victimes qu'il avait immolées, s'efforçant de faire rougir la Convention d'un si honteux esclavage, il se tourna du côté du buste de Brutus, invoqua son génie, et, tirant de sa ceinture un poignard, il jura qu'il le plongerait dans le cœur de Robespierre, si les représentans du peuple n'avaient pas le courage d'ordonner son arrestation et de briser leurs chaînes.

En vain le monstre, rugissant de fureur, voulut repousser cette attaque violente : les imprécations universelles dont il était accablé ne lui permirent pas de se faire entendre; il exhala sa rage en efforts impuissans. La Convention décréta son arrestation et celle de ses complices. On le conduisit en prison; les administrateurs, qui lui étaient dévoués, ne voulurent pas le recevoir, et les jacobins, à la tête d'une populace furieuse, écartant la garde qui l'entourait, le portèrent en triomphe à l'hôtel-de-ville, où il se vit à la tête de la commune de Paris, disposée à rédiger les lois qu'il voudrait lui dicter; là il fut entouré d'une foule égarée qui paraissait prête à le défendre.

Dans le même instant, Henriot, qu'on avait arrêté au comité de sûreté générale, venait d'être délivré par huit cents factieux armés. S'il eût alors profité de ce moment pour entrer dans la salle de la Convention, qui n'était point gardée, les députés dont l'énergie venait de se signaler auraient été immolés sans obstacle, et la Convention épouvantée, rendant tous les décrets qu'on aurait voulu lui arracher, aurait probablement cédé, sans retour, la victoire et l'empire aux tyrans féroces dont elle voulait délivrer la France.

Heureusement Robespierre, aussi lâche qu'il était cruel, ne s'occupait qu'à proscrire lorsqu'il fallait combattre; et, au lieu de marcher contre la Convention, il se contentait de la faire mettre hors la loi par des arrêtés de la commune. De son côté, Henriot, à la tête des soldats qui l'avaient mis en liberté, ne songeait qu'à parcourir les différens quartiers de la ville pour appeler le peuple à son secours.

La Convention alors, revenant du trouble que lui avait causé la nouvelle de l'évasion de Robespierre, prit unanimement les mesures les plus vigoureuses. Barras fut chargé, avec quelques-uns de ses collègues, du commandement de Paris. On appela tous les citoyens à la défense de la liberté : chacun, saisissant l'occasion de se délivrer d'une tyrannie si odieuse, courut aux armes, et plusieurs députés, ayant rassemblé quelques sections, marchèrent à la commune, lurent à la multitude qui l'entourait le décret qui condamnait les conspirateurs; et pénétrèrent sans obstacles dans l'hôtel-de-ville, où ils se saisirent de tous les conjurés.

Robespierre, se voyant perdu, s'était tiré un coup de pistolet*; mais la justice du ciel permit que le coup, qui lui emporta le bas du visage, ne terminât pas une vie souillée de

---

* D'autres assurent que ce fut un citoyen qui blessa Robespierre. Ce qui est certain, c'est qu'au moment où ce tyran était étendu à terre, baigné dans son sang, et entouré d'une foule irritée qui l'accablait d'injures, un gendarme, passant près de lui, s'arrêta, et, sans se permettre aucune imprécation, lui dit noblement ce peu de mots : *Robespierre, il existe un Être suprême.*

tant de crimes. Sa blessure rendit son châtiment plus cruel et son supplice plus long. Il vit, pendant vingt-quatre heures, la joie universelle qu'excitait sa perte, l'horreur qu'inspirait sa personne; il entendit les reproches de ses collègues qu'il avait avilis et tyrannisés; les cris de joie des victimes qu'il voulait encore frapper, et les imprécations de tout le peuple qu'il avait si long-temps trompé et opprimé. Objet de l'exécration publique, aucun souvenir honnête ne put affermir son courage; aucun ami, par ses larmes, n'adoucit ses tourmens.

On le fit paraître devant ce tribunal révolutionnaire à qui sa fureur avait commandé tant d'assassinats. Condamné par ses propres complices, il fut conduit à l'échafaud avec son frère, Couthon, Saint-Just, Lebas, ses collègues, et son général Henriot *. Une foule immense le suivit, lui reprocha ses crimes, sa lâcheté, l'accabla d'outrages, et lui annonça, par ses acclamations, le jugement de la postérité, qui devait le placer au nombre des tyrans les plus odieux et les plus méprisés. Le bourreau, arrachant avec violence le bandeau qui

* Le lendemain de la mort de Robespierre, les membres de la commune de Paris, qui avaient pris parti pour lui contre la Convention, furent conduits à l'échafaud.

couvrait sa plaie, lui fit jeter un cri douloureux, le livra quelque temps aux regards avides de la vengeance et de la haine, et lui fit enfin subir une mort aussi infâme que sa vie.

1794.
An II.

Le tyran était mort, mais la tyrannie n'était pas détruite. Collot-d'Herbois, Billaud régnaient encore; Barrère, en leur nom, eut l'audace de proposer le remplacement des décemvirs qui venaient d'être condamnés, par des députés que désignait le gouvernement. Si l'on eût accepté cette proposition, le même système de cruauté, de despotisme, d'oppression continuait; la Convention restait esclave, et la France était perdue.

Heureusement les députés dont l'audace avait renversé Robespierre, n'eurent point la faiblesse de perdre le fruit de cette révolution : ils rendirent aux membres du corps législatif leur inviolabilité, leur liberté; on décréta que les comités de salut public et de sûreté générale seraient renouvelés tous les mois au scrutin. Legendre, autrefois ardent cordelier, mais alors intrépide ennemi de la tyrannie, dont il avait failli devenir la victime pour avoir voulu défendre Danton, marcha, suivi de quelques hommes courageux, au club des jacobins, les chassa de leur repaire, et apporta les clefs de leur salle à la Convention.

De ce moment la terreur cessa peu à peu de répandre son voile sanglant sur la France. On vit par degrés l'innocence respirer, la justice renaître et la vertu s'enhardir. Une grande partie des jurés et des juges bourreaux qui composaient le tribunal révolutionnaire, le proconsul Lebon, le Néron d'Arras, l'infâme Carrier, destructeur de la Vendée, expièrent leurs forfaits sur l'échafaud; les prisons s'ouvrirent, les comités révolutionnaires furent dissous et poursuivis par la vengeance publique.

Mais tous ces progrès du retour de l'anarchie, à l'ordre social furent lents, et souvent arrêtés par de redoutables conspirations. La Montagne domina long-temps, et s'opposa tant qu'elle put à des changemens qui tendaient à donner la force au parti girondin, dont elle craignait la vengeance.

Les girondins, les républicains modérés craignaient eux-mêmes qu'en accélérant trop le mouvement rétrograde, les constitutionnels n'en profitassent pour les punir de la révolution du 10 août.

Enfin on a vu beaucoup d'autres patriotes, quoique plus modérés, partager aussi ces frayeurs, et craindre que l'opinion publique, exaltée par la soif ardente de justice qu'on éprouvait, ne portât la réaction jusqu'à favoriser imprudemment les royalistes, la contre-révolution et les vengeances qui devaient probablement la suivre.

Tel est le sort fatal des hommes : lorsqu'en voulant atteindre un but quelconque, ils ont employé des moyens violens et commis quelque grande injustice, ils sont toujours arrêtés dans leur marche vers le bien public par la peur du mal particulier qui peut en résulter pour eux. Cet effroi les aveugle et leur fait oublier que la justice est le seul moyen de gagner l'opinion générale, que par elle tout gouvernement nouveau s'affermit, et que sans elle toute puissance s'écroule.

Tous les raisonnemens de la peur contre les dangers de l'équité sont des sophismes : les passions privées meurent; l'intérêt général est la justice, qui est immortelle comme la vérité. Aucune force ne peut gouverner long-temps contre l'opinion publique; les succès peuvent donner un éclat momentané, une célébrité brillante; mais l'estime qu'on inspire rend seule l'autorité tranquille et la gloire solide.

Tandis que les Français, par une heureuse révolution, venaient d'échapper au monstre de l'anarchie, qui les menaçait d'une destruction totale, une nation plus malheureuse faisait, à l'autre extrémité de l'Europe, des efforts impuissans pour briser les chaînes du despotisme et conserver son existence.

Nous allons, dans le chapitre suivant, donner une esquisse de cette inutile insurrection, qui, malgré les prodiges de valeur de Kosciusko et de ses infortunés concitoyens, se termina par le partage total de leur pays.

CHAPITRE XII.

Révolution de Pologne.—Mauvaise foi des cours de Pétersbourg et de Berlin. — Déclarations contradictoires de Frédéric-Guillaume.—Entrée de ses troupes en Pologne.—Diète de Grodno. — Violence exercée sur la diète.—Traité extorqué.—Insurrection des Polonais. — Caractère et conduite de Kosciusko. — Il prend Cracovie et bat les Prussiens. — Révolution à Warsovie. — Les Russes en sont chassés. — Avantages des Polonais à Wilna et dans plusieurs autres affaires. — Frédéric-Guillaume assiége Warsovie. — Insurrection dans la Grande-Pologne. — Frédéric-Guillaume lève le siége de Warsovie et se retire. — Suwarow entre en Pologne. — Kosciusko, trahi, perd une bataille contre Fersen. — Il est blessé et pris. — Suwarow assiége Warsovie, prend d'assaut le faubourg de Prag. — Massacre horrible. — Warsovie se rend. — Dispersion des troupes polonaises.—Stanislas-Auguste quitte sa capitale, et va d'abord à Grodno et de là à Pétersbourg.—Partage total et asservissement de la Pologne.

Après avoir tracé tous les crimes de la tyrannie des jacobins, sans ménagement pour un parti dont les racines dangereuses existent encore, il faut remplir avec la même impartialité le devoir de l'historien, et peindre aussi fidèlement la mauvaise foi scandaleuse, l'injustice oppressive et l'ambition sanguinaire des monarques qui, sans aucun motif et au mépris de leurs sermens, portèrent le fer et la flamme au sein d'une nation vaillante, juste et généreuse, qui, voulant vivre en paix sous leur protection, méritait leur estime par sa vaillance et leur amitié par sa modération.

Je n'ignore point à quelle critique, à quels dangers s'expose l'auteur qui écrit avec vérité l'histoire de son temps. Tacite, dont j'ose imiter la hardiesse, sans pouvoir imiter le talent, dit avec raison :

Antiquis scriptoribus rarus obtrectator, neque refert cujusquam punicas romanasve acies lœtius extuleris : at multorum qui Tiberio regente pœnam vel infamiam subiére, posteri manent. Utque familiæ ipsæ jam extinctæ sint, reperies qui, ob similitudinem morum, aliena malefacta sibi objectari putent. Etiam gloria ac virtus infensos habet, ut nimis ex propinquo diversa arguens.

Sed ad incœpta redeo.

« Ceux qui écrivent l'histoire des temps an-
» ciens font peu de mécontens ; il n'importe à
» personne que vous prodiguiez des éloges aux
» armées de Rome ou à celles de Carthage ;
» mais si vous parlez des personnes immolées
» ou déshonorées sous Tibère, leur postérité
» existe ; et leurs familles même fussent-elles
» éteintes, vous en trouverez d'autres qui, par
» la conformité des mœurs, considéreront le

» récit de ces crimes d'autrui comme une sa-
» tire contre elles. La gloire et la vertu mêmes
» ont des ennemis : à cette proximité elles pa-
» raissent accuser la honte des contemporains.
» Mais je reviens à mon sujet. »

Il est nécessaire de rappeler en peu de mots les motifs qui avaient déterminé les Polonais à faire dans leurs lois un changement destiné, selon toutes les probabilités, à consolider leur existence, et qui, par une fatalité inconcevable, causa leur perte. Les malheurs et le partage de la Pologne * avaient fait sentir universellement à tous les hommes éclairés de ce

---

*. Du temps de Boleslas-le-Hardi, la Pologne s'étendait depuis l'Oder jusqu'au Dnieper. Elle fut d'abord divisée en plusieurs principautés, comme la France. Casimir les réunit le premier ; il mérita le titre de *grand*; non, comme beaucoup de princes, par ses conquêtes, mais par sa justice.

Cette nation, depuis son origine jusqu'à sa fin, se distingua par un amour constant pour la liberté.

Douze waywodes la gouvernèrent successivement : quoique le pouvoir suprême fût confié au roi, il était obligé, dans les affaires importantes, de consulter les principaux seigneurs du pays. A la mort de chaque prince, on choisissait son successeur parmi ses enfans.

La famille des Piastes s'éteignit dans la personne de Casimir-le-Grand. Comme il désirait que son neveu, Louis, de Hongrie, lui succédât, il rassembla tous les états de la nation, et les chargea de rédiger les lois qu'il croyait propres à assurer le bonheur de la Pologne. La constitution, qui fut le résultat des travaux de cette assemblée, fut respectée jusqu'à la mort de Sigismond-Auguste ; et, comme elle protégeait toutes les classes de citoyens, tant qu'elle dura, les campagnes furent peuplées, les villes ri-

pays les vices de leur gouvernement anarchique, le danger de l'élection des rois, et la nécessité de réformer les abus qui, malgré la vaillance du peuple polonais, le rendaient l'esclave de tous ses voisins.

ches, les manufactures actives, et la nation heureuse et redoutée. La législation était confiée aux nobles et aux députés que les villes envoyaient à la diète. Le roi était chargé de l'administration, de l'exécution des lois; il commandait l'armée, et avait le droit de déclarer la guerre et de conclure la paix. Dans les circonstances graves, il demandait l'avis des sénateurs.

La Pologne fut long-temps comptée parmi les puissances du premier ordre, et depuis le quatorzième jusqu'au seizième siècle, les sciences y fleurirent peut-être plus que dans tout autre pays.

Le célèbre Copernic y naquit: on l'a cru Allemand parce qu'il était chanoine de Warmie; mais ce pays, un des palatinats de Pologne, ne tomba sous la domination de la maison de Brandebourg qu'au premier partage, en 1773; et il était né à Thorn, dont la Prusse ne s'empara qu'en 1793.

Orzechowski, antérieur à Murétus, fut célèbre par son éloquence.

Kromer, historien, est peu inférieur à Tite-Live.

Sorbieurski répandit tant de grâce dans ses poésies, qu'on l'a traduit dans plusieurs langues.

Les poëmes de Kochanowski; les traités de morale de Fredzo, les écrits politiques de Gorniki, les pastorales de Zimorowicz, ont mérité à leurs auteurs une juste célébrité.

Après la mort de Sigismond, la constitution de Pologne éprouva un changement. Ce prince était le dernier mâle des Jagellons. Jusque-là on avait élu les rois parmi les enfans du dernier mort; alors il fallut chercher une autre famille, ou un individu qui épousât une Jagellone. On délibéra pour savoir si ce seraient les sénateurs seulement, ou tous les nobles qui éliraient le nouveau roi. Zamoyski décida la question, en disant que, puisque chaque noble était obligé de combattre pour la patrie, ils devaient tous avoir le droit d'élire leur chef.

Mais, ces voisins étant intéressés à prolonger l'état de faiblesse de la Pologne, il était difficile d'en sortir sans danger. En 1788, une occasion favorable se présenta. Les deux cours impériales étaient en guerre contre les Turcs.

Cette innovation, qui depuis causa tant de malheurs, redoubla d'abord l'énergie nationale; on vit les Polonais pousser leurs conquêtes jusqu'à Moscow, et donner des lois et des empereurs à la Russie. Mais dans la suite des temps, à chaque élection, les nobles acquirent plus de prérogatives. Chaque roi chercha à plaire à la noblesse pour assurer le trône à son fils. Bientôt les villes furent opprimées, et les paysans réduits à l'esclavage.

Sous le règne de Jean Casimir, la Pologne étant envahie par les étrangers, et le roi cherchant un asile dans les pays voisins, on introduisit dans la diète le droit du fameux *liberum veto*, qui mit le comble à l'anarchie. Cette absurde institution, qui paralysait toutes les assemblées en donnant à une seule voix le droit d'annuler toutes les délibérations, subsista jusqu'au règne de Stanislas-Auguste, et fut une des principales causes de l'influence tyrannique qu'exercèrent les puissances étrangères sur ce pays.

Au premier partage, on fit encore quelques changemens à la constitution; mais ces changemens, dictés par la Russie, qui s'en déclarait garante, n'avaient pour but que d'augmenter la faiblesse, le malheur et la dépendance de la nation.

Dans cette nouvelle constitution, on avait conservé avec soin tous les abus de l'ancienne, sans en excepter le *liberum veto*, et on y avait seulement ajouté un conseil permanent qui diminuait l'autorité du roi, et divisait le pouvoir exécutif, tandis qu'on laissait subsister la tyrannie des grands et l'anarchie des diètes.

Le gouvernement enchaîné, ne pouvant plus faire le bien pour le présent, le préparait au moins pour l'avenir. Jamais en aucun pays on ne s'occupa avec autant de soin de l'éducation nationale; mais, au moment où on allait recueillir le fruit de

Le roi de Prusse et l'Angleterre, voulant augmenter l'embarras de l'Autriche et de la Russie, excitèrent les Polonais à profiter de cette circonstance, et cette nation, digne d'un meilleur sort, se livra avec enthousiasme à l'espoir qui lui était offert.

Jamais on ne vit plus d'accord dans les vœux, plus d'unanimité dans les délibérations, et plus de dévouement dans les sacrifices : les nobles renoncèrent à leurs prétentions au trône; ils ouvrirent à la bourgeoisie les portes de tous les emplois; tous les citoyens livrèrent leur fortune pour créer une artillerie et payer une armée; enfin la constitution du 23 mai 1791 fut l'heureux résultat des travaux d'une diète aussi sage dans ses opérations qu'éclairée dans son patriotisme.

Tous les gouvernemens de l'Europe félicitèrent le roi Stanislas et la nation polonaise de cette révolution, qui, en rendant le trône héréditaire, et en limitant convenablement la puissance royale, semblait garantir à la fois la Pologne des dangers du despotisme et de

ces institutions, qu'on devait aux écrits des moralistes les plus éclairés de l'Europe, l'ambition de la Prusse et de la Russie fit évanouir toutes les espérances qu'on en avait conçues, et éteignit toutes les lumières, qui ne pouvaient plus servir qu'à éclairer ce pays infortuné sur l'étendue de son esclavage et de ses malheurs.

l'anarchie, ainsi que de l'influence orageuse que les étrangers avaient toujours exercée sur les élections.

L'impératrice de Russie, opposant seule son ressentiment personnel à l'approbation générale, résolut de renverser cette constitution qui enlevait la Pologne à son joug et dérobait une proie à son ambition. Il lui fallait un prétexte; celui qu'elle prit fut l'opposition de quelques nobles furieux de se voir privés de leurs prétentions au trône, et décidés à sacrifier leur pays à leur vanité. Ces nobles étaient Félix Potocki, Severin Rzewouski, Branitski, grand général, les deux frères Kossakowski, Ozarowski, Ankwitz, et quelques autres qui devinrent honteusement célèbres sous le nom de *fédérés de Targowitz*, ville où ils se liguèrent contre la constitution de 1791.

Une opposition si faible et si absurde n'était dangereuse que par l'appui de la Russie; mais les Polonais devaient être rassurés contre les entreprises de cette puissance, par la protection de Frédéric-Guillaume, avec lequel ils avaient conclu, en 1790, un traité d'alliance.

Pour prévenir toute objection, et pour mettre dans tout son jour la perfidie de Frédéric-Guillaume, lorsqu'il abandonna les Polonais au ressentiment de Catherine, il faut insérer ici en entier l'article 6 du traité de 1790 :

« Si quelque puissance étrangère voulait, à
» titre d'actes et stipulations précédentes quel-
» conques, ou de leur interprétation, s'attri-
» buer le droit de se mêler des affaires inter-
» nes de la république de Pologne, ou de ses
» dépendances, en tel temps ou de quelque
» manière que ce soit, sa majesté le roi de
» Prusse s'emploiera d'abord par ses bons of-
» fices les plus efficaces pour prévenir les hos-
» tilités par rapport à une pareille prétention;
» mais, si ces bons offices n'avaient pas leur
» effet, et que des hostilités résultassent à cette
» occasion contre la Pologne, sa majesté le roi
» de Prusse, en reconnaissant le cas, comme
» celui de l'alliance, assistera la république se-
» lon la teneur de l'article 4 du présent traité. »

Il est vrai qu'en 1792, au moment où l'impératrice attaquait la Pologne, lorsque le roi Stanislas réclama l'exécution de cet article, la cour de Berlin répondit que, la constitution du 3 mai 1791 étant postérieure au traité de 1790, le roi de Prusse n'était pas obligé d'en remplir les conditions; d'autant « qu'il n'avait ja-
» mais approuvé ce changement de constitu-
» tion, dont il avait, au contraire, prévu les
» malheureux effets. »

Pour apprécier la loyauté de cette réponse, il est indispensable d'en rapprocher la lettre officielle que Frédéric-Guillaume avait écrite au comte de Goltz *, lorsqu'il fut informé de l'achèvement de cette constitution, et du choix fait, par la diète, de la princesse de Saxe, pour commencer la dynastie nouvelle qui devait régner en Pologne.

Il y dit formellement « que son projet est de
» coopérer à la prospérité de la république, et
» de consolider sa nouvelle constitution qu'il
» admire ; qu'il applaudit à cette démarche
» importante que la nation a faite ; il la re-
» garde comme essentielle à son bonheur, et
» charge son ministre de déclarer solennelle-
» ment au roi Stanislas, et aux maréchaux de
» la diète, que ce choix de la république af-
» fermira à jamais l'étroite intelligence qui
» existe entre la nation polonaise et lui. »

On a vu trop souvent, en politique, sacrifier la justice à l'ambition ; mais jamais on ne se permit de nier des engagemens si publics, si récens, et de se jouer si ouvertement de la foi des traités.

Tandis que la licence, sous le manteau de la philosophie, portait d'ambitieux novateurs

* *Voyez* cette lettre du roi de Prusse au comte de Goltz, *Pièces justificatives*, et la lettre du roi de Prusse au roi de Pologne.

à renverser tous les gouvernemens établis, il semblait que les rois aveuglés conspirassent avec leurs ennemis pour détruire, dans l'esprit des peuples, le respect pour une autorité que la justice peut seule rendre sacrée.

Les vrais motifs de ce changement de système du roi de Prusse étaient, comme on l'a vu, l'effroi que lui causait la révolution française, et la crainte d'avoir à combattre la Russie en même temps qu'il serait forcé de faire la guerre à la France. L'impératrice, n'ayant plus à craindre l'opposition des armes prussiennes, fit entrer en Pologne, au mois de mai 1792, une forte armée. Malgré le nombre et la valeur de ses troupes, elle aurait peut-être échoué dans son entreprise, si Stanislas-Auguste avait partagé l'héroïque ardeur de ses concitoyens; mais, dominé par sa faiblesse ordinaire, et trompé par Catherine, qui avait toujours conservé sur lui un fatal ascendant, il répondait à ceux qui le pressaient de combattre :

« Que ce n'était pas contre la Pologne que
» l'impératrice était irritée, mais contre le roi
» de Prusse, dont elle avait juré la perte;
» qu'elle renoncerait à la guerre contre les
» Polonais dès qu'elle verrait la nation disposée à s'entendre amicalement avec elle;

» qu'au reste, il valait mieux continuer la
» guerre avec la plume qu'avec l'épée. »

Il perdit ainsi un temps précieux en négociations inutiles ; et même, les opérations militaires étant déjà commencées, il espérait encore apaiser son ennemi. Dans cette confiance, il arrêtait l'élan de la nation, qui voulait courir tout entière aux armes ; il ralentissait la marche de ses troupes, malgré les pressantes instances de son neveu Joseph Poniatowski, leur général, et paralysait les efforts du brave Kosciusko, qu'on forçait de se retirer devant un ennemi qu'il avait déjà repoussé dans plusieurs rencontres.

Les Russes, favorisés par cette mollesse, avancèrent rapidement près de Warsovie. Catherine écrivit à Stanislas « qu'elle ne lui
» pardonnerait d'avoir trompé ses espérances
» que s'il se joignait aux fédérés de Targo-
» witz, qui venaient, à la tête des Russes, pour
» renverser la constitution du 3 mai, et pour
» rétablir l'ancienne, dont l'impératrice avait
» été garante. »

Stanislas-Auguste alors mérita les malheurs dont il fût bientôt accablé : il sacrifia son pays en ordonnant à son armée, sous prétexte d'un armistice, de déposer les armes ; et, se croyant plus en sûreté parmi des satellites étrangers qu'au milieu de ses concitoyens, il laissa entrer à Warsovie, comme alliés, les ennemis de la Pologne, accéda à l'acte des confédérés, et ne laissa d'autre choix aux hommes courageux qui avaient voulu rendre son trône solide et leur patrie libre, que de ramper sous le despotisme russe, ou de s'expatrier, pour éviter un exil éternel dans les déserts de la Sibérie.

Les confédérés éprouvèrent promptement la honte et le malheur qu'attirent toujours sur leurs têtes ceux qui livrent leur pays à ses ennemis naturels : ils croyaient rétablir l'ancien régime en Pologne, et se fiaient imprudemment aux promesses de Catherine; mais la politique ambitieuse de cette princesse ne tarda pas à se dévoiler, et leurs remords inutiles ne purent sauver la Pologne de l'abîme dans lequel ils l'avaient précipitée.

L'impératrice, ayant éprouvé le danger de la force que conservait la Pologne, avait résolu de diminuer encore son territoire; l'empereur était trop occupé par sa guerre contre la France pour s'opposer à ses desseins; et, quoiqu'il fût convenu à Pilnitz avec le roi de Prusse de garantir l'intégralité de ce pays, Catherine, qui n'avait point accédé à ce traité, trouva facilement le moyen d'en annuler l'effet, en proposant à Frédéric-Guillaume un partage aussi facile qu'avantageux. Elle s'était constamment opposée jusque-là aux vues de ce prince sur Dantzick et Thorn; alors elle les favorisa, et Frédéric-Guillaume saisit avec empressement ce moyen inattendu de s'indemniser de la campagne coûteuse et sans succès qu'il avait faite en Champagne.

1793.
Ire année de la répub.

La cour de Vienne ne pouvait pas voir de bon œil ce nouvel agrandissement de la Prusse; mais on lui fit entendre que Frédéric-Guillaume quitterait la coalition, si elle ne consentait pas à lui donner les moyens de continuer la guerre par l'acquisition de ces nouvelles possessions. Pour colorer le scandale de cet envahissement, il fallut chercher des crimes à la nation qu'on voulait dépouiller, et ces délits imaginaires furent les murmures et les plaintes que l'oppression arrachait au malheur.

Les Polonais, réfugiés chez l'étranger, s'étaient mis sous la sauvegarde, les uns des gouvernemens monarchiques, et les autres des gouvernemens libres. Ils furent partout poursuivis par les agens secrets de Catherine : elle accusait ceux qui étaient en France de connivence avec la coalition, et faisait regarder ceux qui parcouraient l'Allemagne comme des propagandistes zélés du système des jacobins.

Ce fut cette accusation de jacobinisme qui servit surtout de voile aux cours de Pétersbourg et de Berlin pour justifier leur invasion.

Le roi de Prusse publia, le 25 mars 1793, une déclaration.* pour annoncer l'entrée de ses troupes dans la Grande-Pologne. Il est inconcevable qu'on croie les hommes assez aveugles pour être dupes de pareils écrits. Le roi, dans ce manifeste, « reprochait aux Polonais
» leur résistance à ses conseils et aux vues
» bienfaisantes de l'impératrice; il plaignait
» le malheur d'un pays livré aux désordres de
» l'anarchie, et feignait d'éprouver de vives
» alarmes pour la sûreté de ses propres États,
» par l'expansion des principes français en Po-
» logne. Ces motifs l'obligeaient à prendre des
» précautions salutaires, et à s'emparer provi-
» soirement de Thorn, de Dantzick et d'une
» partie de la Grande-Pologne, pour assurer
» sa tranquillité, et protéger les Polonais bien
» intentionnés. »

Les Prussiens en effet, malgré les représentations des habitans de Thorn, enfoncèrent les portes de cette ville et s'en rendirent les maîtres. Dantzick fut bientôt après obligé de se soumettre, et les habitans de la Grande-Pologne, qui n'étaient point préparés à cette agres-

* Voyez Pièces justificatives.

sion, ne purent opposer aucune résistance à ces nouveaux ennemis.

Les fédérés de Targowitz, étrangement surpris de cette invasion, demandèrent à l'ambassadeur russe ce qu'ils devaient penser de cette agression, et ce qu'il fallait faire dans une circonstance si imprévue. Le ministre russe leur répondit hypocritement « qu'il fallait avoir
» une confiance aveugle dans la protection gé-
» néreuse de l'impératrice; qu'il ignorait les
» desseins de Frédéric-Guillaume, mais qu'ils
» devaient se garder d'aigrir ce prince par
» d'imprudentes hostilités, sans avoir préala-
» blement consulté la cour de Russie. »

L'impératrice, qui ne voulait pas encore se démasquer et anéantir la confédération de Targowitz, leur conseilla quelques mesures défensives qui prolongèrent leur aveugle sécurité. Si l'impératrice était alors sincère, et si elle ignorait véritablement les projets de la cour de Berlin, il est au moins constant que son ignorance et son opposition durèrent peu; car, quelque temps après, ses ministres et ceux de Frédéric-Guillaume agirent de concert, et prouvèrent l'accord intime qui existait entre les deux puissances co-partageantes.

Cependant les fédérés de Targowitz, qui avaient trahi leur patrie en y appelant les

Russes, mais qui n'avaient jamais prévu le funeste projet de démembrement, crurent l'occasion favorable pour se disculper dans l'esprit de leurs concitoyens: encouragés par la réponse de la cour de Russie, qu'ils croyaient opposée aux desseins du roi de Prusse, ils publièrent une protestation contre l'entrée des troupes prussiennes en Pologne. Dans cette apologie de leur conduite, ils prodiguaient les éloges à Catherine, les injures aux auteurs de la constitution du 3 mai, et les promesses les plus inutiles de défendre loyalement la république. Ils joignirent à cette protestation des universaux pour inviter la nation polonaise à se lever, à courir aux armes, et à combattre l'ennemi qui envahissait son territoire.

La protestation ne persuadait personne: les confédérés avaient perdu l'estime et la confiance publique; mais tous les Polonais étaient disposés à profiter de l'invitation contenue dans les universaux, et à s'armer pour repousser tous leurs oppresseurs. Catherine II, informée de cette fermentation générale, en prévint l'explosion; et, quoiqu'elle eût conseillé elle-même des mesures défensives, ses troupes eurent ordre de comprimer, de concert avec les Prussiens, tous les mouvemens de ce peuple infortuné, et d'arrêter tous ceux qui voudraient opposer quelque résistance à leurs opérations.

Ces ordres n'empêchèrent pas l'énergie nationale de se manifester ; plusieurs districts se livraient à leur ardeur, et l'ambassadeur russe, craignant que ce feu, dirigé contre la Prusse, n'éclatât de toutes parts, ordonna aux confédérés de révoquer les universaux qui convoquaient le ban et l'arrière-ban de la noblesse. La confédération, toujours servile, obéit, et invita les Polonais à ne point accélérer l'anéantissement de la patrie par des mesures imprudentes ; elle leur recommanda de n'agir que d'après les ordres de Catherine, qui seule pouvait les sauver. Cet écrit, qui complétait l'opprobre des confédérés, et démasquait la politique perfide du cabinet de Pétersbourg, jeta le désespoir dans l'âme des Polonais. Voyant que leur perte était jurée, ils ne dissimulèrent plus leur indignation ; et réclamèrent le secours de toutes les puissances étrangères contre l'avide injustice de leurs oppresseurs.

L'impératrice, alors convaincue que les confédérés de Targowitz n'étaient plus pour elle des instrumens utiles, cessa de les ménager, et, voyant que le temps était venu d'agir ouvertement, elle ordonna à l'ambassadeur Siévers de se concerter avec Bucholz, ministre du roi de Prusse, pour régler le partage des possessions polonaises que chacune des deux cours voulait s'approprier.

Le 9 avril 1793, ces deux ministres présentèrent à la confédération une déclaration qui développait les destinées de la Pologne.

Dans cette déclaration *, « après avoir énu-
» méré tous les services rendus à la confédé-
» ration par l'impératrice, et tous les efforts
» employés pour rétablir en Pologne l'ordre et
» la paix, après avoir rappelé la résistance
» séditieuse des Polonais, les deux cours se
» plaignaient amèrement de l'ingratitude de
» cette nation jadis si florissante, maintenant
» déchirée par l'anarchie, et conduite à sa
» perte par des factieux. Les deux ministres
» reprochent à ces perturbateurs d'avoir égaré
» le peuple et de l'avoir porté à maltraiter les
» troupes russes et prussiennes qui venaient
» les protéger. Enfin, ils les accusent formel-
» lement d'intelligence avec les révolutionnai-
» res français, qui déjà ont formé en Pologne
» des clubs affiliés à celui de Paris, et ren-
» dent, par leurs intrigues, la fermentation
» générale **.

* *Voyez* cette déclaration, et la réponse du roi de Pologne aux notes des cours de Berlin et de Pétersbourg, *Pièces justificatives.*
** Cette accusation était dénuée de fondement et de vraisemblance : loin qu'il existât des clubs jacobins en Pologne, les

» Dans cet état de troubles, alarmant pour
» les puissances voisines, Catherine II et Fré-
» déric-Guillaume ne voient d'autre moyen,
» pour éteindre un foyer si dangereux, que
» de resserrer la Pologne dans des limites plus
» étroites, et de la réduire à des proportions
» convenables à une puissance du moyen or-
» dre. Tels sont les motifs qui les déterminent
» à s'emparer des provinces qui les avoisinent;
» ils déclarent à cet égard leur immuable dé-
» termination, et invitent la confédération à
» convoquer au plus tôt une diète pour coopé-
» rer à cet arrangement, seul moyen de pro-
» curer à la Pologne un gouvernement stable
» et une paix solide. »

Cet écrit ouvrit enfin les yeux des confédérés. Félix Potocki courut à Pétersbourg implorer inutilement Catherine pour arrêter le cours des calamités qu'il avait attirées sur sa patrie. Rzewouski s'exila en Gallicie, voulant fuir à la fois la perfidie de ses protecteurs et l'indignation de ses compatriotes. Branecki, neveu du prince Potemkin, se décida à vivre sous les lois de la Russie. Les autres confédérés

orateurs les plus distingués avaient parlé avec force contre les principes des niveleurs français; et les nobles polonais, qui venaient de fortifier l'aristocratie de leur constitution, en rendant la monarchie héréditaire, devaient plutôt s'attendre au courroux des démocrates qu'à celui des têtes couronnées.

restèrent en Pologne, pour exécuter tous les ordres des usurpateurs.

Ils convoquèrent à Grodno une diète composée des hommes qu'ils crurent le plus disposés à se prêter à tout ce qu'on exigeait d'eux. Le roi Stanislas-Auguste publia alors un écrit qui portait l'empreinte de son caractère. Déplorant les malheurs de la Pologne, il déclarait « que, forcé par les circonstances, ayant solli- » cité vainement l'appui des puissances étran- » gères, et ne pouvant faire aucun libre usage » de sa volonté, il adhérait au démembrement » de son pays, sans vouloir y coopérer. » Étrange calcul de la faiblesse, qui mécontente tous les partis, et multiplie les périls qu'elle croit éviter !

Quelque soin qu'on eût pris d'écarter des élections les hommes énergiques, ces hommes étaient Polonais, et les Russes furent contraints d'employer l'appareil des armes pour les forcer à signer le traité de cession avec la Russie : on ne put même les y amener qu'en leur faisant entendre que, pour prix de ce sacrifice, Catherine les appuierait dans leur opposition contre la Prusse.

Cette ruse était cependant bien grossière ; et les déclarations des deux ministres ne devaient laisser aucun doute sur l'union intime des deux puissances. Mais, dans l'excès du malheur, on se laisse tromper par le plus faible rayon d'espoir. L'infortune a son ivresse comme le bonheur : tous deux aveuglent également.

Le traité de cession en faveur de la Russie fut signé le 22 juillet 1793. Cette affaire terminée, Frédéric-Guillaume demanda qu'on choisît une députation pour régler la cession qu'il exigeait à son tour.

La diète s'opposa vivement à cette demande. Après les plus violens débats, les voix étant également partagées, Stanislas-Auguste fit pencher la balance pour la Prusse. Il croyait qu'on ne pouvait résister à deux puissances si formidables, et voulait conserver quelques débris de sa couronne. Mais, dans de telles circonstances, la prudence enlève la gloire sans donner la sûreté, et, au milieu d'un extrême péril, la témérité seule est sagesse.

Les membres de la diète continuèrent à résister avec acharnement; et, pour vaincre leur opiniâtreté, Siévers fut obligé de faire investir le château de troupes et d'amener du canon. Cet appareil menaçant ne put commander que le silence; aucun membre ne parla pour sanctionner la honte de sa patrie : plusieurs furent arrêtés par des Cosaques, pour avoir protesté contre cette violence.

Bialinski, maréchal de la diète, interprétant ce silence général comme un consentement unanime, signa, ainsi que la députation nommée à cet effet, le traité qui cédait à Frédéric-Guillaume les provinces dont il s'était provisoirement emparé.

La crainte est toujours la suite de l'usurpation. Le roi de Prusse et l'impératrice, connaissant l'indignation des Polonais et redoutant leur vengeance, exigèrent que la diète réduisît l'armée polonaise au nombre de douze mille hommes.

Cette résolution augmenta le mécontentement au lieu de le comprimer; plusieurs régimens refusèrent de rendre leurs armes, conservant dans leur cœur le projet et l'espoir de se délivrer de cette oppression.

Avant de se séparer, la diète de Grodno avait rétabli l'ordre militaire institué pour récompenser les officiers qui s'étaient distingués dans la guerre de 1792. Le général Ingelstrom, nouveau ministre de Russie, fit révoquer ce décret, et exigea qu'on anéantît tous les actes qui pouvaient réveiller l'énergie polonaise en rappelant la constitution de 1791.

Catherine II, étonnée de voir que ses actes despotiques disposaient plus les esprits à la révolte qu'à la résignation, envoya en Pologne quinze mille Russes, et Ingelstrom voulut que le roi et le conseil permanent fissent marcher des troupes pour forcer Madalinski à l'obéissance, et qu'ils fissent arrêter toutes les personnes suspectes de rébellion. Ces demandes furent rejetées : on ne pouvait compter sur l'obéissance du soldat polonais pour exécuter un pareil ordre, et les lois s'opposaient à l'arrestation arbitraire qu'on exigeait.

Tandis que les Russes, croyant affermir leur domination par la terreur, multipliaient chaque jour leurs actes d'injustice, pillaient les bourgeois, insultaient les nobles et rançonnaient les paysans ; toutes ces violences exaspéraient les esprits, et partout on s'agitait, on murmurait, on cherchait dans le désespoir des ressources contre la tyrannie.

Les députés constitutionnels de 1791, Malachowski, Sapieha, Ignace Potocki, célèbre par son instruction et son éloquence, Kollatay, Mowstowski, s'étaient réfugiés dans les pays étrangers, dès que Stanislas-Auguste, les abandonnant, eut accédé à la honteuse confédération de Targowitz.

Mais leurs amis nombreux, restés en Pologne, travaillaient en secret à exciter une insurrection qui pût briser leurs fers et ressusciter leur patrie. Une société de quatre personnes, s'étant mise à Warsovie à la tête de la conjuration, eut bientôt des ramifications sur toute la surface de la Pologne ; ils étaient certains d'être secondés par toute la nation, animée de la même haine contre ses destructeurs ; mais il leur fallait un chef pour cette grande entreprise. Le roi Stanislas avait perdu la confiance générale, et tous les soldats juraient qu'ils ne se joindraient point aux insurgens, s'ils ne plaçaient pas à leur tête le vaillant Kosciusko.

Cet homme, qui mérita l'amour de ses concitoyens et l'estime de ses ennemis, s'était fait connaître dans sa jeunesse par son zèle pour s'instruire dans l'art militaire. Aimé d'une jeune dame, ses parens traversèrent leur passion : Dès qu'il la vit mariée au prince Lubomerski, il porta sa douleur loin de son pays, et voulut se consoler des peines de l'amour par les faveurs de la gloire. Il servit en Amérique, sous les ordres de Gates et de Washington, qui donnèrent de justes éloges à sa bravoure et à ses talens. Rendu à sa patrie, il combattit avec éclat dans la campagne de 1792, et en plusieurs rencontres il repoussa les Russes, malgré l'infériorité du nombre, la division des généraux polonais, la versatilité du roi de Pologne, et la perfidie de quelques-uns de ses concitoyens vendus à la Russie, qui avertissaient l'ennemi de tous les mouvemens de l'armée polonaise.

Kosciusko, noble, mais d'une famille qu'il illustra le premier, d'une taille moyenne et d'une figure peu remarquable au premier aspect, mais portant dans ses regards le feu de son caractère, réunissait toutes les qualités qui peuvent donner la gloire et la fixer. Intrépide, infatigable, incorruptible, ferme dans l'adversité, calme après la victoire, froid dans le danger, sensible pour le malheur, généreux envers ses ennemis, brûlant d'amour pour sa patrie, et strict observateur de la justice au sein de la guerre civile et de la fureur des partis; hardi dans ses desseins, constant dans ses projets, et rapide dans ses opérations, il communiquait son ardeur à ses compagnons, dirigeait leurs travaux, leur attribuait modestement tous ses succès, et savait à la fois inspirer le respect par sa régularité et l'attachement par sa douceur. Aussi les soldats, les paysans, les bourgeois, les nobles l'aimaient, l'estimaient également; il conciliait tous les intérêts opposés, anéantissait toutes les rivalités, et, ralliant tous les partis, il les dirigeait avec force vers son but unique, l'affranchissement de son pays.

Correspondant secrètement avec le comité de Warsovie et avec tous ceux qui travaillaient en Pologne au mouvement qu'il voulait opérer, il leur donnait les instructions nécessaires au succès de cette grande entreprise. Il fallait partout organiser les corps qui devaient s'insurger, s'assurer des munitions, des armes; et Kosciusko, qui s'était approché des frontières de la Pologne, voyant que tout ce qu'il avait demandé n'était pas encore prêt, résistant à l'ardeur de ses amis, ajourna l'exécution de son dessein pour en rendre la réussite plus sûre, et s'éloigna encore quelque temps de sa patrie.

Enfin, apprenant que tout était disposé comme il le souhaitait, il revint à Leipsick, où il reçut la députation des patriotes, qui vinrent lui demander formellement de se mettre à leur tête pour reconquérir la liberté.

A cette époque, c'est-à-dire au mois de mars 1794, Madalinski, comme on en était convenu, leva l'étendard de la révolte. Avec huit cents hommes de cavalerie, il traversa tout le pays usurpé par Frédéric-Guillaume, en combattant les troupes prussiennes qui s'opposaient à son passage, et pénétra dans le palatinat de Cracovie, au moment où Kosciusko, qui avait quitté la Saxe, y arrivait.

Le 24 de mars, tous les citoyens de Cracovie dressèrent et signèrent l'acte d'insurrection. Kosciusko, choisi pour chef, prêta le serment à la nation, et promit d'observer les principes énoncés dans l'acte. La garnison de Cracovie, et les troupes qui étaient près de cette ville, jurèrent fidélité à la nation et obéissance à Kosciusko.

1794. An II.

Par cet acte, les Polonais déclaraient la guerre aux usurpateurs de leurs droits et de leur pays, sacrifiaient les anciens préjugés, et donnaient à tous les habitans l'égale jouissance de la liberté civile. Kosciusko était déclaré chef suprême de la force nationale; on ne donnait à son pouvoir d'autres limites que sa vertu : il commandait les armées, nommait les officiers, formait le conseil suprême, dirigeait les affaires politiques et civiles. Mais, dès que l'ennemi serait chassé des frontières, Kosciusko s'obligeait à se démettre de son pouvoir, et à rassembler la nation, qui devait se donner alors la constitution qui lui paraîtrait la plus convenable à son bonheur et à sa sûreté. Kosciusko devait aussi se désigner un successeur qui le remplaçât en cas de maladie ou de mort; mais ce successeur devait être subordonné au conseil national.

Dans toute autre main, cette puissance dictatoriale eût été dangereuse pour la liberté; mais la modération de Kosciusko était connue; il ne trompa point la confiance de ses compatriotes, et personne ne lui reprocha jamais d'avoir abusé de son pouvoir.

Dix jours après la proclamation de l'acte insurrectionnel, le général, apprenant que douze mille Russes s'avançaient rapidement contre lui, sortit de Cracovie, à la tête de quatre mille hommes, dont la plupart n'étaient armés que de faulx, de piques, et sans artillerie. Le combat dura quatre heures : l'ardeur polonaise l'emporta sur le nombre et sur la tactique de leurs ennemis. Les Russes, battus et dispersés, perdirent trois mille hommes, et on leur prit douze pièces de canon. L'enthousiasme fut tel, qu'un corps de paysans, avec des faulx, s'empara d'une batterie.

Cette victoire de Wraclawitz enflamma tous les esprits, et rendit bientôt l'insurrection générale : partout les Polonais prirent les armes, se rassemblèrent et jurèrent d'obéir à Kosciusko.

Grochowski prit la défense des frontières de la Gallicie; Giedroyc insurgea la Samogitie; Jasinski, avec six cents hommes, s'empara de Wilna, en chassa les Russes, et leur fit quinze cents prisonniers.

L'ambassadeur russe, instruit de ces mouvemens, arracha vainement à la faiblesse du roi Stanislas des ordres pour comprimer les mécontens. Cette démarche acheva de perdre le monarque dans l'esprit du peuple, et ne ralentit point le feu de l'insurrection. Les Russes, craignant la fermentation qui se manifestait dans la capitale, voulurent s'emparer de l'arsenal : les citoyens alors se révoltant ouvertement, le courage du désespoir triompha de la terreur. Inutilement les bataillons russes, soutenus par une artillerie redoutable, foudroyaient les habitans : ils furent assaillis de tous côtés; et, après un combat de quarante-huit heures, où les Polonais tuèrent six mille Russes, firent trois mille prisonniers et s'emparèrent de cinquante pièces de canon, les généraux Ingelstrom et Apraxin furent forcés d'abandonner la capitale.

Tous les citoyens s'empressèrent alors de réparer les retranchemens et les fortifications de Warsovie, pour se mettre à l'abri de la vengeance de leurs oppresseurs. Jamais on ne vit éclater tant d'ardeur : vieillards, femmes, enfans, riches, pauvres, grands et plébéiens, tous paraissaient n'avoir qu'un même esprit, tous partageaient les mêmes travaux, et chacun venait à l'envi offrir ce qu'il possédait pour l'armement des soldats, le traitement des blessés, et la consolation des familles de ceux qui avaient payé de leur sang ces glorieuses journées.

Stanislas-Auguste, délivré des maîtres qu'il craignait, voulut alors se réunir aux insurgens; mais on avait trop éprouvé sa faiblesse pour lui confier de si grands intérêts : il fut traité avec respect; il conserva sa garde, et jouit des honneurs dus à son rang; mais on ne lui laissa aucune autorité.

Kosciusko, arrivant à Warsovie, congédia le conseil permanent, forma le conseil suprême, établit partout des tribunaux, publia de sages et fermes proclamations, pour empêcher que ce grand mouvement ne servît de prétexte aux désordres, et ne troublât la sûreté des personnes et des propriétés.

Frédéric-Guillaume, au bruit de l'insurrection polonaise, s'était décidé à la venir combattre en personne; et, s'étant mis à la tête de quarante mille hommes, il renversa facilement les faibles détachemens d'insurgés qu'il rencontra. Il ne fut arrêté dans sa marche que par l'intrépide Kosciusko, qui eut l'audace d'attaquer une armée si formidable, n'ayant à lui opposer que douze mille hommes, dont l'armement n'était pas encore complet. Après une résistance opiniâtre, le général polonais fut battu et contraint de se retirer dans un camp retranché qui couvrait Warsovie, et qui était occupé par les divisions de Kosciusko, Dombrowski, Zayonczek, Poniatowski.

Les Prussiens, après la bataille de Szczekocin, profitant de leur avantage, marchèrent sur Cracovie. Kosciusko, ne pouvant aller au secours de cette ville, avait résolu de la livrer aux Autrichiens, pour exciter quelque rivalité entre les cours de Vienne et de Berlin; mais les Prussiens, par leur célérité, prévinrent l'exécution de ce projet, et s'emparèrent de Cracovie.

La nouvelle de cette perte transporta de fureur le peuple de Warsovie. Quelques agitateurs, ameutant la populace, qui partout se ressemble, dressèrent, le 28 juin, des potences dans les rues, forcèrent les prisons et massacrèrent quelques-uns des prisonniers accusés de connivence avec les ennemis de l'État. Les autorités constituées arrêtèrent promptement ce désordre; et Kosciusko, n'imitant pas la faiblesse coupable du gouvernement français pour les assassins de septembre, exprima, dans une proclamation énergique, l'indignation que lui inspiraient ces atrocités; il emprisonna les auteurs de ce complot, et leur fit expier leur crime sur l'échafaud.

1794.
An II.

Le roi de Prusse, réuni aux Russes, vint bientôt investir Warsovie; il employa, pour réduire cette ville et pour soumettre l'armée qui la défendait, tous les moyens de la force et toutes les ruses de la politique; mais les Polonais se montrèrent également inaccessibles à la crainte et à la séduction.

Frédéric-Guillaume avait écrit aux habitans de Warsovie pour les assurer de sa protection, s'ils se soumettaient, et pour les menacer d'une destruction totale s'ils résistaient : ils répondirent qu'ils suivraient la destinée de l'armée. Ce monarque avait fait promettre aux officiers polonais de conserver leurs grades dans ses troupes, s'ils voulaient se joindre à lui : tous jurèrent de partager le sort de Kosciusko, et de vaincre ou de mourir avec lui.

Après deux mois de combats sanglans et continuels, sans succès décisifs, le roi de Prusse, qui avait pris Vola et battu la division de Joseph Poniatowski, commanda une attaque générale pour forcer les retranchemens polonais. Le combat fut long et opiniâtre. Le roi et le prince royal montrèrent, dans cette action, beaucoup de bravoure; mais la fermeté des insurgens triompha de la valeur des Russes et des Prussiens, et les contraignit à se retirer avec perte.

Dans le même temps, une insurrection formidable éclata dans la Prusse méridionale, près de Posen. Les habitans de ces provinces nouvellement conquises, se levant tout à coup, tombèrent sur les troupes dispersées, abattirent les aigles prussiennes, s'emparèrent des armes et des munitions qu'ils trouvèrent, et s'occupèrent activement de l'organisation d'une armée.

1794.
An II.

Frédéric-Guillaume, informé de cet événement, et craignant, s'il laissait aux rebelles le temps de grossir leurs forces, de se voir couper toute retraite, prit le parti, après avoir bombardé inutilement Warsovie, d'en lever précipitamment le siége et de se retirer dans ses États, abandonnant ses malades, ses blessés et une immense quantité de munitions.

Ainsi le roi de Prusse, toujours ardent pour entreprendre des conquêtes, et prompt à y renoncer, expulsé de Pologne comme de France, aurait eu une pareille destinée dans l'une et l'autre guerre, si les forces de la Russie et la fortune de Catherine n'étaient venues réparer ses fautes et relever ses espérances. La retraite du roi de Prusse couvrit de gloire Kosciusko et ses braves compagnons; mais leur position était aussi périlleuse que leur courage était ardent. Les dangers qui les menaçaient se multipliaient de tous côtés : quoique le général eût ordonné de ménager les domaines de l'empereur, il n'avait pu conserver la paix avec la cour de Vienne; et les papiers trouvés chez l'ambassadeur russe, à Warsovie, prouvaient l'adhésion du cabinet de Vienne aux projets de partage de la Pologne.

Le conseil national fit publier ce traité, d'après lequel la Russie et la Prusse devaient posséder les provinces qu'elles avaient prises. La Bavière devait appartenir à l'Autriche, et l'électeur recevait pour indemnité l'Alsace et la Lorraine.

Malgré la publication officielle de cette pièce par le conseil, on doit encore douter de l'existence d'un pareil traité, trop contraire aux intérêts réels de la Prusse pour concevoir qu'elle ait pu y consentir. Ce pouvait être un simple projet; mais les faits démontrent au moins que l'Autriche était parfaitement d'accord avec les deux puissances copartageantes, pour des projets vastes de démembrement et pour la ruine de la Pologne.

Kosciusko, dans cette crise terrible, était encore forcé de ménager avec sagesse les ressources que lui offrait l'énergie nationale. En décidant les nobles à donner la liberté aux paysans, il avait pris toutes les mesures qui pouvaient prévenir le danger d'un affranchissement trop rapide. Les paysans ne pouvaient abandonner leurs foyers sans payer leurs dettes ; ils ne pouvaient posséder des terres sans faire des contrats avec leurs anciens maîtres ; et, pendant la durée de la guerre, pour que la culture ne fût point abandonnée, on ne les dispensait que de la moitié du travail auquel ils étaient précédemment tenus.

Si l'abolition de l'esclavage avait rendu générale l'ardeur de la nation pour la cause commune, d'un autre côté, la nécessité de laisser beaucoup de bras à l'agriculture restreignait les ressources qu'on pouvait employer pour la défense du pays.

Telles étaient à peu près les forces dont la république pouvait disposer. Zayonczek, avec huit mille hommes, défendait les frontières de la Gallicie contre dix mille Autrichiens et contre les Russes. Syrakowski, à la tête de dix mille hommes, était chargé de ralentir la marche de Suwarow, qui s'avançait en Pologne avec quarante mille hommes. Jasinski, commandant six mille Polonais, défendait la Lithuanie, que traversaient Fersen et dix-sept mille Russes ; et Dombrowski, qui n'avait encore organisé que quatre mille hommes dans la Grande-Pologne, devait observer, avec une foule de paysans mal armés, les quarante mille

Prussiens qui occupaient cette frontière. Kosciusko et Poniatowski n'avaient ensemble que dix-huit mille hommes destinés à se porter partout où le danger serait le plus pressant.

Malgré cette multitude d'ennemis et cette disproportion de forces, l'enthousiasme de la liberté aurait peut-être triomphé d'une coalition où il régnait peu d'harmonie, et que l'opposition des intérêts pouvait dissoudre d'un instant à l'autre; mais la fortune rendit inutiles tous les efforts de la vaillance polonaise, et Kosciusko se vit perdu au moment où il croyait, par une victoire éclatante, assurer l'indépendance de son pays.

Ce général, étant informé que Fersen voulait opérer sa jonction avec Suwarow, marcha rapidement contre lui. On crut généralement alors que le prince Poninski *, chargé d'em-

---

* Le prince Poninski, accusé par l'opinion générale, fut depuis jugé et acquitté. L'impartialité, premier devoir d'un historien, m'oblige d'insérer ici une note signée par le général Kosciusko et par plusieurs autres généraux. Ce général et le prince Poninski ont remis tous deux cette attestation entre mes mains.

« Je donne avec satisfaction le témoignage au prince Adam
» Poninski, ci-devant général au service de la république de
» Pologne, qu'à la bataille de Szczekocin, et dans toutes les au-
» tres affaires dans lesquelles il a combattu sous mes ordres, il
» s'était conduit avec bravoure. Quant à la bataille de Macie-
» jowice, à laquelle il ne s'était pas trouvé avec sa division,
» j'atteste, d'après les informations de quelques-uns de mes com-
» patriotes présens à Paris, que pour sa conduite à ladite bataille

pêcher le passage d'une rivière, l'avait livré aux Russes, et qu'il n'obéit point à l'ordre qu'il avait reçu de rejoindre l'armée avec sa division. Le généralissime, privé de ce secours, fut attaqué à Maciejowice par le général Fersen. Quoique les Russes fussent trois fois plus nombreux que les Polonais, la victoire fut disputée avec acharnement pendant toute la journée. Kosciusko repoussa deux fois les ennemis; et, déployant dans cette action les talens d'un général et la bravoure d'un soldat, il rendit long-temps, par des prodiges de valeur, la fortune incertaine. Mais enfin, percé de coups, il tomba, et ses troupes, en se retirant, le laissèrent au pouvoir de l'ennemi. Lorsque les officiers russes le firent reconnaître aux Cosaques, qui allaient terminer sa vie, entendant prononcer son nom, ils témoignè-

» il a été soumis à une commission, à laquelle il a prouvé que
» mes ordres ultérieurs ne lui étaient pas parvenus, et que la
» commission l'avait trouvé innocent. »

Fait à Paris, ce 19 brumaire an XII (11 novembre 1803).

T. Kosciusko.

Présens attestons la signature:

Fr. Paszkonski, *capitaine.*
Xavier de Walewski.
Ayamitouski, *colonel au service de France.*
Zawadzki, *chef de bataillon au service de France.*
Downanwiscz, *chef de bataillon au service de France.*
M. Piotwouski, *ci-devant général de Pologne.*
B. Komonouski.

rent leur admiration pour son courage et leur pitié pour son malheur. Kosciusko, ouvrant les yeux et apprenant sa défaite, demanda vainement la mort, qu'il préférait à la captivité. Les Russes le traitèrent avec les égards dus à son caractère; et, dès qu'il put soutenir la route, ils l'envoyèrent à Pétersbourg, où l'impératrice, trop irritée pour être généreuse, renferma dans une prison ce malheureux guerrier. Il n'en sortit qu'après la mort de cette princesse. Paul Ier signala le commencement de son règne en lui rendant la liberté, et cet acte magnanime lui valut de justes éloges.

Les Polonais, en apprenant ce tragique événement, n'imitèrent pas ces farouches jacobins français qui faisaient à leurs généraux des crimes de leurs malheurs: ils témoignèrent, par des regrets éclatans, leur estime pour les talens et les vertus de Kosciusko, et ils écoutèrent avec confiance les conseils qu'il leur donna du fond de sa prison; ils le connaissaient trop pour craindre qu'aucune menace le contraignît à rien proposer d'indigne de sa gloire et de sa patrie. Enfin, lorsque les Russes assiégèrent la capitale, le jour de la naissance de leur malheureux général étant arrivé, toutes les rues de Warsovie furent illuminées, et ils célébrèrent ainsi le souvenir de ses triomphes la veille même de leur propre destruction.

La victoire de Fersen n'abattit point le courage des Polonais. Le conseil national prit les mesures les plus vigoureuses pour défendre la liberté, et Wawrzeck y fut nommé au commandement général. Mais si le courage était le même, le même génie ne présidait plus aux opérations.

Zayonczek fut battu par les Russes à Chelm. Suwarow, ayant défait complétement Syrakowski et l'armée polonaise à Brzesk, s'avança rapidement sur Warsovie. Les républicains, au lieu d'imiter l'exemple de Kosciusko, et de tenir toujours la campagne, s'étaient renfermés dans les fortifications des faubourgs de Prag. Suwarow s'en rendit maître après un assaut meurtrier. Neuf mille braves Polonais périrent dans cette action ; mais ce qui ternit la gloire du général russe, ce fut le carnage qui suivit la victoire : les maisons furent pillées, les femmes outragées, les enfans égorgés; trente mille victimes furent la proie de la vengeance et de la férocité des soldats russes. Les habitans de Warsovie, sans défense, furent contraints de capituler. Ignace Potocki, envoyé par eux pour négocier la paix, vit ses démandes rejetées. Stanislas-Auguste, qui n'avait pas conservé plus de crédit sur ses voisins que d'autorité sur ses sujets, voulut vainement obtenir des conditions douces et honorables : la ville fut obligée de se livrer à la merci des volontés de Catherine. Les troupes polonaises, refusant de se soumettre, sortirent de la ville, et, attaquées de tous côtés par les Russes et les Prussiens, une partie fut tuée, l'autre dispersée ; quelques-uns rendirent leurs armes aux vainqueurs. Madalinski, avec une troupe d'hommes déterminés, s'enfuit en Gallicie. Suwarow avait promis une amnistie complète ; Catherine ne tint point cet engagement : elle fit arrêter Potocki et Mowstowski. Tous les hommes distingués par leur patriotisme furent proscrits ; on confisqua leurs biens : une inquisition terrible poursuivit les actions, épia les pensées, et punit cette nation infortunée de toutes les vertus qu'elle avait développées.

Le roi Stanislas reçut l'ordre de quitter Warsovie ; il vint à Grodno, et de là fut appelé en Russie, où il survécut peu de temps à la chute de son trône et à l'humiliation de sa patrie.

Les cours de Vienne, de Pétersbourg et de Berlin, délivrées de tout obstacle, partagèrent tranquillement leur proie ensanglantée, et voulurent anéantir jusqu'au nom de la Pologne; mais l'histoire consacrera la gloire des vaincus et l'injustice des vainqueurs *.

1794.
An II.

* Par le traité conclu entre les trois puissances copartageantes, Brzesk devint le point central de ces trois Etats.
Warsovie tomba sous la domination de Frédéric-Guillaume qui n'avait pu s'en emparer. La Vistule sépara la Prusse de l'Autriche. Le Bug sépara l'Autriche de la Russie. Le Niémen marqua les limites entre les possessions des Russes et des Prussiens. La moitié de la ville de Grodno appartint au roi de Prusse et l'autre à l'impératrice.

CHAPITRE XIII.

Influence de la révolution de Pologne sur l'esprit des Français. — Leur ardeur contre la coalition. — Conquête de la Hollande. — Fuite du stathouder. — Révolution en Hollande. — Abolition du stathoudérat. — Conspiration des jacobins. — Accusation et déportation des collègues de Robespierre. — Révolution de prairial. — Fermeté de Boissy-d'Anglas. — Fautes de la Convention. — Réaction dans le Midi. — Nouvelle constitution. — Événemens du 13 vendémiaire. — Négociations de Barthélemy. — Traité de paix entre la république, le roi de Prusse, le landgrave de Hesse et le roi d'Espagne. — Neutralité du nord de l'Empire. — Dissolution de la coalition. — Campagne sur le Rhin : les Français sont forcés de le repasser. — Inaction du roi de Prusse. — Fin du règne de Frédéric-Guillaume II. — Sa mort. — Espérances que donne son successeur. — Coup d'œil sur les événemens qui se sont passés les deux dernières années de son règne. — Campagnes de Bonaparte et de Moreau. — Conclusion de cette histoire.

1794.
An II.

La révolution qui venait d'effacer la Pologne de la liste des nations, put satisfaire la vengeance de Catherine II et l'étroite ambition de Frédéric-Guillaume; mais elle fut très nuisible au grand intérêt de la coalition. On a pu remarquer, dans le cours de cette histoire, combien les violentes passions qui agitaient les différens partis les aveuglaient, et leur faisaient prendre la route la plus opposée au but qu'ils voulaient atteindre. Jamais, de part et d'autre, cet aveuglement ne fut plus marqué qu'à cette époque.

En effet, lorsque l'intérêt des révolutionnaires français était de prouver à tous les peuples les avantages de la liberté, en rendant la sûreté personnelle plus inviolable, la propriété plus sacrée, l'industrie plus active, la pensée plus énergique, la morale plus pure et la justice plus douce, on vit les jacobins furieux, adoptant cette raison d'état, excuse banale des tyrans, couvrir la France de bastilles, confisquer ou séquestrer toutes les propriétés, violer le secret des lettres, comprimer la pensée, enchaîner les talens, immoler l'innocence, protéger tous les vices, proscrire toutes les vertus, anéantir l'industrie, dessécher les canaux de l'agriculture et du commerce, enfin livrer la vie de tous les citoyens à la rage des plus vils délateurs, et aux caprices féroces d'un tribunal de sang.

L'effet de cette barbarie fut de changer l'esprit public à tel point qu'elle faillit perdre à jamais cette liberté qu'on voulait étendre, et que le peuple égaré, confondant les principes et les abus, les amis de la liberté et les anarchistes, les républicains et les tyrans qui opprimaient la république, n'attacha plus d'idées justes ni aux choses, ni aux mots, haït tout ce qu'il devait aimer, méprisa ce qu'il fallait estimer, devint indifférent à tout ce qui devait l'intéresser le plus vivement, et cessa de montrer cette opinion publique, seule base de la liberté, seule force des institutions et seul guide des gouvernemens.

La nation, qui avait voulu s'armer pour soutenir la guerre des principes de la raison contre l'injustice du pouvoir arbitraire, était gouvernée par les maximes du despotisme. Dans le même temps, les rois coalisés, dont le but était de prouver la douceur et la justice du gouvernement monarchique, et de faire généralement haïr les désordres de l'anarchie, la cupidité des factions et les cruautés de la tyrannie populaire, imitaient impolitiquement les démagogues qu'ils voulaient renverser.

Tout homme modéré était proscrit par eux, comme le citoyen suspect d'aristocratie l'était par les jacobins. Ils voulaient propager le système d'autorité arbitraire, comme en France on prêchait l'égalité absolue. Les faits prouvent qu'ils violaient la foi des traités comme les décemvirs. Ils partageaient la Pologne, et prétendaient démembrer la France, comme les comités français se proposaient de démembrer l'Allemagne. La Convention voulait follement faire une république du monde entier, et le gouvernement anglais prétendait audacieusement à l'empire universel des mers.

1794.
An II.

Le gouvernement français tuait les émigrés qui tombaient en son pouvoir, et les monarques coalisés, qui les avaient armés, les livraient à la mort par une faiblesse ressemblant à la perfidie, n'exerçaient aucune représaille pour les sauver, et les abandonnaient à leurs ennemis dans toutes les capitulations.

En Pologne, les alliés confisquaient les fortunes comme les démocrates, et créaient comme eux des domaines nationaux : divisés entre eux comme les magistrats de la France, la durée de la coalition ne fut pas plus longue que le pouvoir des comités. Les rois ne défendirent pas plus loyalement la cause de la royauté que les jacobins ne soutinrent celle de la vraie liberté. Enfin l'injuste destruction d'un peuple qui avait voulu se donner le gouvernement monarchique le plus sage et le plus solide, prouva évidemment que les cours étaient guidées, non par la justice, mais par l'ambition; qu'elles attaquaient, non pas toute anarchie, mais toute liberté, et qu'elles avaient conspiré la ruine de tout État qui ne serait pas soumis à l'autorité absolue d'une royauté sans limites.

Cette comparaison semble sévère, et n'est que vraie. Aussi tous ces égaremens produisirent les effets qui devaient nécessairement en résulter. Les Français perdirent long-temps la liberté pour laquelle ils combattaient, et la firent redouter par les nations les plus disposées à la recevoir. D'un autre côté, la coalition, loin de parvenir à subjuguer, à démembrer la France, comme elle le projetait, vit étendre à ses dépens le territoire français. Si les républicains ne surent pas établir chez eux la justice et la liberté, ils surent au moins maintenir leur indépendance; et l'exemple effrayant de la Pologne fit jurer aux Français de presque toutes les opinions de verser tout leur sang plutôt que de subir les lois de leurs ennemis.

Les Français étaient trop animés par leurs victoires pour en suspendre le cours. L'approche d'un hiver rigoureux ne ralentit point leur marche; ils profitèrent de l'effroi que leurs succès répandaient dans l'armée des alliés, pour compléter leurs défaites; chassant de tous côtés les Autrichiens, les Anglais et les troupes du stathouder qui se retiraient en désordre, ils profitèrent du secours des glaces pour franchir toutes les rivières et tous les canaux, qui, dans tout autre temps, auraient rendu la conquête de la Hollande impossible à leur courage *.

Au commencement de l'an III, c'est-à-dire à la fin de 1794, Maestricht et Nimègue étaient tombées en leur pouvoir. Dès le mois de janvier 1795, Pichegru attaqua les alliés sur tous les points, depuis l'Océan jusqu'au Rhin, et les battit partout. Les régimens d'Orange, de Frise et d'Hohenlohe furent pris, ainsi qu'un corps suisse payé par les états-généraux.

Clairfait, repoussé, fut obligé de se retirer en Allemagne. Frédéric-Guillaume laissait dans l'inaction les soixante-deux mille hommes qu'il s'était engagé de donner à la coalition. L'armée anglaise, qui coûtait des sommes énormes au gouvernement britannique, était dans un dénuement affreux. Elle résista cependant avec assez de courage aux efforts des Français; mais, forcée de céder à l'impétuosité et au nombre des républicains, elle eut beaucoup à souffrir dans sa longue retraite, manquant de tout, continuellement harcelée par les Français, et traversant un pays où les malheurs de la guerre

* Toutes les actions de cette campagne furent des prodiges, et saisirent d'étonnement l'Europe effrayée : un corps de cavalerie de l'armée de Pichegru, trouvant des vaisseaux de guerre retenus par des glaces, les attaqua et parvint à s'en emparer. On n'avait, je crois, jamais vu, avant cette époque, une flotte prise par des escadrons.

faisaient prendre en haine l'Angleterre, à qui la Hollande attribuait tous les maux qu'elle éprouvait.

Le duc d'Yorck, mécontent des alliés, et voyant qu'il n'y avait plus d'espoir de reprendre quelque avantage, quitta l'armée, et en laissa le commandement à Walmoden. Ce général montra beaucoup de constance et de courage dans une position si critique ; mais ses efforts ne purent ralentir la marche de Pichegru, dont les plans étaient habiles, les moyens immenses, et qui était favorisé à la fois par la division des alliés, la disposition des Bataves et la rigueur de la saison. Le stathouder s'était fait investir, à cette époque, d'un pouvoir dictatorial ; mais le moment où son ambition constante était enfin pleinement satisfaite, fut le terme de sa puissance ; et, comme il manquait de génie pour se soutenir, son élévation ne servit qu'à rendre sa chute plus douloureuse et plus complète.

La révolution de 1787 avait enlevé au prince d'Orange l'estime et l'affection de tous les hommes qui tenaient à la considération, à l'indépendance et aux lois de leur patrie : la guerre dans laquelle il engagea les états-généraux, contre leur véritable intérêt, qui était la neutralité, acheva d'aliéner les esprits, et le danger d'une ruine totale inspira enfin à toute la nation une aversion prononcée contre la maison stathoudérienne.

Plusieurs provinces avaient fortement exprimé leur vœu pour la cessation de la guerre; mais le stathouder, qui craignait que cette paix ne relevât le parti des patriotes, s'y refusa, et fit arrêter un grand nombre de citoyens qu'il fut bientôt forcé de remettre en liberté. Le gouvernement anglais, qui dirigeait sa conduite, l'affermit dans son opposition à la paix : la cour de Londres ne voulait pas que la cessation des hostilités rendît à la France son influence en Hollande; elle aimait mieux, si l'on ne pouvait résister, que ce pays, conquis par les Français, donnât à l'Angleterre des prétextes pour s'emparer des possessions hollandaises dans les Indes.

L'événement, en effet, ne tarda pas à dévoiler cette politique ambitieuse; et Guillaume V vit, l'année suivante, ses protecteurs se saisir du Cap et de Ceylan pour augmenter leurs domaines, comme ils avaient pris pour eux la Corse en défendant la cause des Bourbons. Je ne sais si un ennemi généreux n'est pas moins à redouter que de pareils alliés.

Le stathouder, s'étant décidé, contre le vœu national, à continuer la guerre, voulut que le peuple batave se levât en masse pour repousser l'ennemi; mais ses ordres ne furent point exécutés. Il voulut aussi, par des inondations, arrêter l'invasion des Français; mais dans le premier moment on s'y opposa, et bientôt après la rigueur du froid rendit cette mesure impossible.

Pichegru, profitant de cette longue et forte gelée, qui favorisait ses desseins, franchit rapidement toutes les rivières qui pouvaient retarder ses opérations. Macdonald, devenu depuis si célèbre par ses brillantes campagnes en Italie, passa le premier le Vahal, abandonné par les ennemis, qui croyaient que la glace était trop peu solide pour les porter. Sa marche hardie les déconcerta et décida la conquête de la Hollande. L'armée républicaine s'empara d'Utrecht, de Rotterdam et de Dort. La forteresse de Grave, après une vigoureuse résistance, s'était rendue.

D'un autre côté, Clairfait, battu, avait repassé le Rhin. Dès-lors aucun obstacle n'arrêta les républicains : le prince d'Orange s'enfuit en Angleterre avec sa famille; Berg-op-Zoom ouvrit ses portes aux vainqueurs; trente hussards s'emparèrent d'Amsterdam.

Tous les patriotes, dégagés du joug qui les comprimait, se réunirent aux républicains.

Les propriétaires, plus sages que le parti aristocratique en France, loin d'opposer une digue inutile au mouvement national, le dirigèrent. Les Anglais, toujours repoussés, et voyant que la nation qu'ils voulaient défendre se déclarait contre eux, fuirent jusqu'à Brême, où ils s'embarquèrent. En peu de temps, la révolution fut complète ; on abolit le stathoudérat, et le gouvernement français, qui pouvait regarder toutes les Provinces-Unies comme une conquête légitime, leur rendit généreusement leur indépendance, ne gardant que quelques places fortes, nécessaires pour sa sûreté contre les attaques de la coalition.

Cette conquête totale et rapide, l'habileté des généraux, les prodiges de valeur des soldats républicains, qui, bravant tous les dangers et toutes les souffrances, combattaient sans crainte sur des abîmes qu'un rayon de soleil pouvait à chaque instant ouvrir sous leurs pas, inspirèrent la plus juste admiration aux puissances neutres, et répandirent la plus profonde consternation dans les cours ennemies. Ce peuple, dont on plaignait l'esclavage, venait, au 9 thermidor, d'immoler ses tyrans ; cette nation, qu'on se flattait d'écraser, était partout triomphante ; ce pays, qu'on voulait démembrer, reculait de tous côtés ses frontières, et semblait même dédaigner de garder tout ce qu'il avait conquis.

Le ministère britannique, en prodiguant toutes les richesses de l'Angleterre, s'était flatté de faire perdre à la France la Flandre, la Lorraine, l'Alsace, la Provence, le Roussillon, et peut-être la Bretagne; et, à la fin de cette campagne, il n'offrait au peuple anglais d'autre fruit de tant de dépenses que quelques conquêtes incomplètes et peu solides en Amérique, tandis que la république française avait pris sept provinces au stathouder, dix à l'empereur, Trèves, Cologne, Mayence, Liége, Spire et Worms à leurs évêques, une partie du Palatinat, les duchés de Clèves et de Juliers, Aix-la-Chapelle, le duché de Deux-Ponts, le duché de Savoie, le comté de Nice, et la plus grande partie des provinces de Biscaye et de Catalogne.

Les Français avaient gagné vingt-neuf grandes batailles; ils avaient triomphé dans plus de cent combats moins décisifs, s'étaient emparés de cent cinquante-deux villes, de trois mille huit cents pièces de canon, de quatre-vingt-dix drapeaux et de soixante-dix mille fusils; ils avaient tué quatre-vingt mille hommes, et fait quatre-vingt-dix mille prisonniers.

Le roi d'Espagne, dégoûté de l'alliance anglaise et fatigué de la guerre contre la France, songeait à la paix. Frédéric-Guillaume II, abandonnant l'empereur son allié, l'Angleterre qui lui donnait des subsides, et même le prince d'Orange son beau-frère, qu'il avait, sept ans avant, si vivement soutenu, négociait avec le comité de salut public, et convenait avec lui, au mois de germinal, d'une suspension d'armes. Les princes de l'Empire, qui n'avaient pas été dépossédés, étaient las d'une guerre ruineuse, qui étendait l'esprit démocratique au lieu de l'arrêter; enfin les finances de l'empereur étaient épuisées.

Dans une pareille position, le gouvernement français montrant, par sa conduite avec la Hollande et ses décrets contre les anarchistes, son désir de terminer à la fois la guerre et la révolution, il est probable que l'Europe aurait pu jouir bientôt de la paix qu'elle souhaitait, si le ministère anglais n'avait pas cru son existence liée à la continuation des hostilités.

Profitant habilement et de l'influence de ses richesses et de l'aveuglement des passions irritées, il ranima l'espoir toujours trompé des Vendéens, des émigrés, des cours de Vienne et de Turin, et parvint à prolonger ainsi les malheurs de l'humanité.

Afin d'éviter tout reproche de partialité, il faut dire ici les motifs d'intérêt public et national que pouvait alléguer le cabinet de Londres pour justifier ses intentions hostiles.

1° Il était dangereux, disait-on, de reconnaître et de laisser subsister, au milieu de l'Europe, une grande république, dont les principes démocratiques et niveleurs étaient incompatibles avec la sûreté et l'existence des gouvernemens monarchiques et aristocratiques.

2° La France, étendant ses limites jusqu'au Rhin, possédant le Brabant, rendant au commerce d'Anvers la libre navigation de l'Escaut, et jouissant en Hollande d'une influence trop prépondérante, acquérait dans la balance de l'Europe un poids trop considérable et trop nuisible aux intérêts de l'Angleterre.

3° Il était essentiel de replacer la maison de Bourbon sur le trône et de rendre aux princes et aux nobles dépouillés leurs rangs et leurs biens, pour ne point donner aux autres peuples l'exemple contagieux de la révolte impunie contre les autorités légitimes.

4° Le gouvernement français, loin d'être stable, ne présentait aucune sûreté pour les négociations.

La première objection n'était soutenable ni dans le droit ni dans le fait : la justice exigeait de ne point se mêler des affaires intérieures d'une nation indépendante; et l'expérience prouvait que la démocratie, faible dans la paix, se fortifiait par la guerre; qu'en combattant l'esprit d'égalité, on le portait au fanatisme; et que si son expansion était à craindre, la gloire des armes était peut-être son moyen de propagation le plus brillant et le plus dangereux.

L'Angleterre pouvait voir avec regret les conquêtes des Français; mais elle avait laissé les cours impériales et la Prusse détruire l'équilibre des forces par le partage inique de la Pologne : elle-même s'était constamment agrandie dans les Indes orientales; et il était naturel, pour rétablir la balance, que la France étendît proportionnellement ses possessions.

Le rétablissement de la monarchie et de la noblesse en France était plus un prétexte qu'un motif. La coalition l'avait prouvé en enchaînant les pas des ci-devant princes français, en ne leur donnant jamais d'armée à commander, en s'emparant pour elle-même des provinces qu'on devait ne prendre que pour eux.

D'ailleurs, si, avec le secours de l'Espagne et de la Prusse, on n'avait pas pu parvenir, même au sein de l'anarchie et pendant le règne détesté de Robespierre, à forcer les Français de subir le joug de l'étranger, n'était-il pas évident que ce projet devenait chimérique lorsque la coalition était affaiblie par ses revers, et la république fortifiée par ses victoires et par ses conquêtes?

Enfin, n'était-il pas contre toute raison de dire qu'un gouvernement, quelque orageux qu'il fût, n'était pas assez stable pour faire la paix, lorsqu'il se montrait si fort en faisant la guerre, et lorsqu'il traitait solidement avec un des principaux membres de la coalition? On voit aisément la vérité au travers de tous ces voiles.

Le ministère anglais, trompé dans son espoir d'anéantir la France, persista dans son erreur avec plus de passion que de politique, paya partout des gladiateurs pour servir ses projets; et, voyant que, malgré les orages intérieurs qu'il fomentait, la république s'affermissait dans ses conquêtes et les étendait, il chercha à se dédommager de ses revers sur le continent, en s'emparant exclusivement de l'empire des mers.

Jusqu'à présent ce projet a réussi, mais il alarme justement toutes les puissances maritimes; et le gouvernement français pourrait un jour, en joignant la sagesse à la force, se trouver à la tête d'une ligue puissante qui punirait l'Angleterre de son ambition excessive, affranchirait le commerce, et vengerait l'Europe de tout le sang que l'orgueil britannique lui a coûté.

1795.
An III.

L'historien, comme le voyageur, après avoir parcouru des plaines stériles, franchi des montagnes escarpées, traversé des mers orageuses, jouit d'un repos aussi doux que rare lorsqu'il rencontre un site plus riant, une température plus calme, un séjour plus paisible. Nous venons de nous acquitter d'une tâche pénible, en traçant le tableau des crimes des jacobins, du délire de l'ambition, des injustices des cours, de l'égarement des peuples et des ravages de la guerre. Actuellement nous sommes arrivés à une époque plus consolante pour l'humanité et plus honorable pour une nation qu'on avait vue aussi étonnante par son énergie extérieure que par son esclavage intérieur, et aussi célèbre par ses victoires que par ses malheurs.

Plus on a peint avec rigueur le criminel délire d'une partie de la Convention et le fatal asservissement de l'autre pendant la vie de Robespierre, plus on doit, pour l'amour de la vérité, rendre justice à cette même Convention affranchie, et louer la sagesse de sa conduite après le 9 thermidor, pendant près d'une année.

Elle se trouvait alors, malgré la chute de quelques-uns de ses tyrans, dans une position très critique, et elle était placée entre deux partis violens qui tendaient également à bouleverser de nouveau la France, et à la livrer, par leur aveuglement, aux vengeances des puissances étrangères, toujours attentives à profiter de ces divisions pour l'accabler.

Le parti des démocrates fanatiques et des anarchistes altérés de sang et de pillage, avait perdu quelques chefs; mais il était encore redoutable et nombreux, et ralliait à lui tous ceux qui, s'étant compromis à un certain point pendant la terreur, par crainte ou par cupidité, redoutaient la renaissance de la liberté, et feignaient de regarder tout retour aux principes comme un pas vers la contre-révolution.

En attaquant trop promptement et trop vivement ce parti, qui avait dans le bas peuple une foule de disciples aveugles et de complices intrépides, la Convention risquait de lui rendre la force du désespoir, et de retomber dans ses chaînes.

Le parti des royalistes ardens, plus faible, plus divisé, plus indiscret et moins hardi, opposait encore un puissant obstacle au bien que la Convention voulait opérer. Inflexible dans ses opinions, aveugle dans sa politique, confondant avec mépris sous le nom de rebelles tous ceux qui ne voulaient pas le renversement entier des lois nouvelles, le retour de l'ancien régime et la punition des amis de la liberté, son impatience l'aurait fait échouer, quand tout se serait réuni pour le favoriser.

1795.
An III.

Ces royalistes, incapables d'attendre ou de transiger, n'écoutaient que la voix des préjugés qui les rendait inaccessibles à la raison. Les progrès de l'instruction, le changement des mœurs, la force de l'armée, l'intérêt des officiers, celui des nouveaux propriétaires, la foule des citoyens dont l'amour-propre ou la fortune soutenait la révolution, enfin le danger d'une commotion violente et d'un déchirement qui, en livrant la France à ses ennemis, lui ferait éprouver le sort de la Pologne, aucune de ces considérations ne pouvait faire impression sur ces hommes passionnés.

Tel est l'esprit de parti, qui voit tout de profil, et ne peut jamais apercevoir que le côté favorable à ses vœux. A leurs yeux, le retour de l'autorité royale sans limites, le rétablissement entier de la noblesse, de la religion dominante et des parlemens, étaient aussi indispensables que faciles. L'idée de république, ou même de tout gouvernement libre et représentatif, ne se présentait à leur esprit qu'avec l'image de l'anarchie, du crime et du malheur; tandis qu'une contre-révolution royale, leur rappelant des temps tranquilles et de douces jouissances, ne leur semblait que le retour à l'ordre, à la vertu et au bonheur.

Ce parti contraria sans cesse la marche des législateurs qui voulaient réparer les maux soufferts et ramener la tranquillité; car, dès qu'on détruisait quelque loi révolutionnaire, et qu'on faisait quelque acte de justice, les royalistes triomphans animaient le peuple contre les révolutionnaires; et, annonçant indiscrètement le retour de l'ancien régime, ils réveillaient les craintes des patriotes, l'inquiétude de l'armée, et donnaient à la fois des prétextes et de la force au parti des jacobins.

D'un autre côté, en écoutant trop la prudence, en ménageant les anarchistes, en laissant subsister les lois de la terreur, le crédit se perdait, les malheurs se multipliaient, et la nation, altérée de repos et de justice, se livrait à une forte indignation.

Dans cette situation critique, la Convention employa un mélange de sagesse et de fermeté qui mérite de justes éloges, et qui doit compenser en partie les nombreuses fautes qu'on lui reproche.

Elle travailla d'abord à consolider sa propre
liberté, à endormir ses fougueux ennemis, et
à changer partout insensiblement les autorités
principales et leurs agens : elle entr'ouvrit les
portes des prisons ; et, sans écouter les alarmes
des jacobins et l'impatience très naturelle des
détenus, elle rendit peu à peu la liberté à tous
ceux que la tyrannie décemvirale avait plongés
dans ses cachots.

Tandis qu'elle conservait dans son sein, et
même plaçait politiquement dans ses comités
un certain nombre de montagnards défians,
elle calmait l'opinion publique en détruisant
les comités révolutionnaires, en abolissant la
loi du *maximum*, en purifiant le Panthéon que
souillaient les mânes de Marat, enfin en livrant
à l'échafaud Lebon, Carrier, Fouquier-Tinville,
et ce féroce tribunal révolutionnaire, qui avait
sacrifié tant de victimes humaines à la terreur.

Bientôt la Convention, plus assurée dans
sa marche, fit rentrer dans son enceinte les
soixante-treize députés que les anarchistes en
avaient chassés. Ce renfort donnant au parti
modéré une majorité plus solide, il se détermina enfin à porter un coup plus décisif à la
Montagne, et fit décréter d'accusation plusieurs des anciens membres du gouvernement
décemviral.

Ce décret ouvrit les yeux aux anarchistes ; ils virent que leur perte était prochaine ; et, rassemblant les débris de leurs forces, ils tentèrent un dernier effort pour se ressaisir de leur odieuse puissance. Il n'était que trop facile d'exposer avec évidence les crimes qui devaient motiver la condamnation de ces députés : le sang dont la France ruisselait encore les accusait ; les ombres de quarante mille victimes élevaient leurs voix plaintives contre eux, et tous les Français en deuil pouvaient servir de témoins et déposer contre leur tyrannie.

Cependant la Convention nationale, qui avait plus écouté ses ressentimens que sa politique en entamant ce célèbre procès, fut bientôt obligée de le suspendre : Barrère, Collot-d'Herbois et Billaud-Varennes, en se défendant avec audace, firent aisément sentir à l'assemblée qu'elle ne pouvait pas juger des délits dont sa faiblesse l'avait rendue en quelque sorte complice, puisqu'elle avait sanctionné tous les mois les actes des comités de gouvernement, en renouvelant leurs pouvoirs.

Cette considération, et la découverte des mouvemens que préparaient les jacobins, déterminèrent la Convention à punir arbitrairement ces hommes qui avaient violé si constamment toutes les formes de la justice; et, sous le prétexte vrai ou supposé d'une conspiration, on décréta, au mois de germinal, la déportation des accusés. Vadier et Cambon, prévoyant leur arrêt, se sauvèrent. Quelques-uns des montagnards qui les soutenaient furent emprisonnés. Lorsqu'on voulut conduire les déportés à leur destination, leur voiture fut arrêtée par de nombreux attroupemens, dont une partie voulait les délivrer, et l'autre les massacrer. La garde qui les escortait les ramena au comité de sûreté générale. Pichegru, qui fut chargé du commandement de la capitale, y rétablit l'ordre promptement. Collot-d'Herbois et Billaud partirent pour Cayenne. Barrère, plus heureux ou plus favorisé, après être resté long-temps en prison dans un port de mer, s'évada, fut depuis compris dans une amnistie : un nouveau décret l'en excepta, et de nouvelles circonstances lui rendirent la liberté.

La déportation des collègues de Robespierre réveilla la fureur de son parti, et devint le signal de la guerre entre les républicains et les anarchistes. Un certain nombre de députés qui avaient contribué à la révolution du 31 mai, craignant la vengeance du parti girondin, se ralliait alors, malheureusement, aux débris de la tyrannie décemvirale.

Bientôt on répandit des alarmes dans le peuple ; on lui fit craindre à la fois la famine et la contre-révolution. La désastreuse loi du *maximum*, anéantissant la confiance, avait produit une véritable disette, et les vrais auteurs de ce fléau persuadaient à la populace que l'aristocratie de la Convention en était la cause. On faisait regretter aux ouvriers les quarante sous que Robespierre leur donnait pour répandre la terreur dans les sections ; partout on voyait les orateurs des jacobins rassembler des groupes nombreux, et, par des harangues violentes, les exciter à la révolte. Les tribunes de la Convention recommençaient à être assiégées par ces hommes atroces et ces femmes impudiques qui avaient si long-temps effrayé l'innocence par leur aspect, soutenu les tyrans par leurs cris, et célébré les proscriptions par leur joie féroce.

Le 1er prairial, une troupe nombreuse de jacobins furieux et d'artisans égarés, se faisant précéder d'une foule de femmes ivres d'eau-de-vie et demandant du pain, s'avance vers le château des Tuileries, force la garde qui le défendait, pénètre dans la salle de la Convention, se mêle avec les députés, les insulte, les menace, et veut leur arracher des décrets qui rappellent les décemvirs et ressuscitent la tyrannie.

L'indignation, l'effroi régnaient dans l'assemblée. Le président, trop faible et trop âgé, ne pouvait se faire entendre, ni rétablir l'ordre au milieu d'un pareil tumulte : les membres de la Montagne demandaient avec audace qu'on écoutât les conjurés ; tout député qui voulait s'opposer à cette insolence, voyait briller à ses yeux les armes homicides de ces assassins. Déjà quelques citoyens, victimes de leur courage, étaient tombés sous leurs coups. Soudain Boissy-d'Anglas, n'écoutant qu'une juste indignation, brave tous les dangers, s'élance au fauteuil, arrête, par sa contenance noble et ferme, les flots de cette foule irritée ; et, par un courage digne des temps antiques, sauve sa patrie de la honte et du péril qui la menaçaient.

En vain on l'attaque, on le presse ; en vain on porte à ses yeux la tête sanglante de son collègue Féraud, que ces brigands venaient d'immoler : fidèle à son devoir, sourd aux menaces, insensible à la crainte, bravant le plomb meurtrier qui vole autour de lui, il présente seul une digue inébranlable au torrent, et jure qu'il ne laissera prendre aucune délibération, tant que l'enceinte de l'assemblée sera souillée par la présence des factieux.

Pendant huit heures il soutint constamment

cette pénible lutte; et ce qui est presque inconcevable, c'est que les conjurés, qui, malgré ses ordres, restaient dans la salle et venaient d'assassiner un de ses collègues, n'osèrent pas cependant compléter leur victoire en tranchant ses jours : une admiration forcée, un respect involontaire semblaient enchaîner leur furie, et retenir leurs bras tout prêts à le frapper. Cependant sa force s'épuisa; sa voix ne pouvait plus se faire écouter : le président réclama et reprit sa place; les mécontens augmentaient en nombre et en audace; le tumulte allait en croissant, et la Convention, cédant à la crainte, et dominée par la Montagne, avait déjà rendu quelques décrets qui rappelaient les déportés, et rendaient à l'anarchie son funeste empire; lorsque enfin plusieurs sections, à qui la résistance de Boissy avait donné le temps de s'armer, vinrent, appelées par les comités, délivrer la Convention de ses oppresseurs. Le combat ne fut pas long; les hommes les plus cruels sont presque toujours les plus lâches. Legendre, à la tête des citoyens armés, perça la foule, pénétra dans la salle et en chassa les brigands, qui furent tous désarmés.

La Convention, devenue libre, rapporta les décrets que lui avaient arrachés les factieux, et décréta d'accusation les députés qui s'étaient montrés complices des conspirateurs. Le lendemain de cette journée, les brigands, furieux de leur défaite, communiquèrent leur rage à la populace aveuglée des faubourgs de Paris. Une foule immense marcha contre la Convention, parvint jusqu'au Carrousel, malgré la résistance de quelques sections, et demanda aux législateurs l'organisation de la constitution anarchique de 1793, et des décrets qui donnassent aux Parisiens le pain dont ils étaient privés.

La Convention, craignant de voir renouveler les scènes sanglantes de la veille, crut devoir apaiser les rebelles, en leur promettant d'accéder à leurs demandes. Cette adresse eut un plein succès, et les chefs de la sédition, n'ayant plus de prétextes pour retenir le peuple, virent dissiper en peu d'instans cet immense attroupement, sur lequel ils avaient fondé tant d'espérances.

Le 3 prairial, les assassins du député Féraud, étant conduits au supplice, furent arrachés à l'échafaud par les habitans du faubourg Saint-Antoine, qu'égaraient les jacobins. Cette audace annonçait un grand orage et un soulèvement peut-être plus redoutable que ceux qui l'avaient précédé. La Convention, instruite des desseins des anarchistes, et éclairée par ses propres fautes, prit enfin des mesures sages et vigoureuses pour réprimer tous ces désordres, et pour punir tous les factieux.

Ayant nommé le général Menou commandant de Paris, au lieu d'attendre imprudemment, comme on l'avait fait jusqu'alors, l'attaque des conspirateurs, on les prévint; et, tandis que des bataillons choisis défendaient les approches du château des Tuileries, Menou, à la tête d'une colonne composée de troupes de ligne et de détachemens tirés des sections les mieux disposées, se porta à l'entrée du faubourg Saint-Antoine, suivi d'une forte artillerie, et menaça les séditieux, par une proclamation énergique et sage, de les canonner sans pitié s'ils ne consentaient pas à rendre leurs armes, et à lui livrer les assassins de Féraud, ainsi que les chefs de la révolte.

Les rebelles consternés se soumirent. Cette heureuse révolution, dissipant toutes les craintes des honnêtes gens, et rendant une liberté entière au parti modéré, anéantit enfin complétement l'espérance criminelle des partisans de l'anarchie.

Partout alors le crime cessa de montrer son insolente audace, la vertu respira; la liberté reprit son énergie, et les représentans du peuple, dégagés de leurs honteuses entraves, osèrent enfin vouer publiquement au mépris cette constitution de 1793, inventée pour légaliser l'anarchie.

On nomma une commission de onze députés pour rédiger une constitution plus sage ; et, tandis qu'ils y travaillaient, la Convention, après avoir déployé une rigueur nécessaire en faisant juger par des commissions militaires les auteurs de la révolte de prairial, et les députés qui en avaient voulu profiter pour la replonger dans l'esclavage, remplit un devoir plus doux en guérissant quelques-unes des plaies qu'avait faites la tyrannie.

On fit rentrer les cultivateurs inscrits par les tyrans sur la liste des émigrés ; on ouvrit un registre pour les réclamations de tous ceux qui pouvaient prouver leur résidence ; on adoucit les lois barbares portées contre les prêtres, et on rendit aux familles des victimes du tribunal révolutionnaire les biens qu'une confiscation atroce leur avait enlevés. Tous les citoyens forcés, pour échapper à des mandats d'arrêt, de s'expatrier, depuis le 31 mai 1793, furent rappelés dans leurs foyers.

Boissy-d'Anglas, Lanjuinais, Pontécoulant, Lesage d'Eure-et-Loir, et plusieurs autres députés, firent entendre à la tribune la voix de la raison, de la politique et de l'humanité : ils consolèrent les familles dépouillées par les tyrans; ils tonnèrent contre les féroces partisans de la loi agraire, qui ruinaient le peuple en excitant la haine absurde du pauvre contre le propriétaire; ils apprirent aux puissances de l'Europe que la France, cessant d'être barbare, était prête à négocier comme à combattre : et la Convention, jouissant des heureux fruits de ce changement de système, reçut alors, pour la première fois, des applaudissemens mérités et des félicitations sincères.

Charette et les chefs de la Vendée traitèrent et se soumirent. La coalition divisée perdit plusieurs de ses membres les plus puissans; la Prusse et l'Espagne conclurent la paix; plusieurs cours reconnurent la république; le nord de l'Allemagne se déclara neutre; et la nation française, acceptant une constitution aussi sage que les circonstances le permettaient, aurait probablement forcé bientôt l'Autriche, malgré le ressentiment de ses pertes, et le gouvernement britannique, malgré son ambition, à terminer une guerre funeste, si la peur, qui avait tant causé d'égaremens et de malheurs, n'était pas encore venue aveugler la Convention, et l'éloigner, par de nouveaux orages, du port que lui ouvraient les efforts presque unanimes de tous les gens de bien.

À peine les députés conventionnels, qui avaient terrassé Robespierre, eurent abattu les restes de ce parti formidable, qu'ils craignirent d'avoir donné trop de force à celui des royalistes. Cette crainte, leur faisant prendre de fausses mesures, fit naître la réaction qu'ils redoutaient.

1795.
An III.

Il paraît que le défaut de presque tous ceux qui gouvernèrent la France depuis la révolution, fut de connaître les livres plus que les hommes, et de se tromper constamment sur les moyens de diriger l'opinion publique; ils semblèrent avoir toujours ignoré que l'homme est continuellement soumis à deux forces opposées qui l'entraînent tour à tour : l'attrait de la nouveauté et la force de l'habitude. Toutes les révolutions qu'on a vues soutenues et consacrées par l'opinion publique, ont été celles où l'on a satisfait l'un de ces deux penchans en ménageant habilement l'autre.

À Rome, par exemple, en abolissant la royauté, on avait conservé le sénat, les tribus, les centuries, les augures, les pontifes et les lois de Numa; et le peuple, se livrant avec transport à la nouveauté qu'on lui offrait, jouissait des avantages du régime républicain d'autant plus complétement, qu'il n'éprouvait d'ailleurs aucun changement qui contrariât ses goûts et ses usages.

En Amérique, récemment, nous avons vu une nation courageuse établir son indépendance avec ardeur, terminer sa révolution avec sagesse, et jouir tranquillement de sa liberté, parce que ses législateurs avaient eu la prudence de ne faire que des innovations indispensables, et de respecter la plupart des anciennes institutions. Une conduite contraire n'avait pas laissé à la république anglaise plus de durée que celle de la vie de Cromwel.

Or, la Convention devait s'apercevoir qu'en France la révolution, qui avait excité d'abord si vivement l'enthousiasme national, par l'attrait de la nouveauté, ayant été plutôt conduite par les passions que par la politique, avait indistinctement démoli toutes les parties de l'ancien édifice, sans examiner celles dont la destruction n'était pas indispensable à la liberté. Il en était nécessairement résulté qu'après le premier moment de jouissance de chacune de ces innovations, tous les Français, forcés de changer totalement de lois, de langage, de costume, de culte, de fortune, de jurisprudence, de calculs, d'opinions et de mœurs, éprouvaient, dans tous les instans et dans toutes les circonstances de leur vie, une gêne, un malaise qui d'abord éteignait leur ardeur, et qui pouvait même bientôt les pousser, par la force de l'habitude, à regretter tout ce qu'ils avaient détruit.

Si la Convention nationale, après la révolution de prairial, avait bien connu cette situation de l'esprit public, elle aurait profité de la force qui était dans ses mains et de la confiance qu'elle inspirait, pour consolider la liberté, en rapportant promptement toutes les lois qui pouvaient en dégoûter la majorité de la nation.

Les législateurs, en revenant aux anciennes institutions, compatibles avec le régime républicain, et en prévenant sagement à cet égard le vœu du peuple, lui auraient inspiré d'autant plus d'attachement pour les institutions nouvelles, qu'elles n'auraient plus contrarié ses habitudes; et, loin de donner par-là quelque force aux ennemis de la révolution, ils leur auraient enlevé toute espérance; car on ne peut se flatter de soulever une nation contente de ses lois.

Malheureusement les conventionnels, aveuglés par cette peur, unique cause de la rareté des bons gouvernemens, firent un calcul tout contraire à celui que devait dicter la sagesse. Au lieu d'échauffer l'enthousiasme de la jeunesse pour les destructeurs de la tyrannie jacobine, on lui montra une défiance qui l'aigrit; on désarma les sections dont on avait si utilement employé la force contre l'anarchie.

Loin de satisfaire le juste ressentiment du peuple et de prévenir les vengeances particulières, en livrant promptement aux tribunaux les monstres qui, dans chaque département, avaient commis le plus de meurtres et de pillages, et en effaçant les délits moins graves par une sage amnistie, on laissa la crainte planer sur la tête de tous les agens subalternes du terrorisme, tandis qu'on protégeait les plus coupables.

On défendait le *Réveil du peuple*, hymne qui rappelait la chute des tyrans, et on forçait le peuple à écouter tous les chants qu'il rejetait depuis que les proscripteurs s'en étaient servis.

Toutes les propositions tendantes à détruire quelque loi révolutionnaire, étaient vivement combattues par les députés ombrageux; au lieu d'effacer toute haine et toute distinction de classes, on ne montrait de l'indulgence que pour l'artisan et le paysan; les ex-nobles, les riches et leurs parens restaient proscrits, lorsque les autres étaient absous.

Enfin, les journaux les plus accrédités, traitant l'exagération de patriotisme, et la modération de royalisme, révoltèrent tous les esprits sages, tous les amis des principes, qui voyaient avec indignation qu'on voulait éterniser le mouvement révolutionnaire.

1795.
An III.

La mort du fils de Louis XVI, qui périt cette année dans sa prison, fournit encore de nouveaux alimens à la haine. L'histoire ne doit pas adopter les accusations sans preuves; mais la dure captivité de ce malheureux enfant, ainsi que l'ombre funeste qui environnait son existence et sa fin, doivent laisser de profonds regrets aux députés dont la justice et l'humanité furent alors enchaînées par la crainte d'être soupçonnés de royalisme.

Le résultat de cette conduite fut qu'on s'aigrit contre la Convention, et que, dans plusieurs départemens, les royalistes, profitant et des ressentimens des hommes qui voyaient l'assassinat de leurs familles impuni, et du mécontentement de tous ceux qui voulaient ardemment la fin de la révolution, égarèrent la jeunesse, enflammèrent son ardeur, et firent naître une réaction assez violente, qui ensanglanta les contrées méridionales.

La Convention termina sa carrière orageuse par une faute encore plus grave, qui faillit causer sa perte, et dont les conséquences funestes amenèrent d'autres révolutions.

Elle venait de rédiger une constitution beaucoup mieux combinée que les précédentes, et faite, malgré ses défauts, pour offrir aux Français, pendant plusieurs années, le repos dont ils avaient besoin. Par ce nouveau code, la législation était confiée à deux conseils élus par le peuple. Celui des cinq cents, ou des jeunes, devait proposer les lois. Celui des deux cent cinquante, ou des anciens, devait les accepter ou les rejeter. Le pouvoir exécutif suprême était dans les mains de cinq directeurs nommés par les conseils. Les tribunaux jouissaient d'une pleine indépendance. Les ministres, soumis au directoire, restaient responsables de l'exécution des lois. Les directeurs et les députés, également inviolables, ne pouvaient être accusés et jugés que par un décret rendu par les deux conseils.

Quelques reproches fondés qu'on ait faits à cette constitution, c'était la meilleure dont la méfiance républicaine et le choc des passions rendissent alors l'admission possible; sa durée au milieu des orages intérieurs et des fureurs de la guerre, sous la conduite d'un directoire dont la plupart des membres étaient élus contre le vœu général de la nation, prouve assez quelle aurait été sa solidité, si les premiers directeurs avaient été choisis parmi les guerriers les plus distingués et les magistrats les plus sages.

Tous les partis, excepté un petit nombre de contre-révolutionnaires et de jacobins passionnés, étaient également disposés à accepter cette constitution, qui leur offrait, après tant d'orages, quelque espérance de tranquillité. On avait sagement établi dans cet acte, pour éviter les secousses trop violentes, de ne renouveler tous les ans le corps législatif que par tiers : c'était le seul moyen d'éviter, dans la législation, des changemens d'esprit trop prompts et trop entiers ; et jamais ce danger ne pouvait être plus réel qu'au moment où l'on commençait à mettre en activité cette nouvelle forme de gouvernement.

On se souvenait encore de la faute qu'avaient commise les députés constituans, en abandonnant leur constitution aux mains d'une assemblée nouvelle, qui proscrivit leurs personnes et renversa leur ouvrage. Ainsi on devait s'attendre à voir les deux tiers de la Convention nationale former le nouveau corps législatif.

Si cette détermination eût été comprise et annoncée dans un des articles de la constitution, il est certain qu'elle aurait passé sans difficulté ; mais la Convention en fit une loi à part, de sorte que les assemblées primaires crurent pouvoir accepter la charte constitutionnelle, et rejeter cette loi des 5 et 13 fructidor.

Cette imprudence ralluma toutes les passions, et offrit aux jacobins, aux contre-révolutionnaires et aux étrangers, tous les prétextes qu'ils pouvaient souhaiter pour renouveler les troubles et allumer la guerre civile.

Tous les hommes entendent la voix des passions; très peu sont susceptibles d'écouter celle de la politique et de la raison. Il était naturel qu'on fût las d'une assemblée qui, depuis trois ans, avait tant abusé de ses pouvoirs, tant dissipé de richesses, et tant fait verser de pleurs et de sang. On oubliait que, depuis un an, elle avait expié quelques-unes de ses fautes et réparé une partie de ses torts; qu'elle avait encore la pleine puissance, et devait être ménagée; qu'elle offrait, les armes à la main, un traité de paix auquel la prudence ordonnait de souscrire; que les troupes lui obéissaient; que les nouveaux propriétaires la soutenaient, et que plus elle s'était attiré de ressentimens, moins elle pouvait exposer elle et ses lois à la vengeance de ses ennemis.

Une grande partie des assemblées primaires, excitées par les mécontens, les ambitieux, les royalistes, et perfidement échauffées par les jacobins, qui voulaient se rendre nécessaires, se déclarèrent en permanence, rejetèrent les lois des 5 et 13 fructidor, et annoncèrent, par leur fermentation, l'approche d'une révolution nouvelle.

1795.
An III.

Les sections de Paris, plus aigries et plus ardentes, déguisèrent encore moins leur opposition et leurs projets. S'enflammant mutuellement, et manifestant leur indignation contre la tyrannie de la Convention, elles s'emparèrent de tous les pouvoirs militaires, convoquèrent les électeurs avant le terme fixé pour leur assemblée, méprisèrent les décrets qui leur interdisaient ces démarches illégales, et s'abusèrent sur leurs forces, au point de croire que rien ne pouvait leur résister.

La Convention effrayée fit venir des troupes dans Paris, et donna des armes aux anarchistes, qui, profitant de l'occasion pour reprendre leur influence, lui offrirent leurs secours. Cet armement d'hommes qu'on détestait exaspéra les sections. Sans chef, sans canons, sans munitions, le 13 vendémiaire elles coururent aux armes, et se portèrent en foule contre le château, avec autant de désordre que d'impétuosité. Les troupes réglées et l'artillerie repoussèrent aisément cette multitude mal organisée, mal conduite et mal armée.

Beaucoup de citoyens, quelques femmes

même perdirent la vie dans cette journée. L'effroi remplaça bientôt la fureur; toutes les assemblées primaires, qui avaient imité l'ardeur de celles de Paris, épouvantées par cet exemple, se séparèrent et se soumirent; enfin la Convention, n'ayant plus d'opposition à redouter, mit en activité la constitution comme elle l'avait voulu.

Elle usa même de la victoire avec plus de modération qu'on ne le croyait. Les commissions militaires, nommées pour juger les auteurs de la sédition, condamnèrent peu de personnes, et furent bientôt dissoutes; mais le plus fâcheux effet de cette insurrection avortée fut le changement de système des conventionnels.

Désespérant de regagner, par des lois douces, l'affection d'une grande partie de la nation, ils voulurent la contenir par la crainte; ils écartèrent des places, exclurent des élections un grand nombre de citoyens, sous prétexte de parenté avec les émigrés, ou d'actes séditieux dans les derniers troubles.

Cette loi du 3 brumaire, contraire à la constitution, l'étouffait dans son berceau, détruisait l'égalité, et, sous prétexte de défendre la liberté, l'entourait des chaînes du pouvoir arbitraire.

Enfin, le plus puissant obstacle au bien qu'on pouvait opérer, fut le choix des hommes auxquels on confia le pouvoir exécutif.

La Convention, effrayée des dangers qu'elle avait courus, oubliant que si la violence fait les révolutions, la modération peut seule les terminer, ne consulta point le vœu public, n'écouta que ses craintes, et nomma pour directeurs des hommes ardens, dont le choix perpétua le mécontentement national et l'agitation qui devait en être la suite.

L'histoire de leur administration, de la lutte qui s'établit entre eux et le corps législatif, le récit de leurs triomphes passagers, de leurs divisions, de leurs proscriptions cruelles et de leur chute, sera le sujet d'un autre ouvrage. Je ne me suis proposé dans celui-ci que de tracer le tableau politique de l'Europe jusqu'à la fin de l'an III, et la clôture des séances de la Convention le termine.

Je dois seulement, pour l'achever, revenir sur mes pas et rendre compte des changemens arrivés, à cette époque, dans le système des rois coalisés contre la république, ainsi que des dernières opérations de Frédéric-Guillaume II; car on peut dire que ce prince termina son règne cette année, quoiqu'il vécut encore plus de dix-huit mois.

En traçant le vaste tableau de l'Europe agitée par une si grande commotion, on a été forcé de présenter à la fois au lecteur tant d'événemens importans par leur influence sur la conduite de toutes les puissances et sur la destinée de toutes les nations, qu'il était impossible de fixer isolément et de suite son attention sur la conduite de chaque cabinet. Mais, comme Frédéric-Guillaume, après avoir marché le premier à la tête de la ligue qui voulait subjuguer la France, fut aussi le premier à se retirer de cette coalition, je crois qu'avant de dire comment il conclut la paix, il est à propos de rappeler, en peu de mots, quelle part il avait prise aux trois campagnes qui précédèrent ce traité.

On a vu que le roi de Prusse, aveuglé par de faux rapports, et partageant les folles espérances des émigrés, comptant sur la désertion d'une partie des Français et sur l'effroi des autres, s'était avancé jusque auprès de Châlons, sans magasins, sans munitions, et se croyant trop certain d'une conquête facile pour songer à assurer sa retraite en cas de revers. Déchu de ses espérances, trompé par la négociation de Manstein et Dumouriez, menacé par des forces redoutables, voyant son armée minée par une maladie contagieuse, il s'était vu exposé au plus grand danger; il aurait été perdu si l'armée de Custines était venue couper sa communication. Luchesini, profitant de l'impatient désir qu'avait Dumouriez d'attaquer les Pays-Bas, tira avec adresse les Prussiens de ce péril; il négocia avec promptitude et habileté : les Prussiens évacuèrent paisiblement la France, et se retirèrent sur la Lahn; et peut-être, de ce moment, nous ne les aurions plus comptés au nombre de nos ennemis, si Custines, brave militaire, mais mauvais politique, n'était pas venu les troubler dans leurs cantonnemens. Il les attaqua à Limbourg; et, après avoir obtenu un léger succès, il se retira.

Irrité par cette provocation, le roi de Prusse, au commencement de décembre, se réunit aux Hessois, que Custines avait aussi attaqués sans motifs : il marcha sur Francfort, qu'on n'avait pas mis en état de défense. Les Français se retirèrent à Mayence, heureux que Frédéric-Guillaume n'eût pas plus habilement profité de ses avantages et de la supériorité de ses forces.

En 1793, les Prussiens ouvrirent la campagne dès qu'ils furent informés de nos revers dans la Belgique, et, après avoir fait de fausses démonstrations sur Cassel, ils passèrent le Rhin à Rhinfeld. Custines marcha à leur rencontré dans le Hunds-Ruck avec ce qu'il put trouver de forces disponibles, repoussa d'abord leur avant-garde, et fut bientôt après forcé de se retirer jusqu'à Weissembourg. L'Empire alors s'étant réuni à la coalition, ses troupes se joignirent aux Autrichiens et à l'armée du roi de Prusse, qui fit le siége de Mayence : une armée d'observation vint prendre position sur la Quieich, l'Herbach, la Bliss, et forma le blocus de Landau.

A cette époque, la Convention ordonna le recrutement de trois cent mille hommes, qui porta nos armées de Rhin et Moselle à un nombre respectable ; le siége de Mayence leur donna le temps de discipliner, d'armer, d'équiper et d'instruire ces recrues. Dans toute la durée de cette guerre, la célérité des Français et la lenteur des alliés furent les causes les plus évidentes des succès de la république.

Beauharnais et Houchard commandaient les deux armées françaises. Par des marches rapides et des entreprises hardies, ils obtinrent assez d'avantages sur l'armée d'observation des coalisés, pour marcher au secours de Mayence, et il est certain que cette ville allait être délivrée au moment où l'on apprit sa reddition.

Les Français et les Prussiens restèrent, depuis cet événement, dans une inaction assez longue. Les Français en profitèrent et envoyèrent à l'armée du Nord vingt-six mille hommes qui contribuèrent au gain de la bataille de Honscote.

Vers le milieu de septembre 1793, les Prussiens dirigèrent toutes leurs forces contre l'armée de la Moselle, et, après plusieurs avantages, la forcèrent à se retirer derrière la Sarre. Laissant alors son aile droite pour la contenir, le duc de Brunswick réunit sa gauche aux Autrichiens qui, sous les ordres de Wurmser, avaient livré sans succès à l'armée du Rhin plusieurs combats sanglans. Les alliés réunis forcèrent successivement les positions des Français sur la Lautern, sur la Mutern et la Zorn, et les contraignirent de se retirer jusqu'aux portes de Strasbourg. Cette armée battue ne communiquait plus avec celle de la Moselle que par un faible détachement qui occupait Saverne.

Telle était la triste position des troupes françaises, lorsque les généraux Pichegru et Hoche vinrent se mettre à leur tête : ces deux chefs habiles reprirent l'offensive. Pour faciliter l'attaque du général Hoche, le gouvernement donna l'ordre à Pichegru de lui envoyer un renfort de quinze bataillons : par ce moyen, Hoche se vit en état de repousser le corps prussien qui se trouvait devant lui; il le suivit jusqu'à Kaiserslautern, où il se retrancha. Ayant voulu forcer cette position, il fut repoussé par les Prussiens.

Cet échec obligea le gouvernement à se décider au parti qu'il aurait dû prendre plus tôt, celui de réunir les deux armées. En effet, à peine furent-elles réunies, que les ennemis, malgré leur opiniâtre résistance, furent partout battus, levèrent le siége de Landau, et se retirèrent sur Mayence. Après cette retraite, on prit des cantonnemens, et les hostilités ne recommencèrent que le 4 prairial suivant.

Le roi de Prusse était parti pour la Pologne; le duc de Brunswick avait quitté le commandement des Prussiens, et Wurmser celui des troupes de l'empereur : ces deux généraux étaient remplacés par Mollendorff et Braun. Les armées républicaines avaient chèrement acheté leurs triomphes; elles étaient fort affaiblies par les pertes de la campagne précédente, et Jourdan enleva encore la plus grande partie de l'armée de la Moselle pour la joindre à celle des Ardennes. Ces forces réunies prirent le nom d'*armée de Sambre et Meuse*, qui devint fameuse, ainsi que celle du Nord par la conquête de la Belgique.

Tandis qu'elles s'illustraient par cette brillante expédition, les débris des armées de Moselle et du Rhin se trouvaient dans la position la plus critique, ayant à combattre les troupes les plus aguerries et les deux plus habiles généraux de l'Europe, sans pouvoir leur opposer d'autres forces qu'un petit nombre de soldats épuisés par leurs fatigues, leurs blessures et leurs victoires. Le peu d'accord qui existait entre les coalisés ralentit leurs opérations; les républicains reçurent des renforts considérables de Bretons et de Vendéens qui, la plupart, n'avaient pour armes que des bâtons, et dont la bonne volonté était assez équivoque : aussi les alliés obtinrent d'abord quelques légers succès; mais peu à peu les recrues françaises s'armèrent, se disciplinèrent, s'aguerrirent, et, avant la fin de messidor, les coalisés, repoussés à leur tour, furent contraints à rétrograder.

L'armée de la Moselle profita de ces avantages pour marcher sur Trèves ; elle força les retranchemens des Autrichiens qui occupaient la montagne Verte, cerna Luxembourg, et favorisa les opérations de Jourdan, en inquiétant le prince de Cobourg, qui, sur les bords de la Roër, faisait encore face à l'armée de Sambre et Meuse. Ce général, voyant sa gauche menacée, se vit obligé de se retirer sur le

1795.
An III.

Rhin. Dès que le prince de Cobourg eut effectué sa retraite, l'armée de la Moselle voulut de nouveau se réunir à celle du Rhin; cette jonction fut difficile. Les Autrichiens et les Prussiens remportèrent d'abord quelques avantages, et firent essuyer aux Français des pertes assez considérables; mais ils ne tirèrent aucun parti de ce succès. Les deux armées françaises réparèrent leurs fautes, parvinrent à se réunir, battirent les alliés, les forcèrent à repasser le Rhin, et formèrent le blocus de Luxembourg, ainsi que celui de Mayence.

Depuis cette époque, on n'eut plus à combattre les Prussiens; Frédéric-Guillaume quitta l'année suivante la coalition : cet abandon changea totalement la politique de l'Europe, la distribution des forces des puissances belligérantes, et les plans de leurs opérations. Cette guerre, défavorable à la gloire du monarque prussien, laissa sans tache celle de son armée : elle exécuta avec courage des opérations mal combinées, disputa le terrain avec acharnement, soutint ses revers avec intrépidité, et emporta, en se retirant, l'estime de ses ennemis.

La conquête de la Belgique, la défaite du prince de Cobourg, les efforts infructueux des alliés sur le Rhin, avaient dissipé les illusions de la plupart des cabinets de l'Europe ; il n'était plus possible d'espérer la conquête de la France. Ces rêves flatteurs étaient évanouis ; Mayence et Luxembourg étaient bloqués ; la Hollande allait être envahie ; l'Espagne craignait d'être conquise, et l'Empire était menacé de l'irruption redoutable de ces républicains qu'on croyait, peu de temps avant, incapables de résister aux phalanges disciplinées de la Germanie.

Les hommes de toutes classes, princes ou peuples, passent facilement d'un extrême à l'autre : il est peu de caractères qui sachent jouir sans ivresse des faveurs de la fortune, et supporter ses rigueurs sans tomber dans l'abattement. Un espoir chimérique avait coalisé contre les Français les intérêts les plus opposés ; et la peur fit dissoudre cette coalition presque aussi rapidement qu'elle s'était formée.

La situation intérieure de la république française fut toujours peu connue et mal jugée en Europe. On l'avait d'abord regardée comme facile à détruire : on la crut, peu de temps après, inébranlable ; et lorsqu'elle était intérieurement déchirée par les plus violentes factions, on n'était frappé au dehors que de la chute de ses tyrans, de l'éclat de ses victoires et de l'éloquence de ses orateurs.

1795.
An III.

Aussi, malgré les protestations des princes de l'Empire, dont les Français avaient conquis les possessions, malgré les intrigues de la Russie, les plaintes des émigrés, les reproches de la cour de Vienne et les séductions du ministère britannique, on vit bientôt la plupart des puissances qui formaient la coalition se refroidir, se séparer et renoncer à une guerre ruineuse, qui étendait le lit du torrent révolutionnaire au lieu de l'arrêter, et dont le seul résultat était d'accroître la force continentale de la France et la puissance maritime de l'Angleterre.

Au grand étonnement des politiques, le grand-duc de Toscane reconnut le premier la république française, conclut la paix, envoya le comte de Carletti comme ministre à Paris, et, par un traité formel, rompant ses engagemens avec les coalisés, promit d'observer à l'avenir la plus stricte neutralité.

Une tête couronnée suivit bientôt l'exemple de ce prince : le régent de Suède, au nom de son neveu, envoya le baron de Staël à Paris ; cet ambassadeur vint au sein de la Convention assurer la nation française de l'amitié que la cour de Stockholm offrait à la république.

Si les comités de gouvernement avaient eu alors plus d'argent et plus de crédit, ce rapprochement aurait entraîné de plus importantes conséquences. Une négociation, qui fut alors entamée, avait pour objet d'engager le régent à armer une escadre pour faire respecter sa neutralité par les Anglais; on conclut même un traité, mais on ne paya qu'une partie des subsides. Peu de temps après, le directoire, succédant aux comités de la Convention, refusa de payer ce qui était promis; et, par cette économie impolitique, on perdit l'occasion de se servir des forces d'une puissance maritime qui aurait favorisé la résurrection bien nécessaire de la marine française.

En calculant l'effet des passions, on aurait cru que l'Espagne devait être la dernière puissance qui traitât avec la France : ce royaume étant gouverné par un Bourbon, il semblait que les ressentimens personnels, mêlant l'intérêt de famille à celui de la royauté, dussent éloigner toute possibilité de négociation avec l'assemblée qui avait privé Louis XVI du trône et de la vie.

Mais ce qui doit frapper dans l'histoire de cette étonnante révolution, c'est que toujours, pendant sa durée, les événemens ont trompé les prédictions de l'expérience, les raisonnemens de la politique et tous les calculs de la tactique.

Les coalisés et les émigrés reprochent avec amertume à Charles IV de ne s'être pas enseveli sous les débris de la monarchie espagnole, plutôt que de traiter avec les républicains; mais la postérité, plus froide et plus juste, le louera peut-être de s'être conduit plutôt en monarque qu'en Bourbon, et d'avoir préféré son pays à sa famille.

Depuis un an le cabinet de Madrid voyait la fortune déclarée pour les républicains; partout leurs armées étaient triomphantes. Après une bataille sanglante, où le général espagnol, comte de la Union, et le général français Dugommier, avaient été tués, les troupes républicaines avaient pris Figuières. Les généraux Moncey et Pérignon, profitant de ces avantages, menaçaient l'Espagne d'une ruine totale. Trois provinces de la Biscaye étaient tombées dans les mains des Français; aucune forteresse ne pouvait arrêter leurs efforts; et l'Espagne, par sa position, n'avait de secours à espérer de personne.

Les puissances du Nord restaient neutres; l'impératrice de Russie, qui depuis blâma, en termes peu mesurés, la défection du roi catholique, n'appuyait la coalition que par des promesses.

Le roi de Prusse, satisfait de ses nouvelles

acquisitions en Pologne, et dégoûté de la guerre, oubliait, dans les bras de ses maîtresses, ses anciens projets, ses revers récens, le danger de l'Empire, la querelle des rois, et les intérêts de la princesse d'Orange, sa sœur.

En vain l'Angleterre, par des subsides, avait voulu ranimer son ardeur; il était décidé à ne plus s'exposer, non aux dangers (car il ne les craignait pas), mais aux fatigues et à l'ennui d'une nouvelle campagne. Désespérant de pouvoir replacer un Bourbon sur le trône français, il voyait sans peine l'Autriche, sa rivale, affaiblie; et, quoique sa paix ne fût pas encore faite, il avait posé les armes, et envoyé au comité de salut public un conseiller nommé Harnier, dont les instructions pacifiques montraient avec évidence son intention de ne plus prendre part à la guerre.

Abandonnant le stathouder, renonçant à ses possessions sur la rive gauche du Rhin, il espérait rendre son repos honorable, en assurant la tranquillité du nord de l'Allemagne, et en se réservant le rôle de médiateur.

On ne peut même disconvenir que ce parti, qui divisait l'Empire et lui en soumettait la moitié, ne fût une grande idée politique. Si ce système eût été, comme la neutralité de son successeur, l'effet d'une sagesse constante et ferme, il ne lui aurait attiré que des éloges : mais comme il avait été le chef de la coalition, comme il s'était montré le plus ardent de tous les princes pour entreprendre la guerre, et le plus éloigné d'entendre les ministres pacifiques qui voulaient l'empêcher, cette versatilité et cette défection lui attiraient de justes reproches de tous les alliés qu'il avait secondés dans des temps de prospérité, et qu'il abandonnait au moment où la fortune leur devenait contraire.

Suédois, Russes, Polonais, Turcs, Brabançons, Autrichiens, Hollandais, Anglais et Français, tous l'avaient vu tour à tour les soutenir, les combattre, les animer et les abandonner. Cette conduite, qui lui enleva toute considération, le fit universellement regarder comme le monarque le plus faible, l'allié le moins utile, l'appui le plus trompeur et l'ennemi le moins dangereux.

La cour de Vienne, occupée de ses seuls intérêts, secourait faiblement le roi de Sardaigne, et ne songeait à se servir des subsides de l'Angleterre que pour reconquérir les Pays-Bas, ou s'assurer en Italie des indemnités qui en compensassent la perte.

On voyait évidemment que le grand objet de la coalition touchait peu ceux qui la dirigeaient. Les princes français n'avaient jamais pu obtenir de commandement qui les mît à portée de pénétrer en France, et de s'y faire un parti. On ne permettait pas même au chef de cette maison de se mettre à la tête des troupes qui combattaient pour lui. Le prince de Condé était gêné dans toutes ses opérations, et toujours subordonné aux plans et aux ordres des généraux autrichiens.

1795.
An III.

Les émigrés, dont on avait égaré le courage et causé la proscription, prouvaient en vain, par des prodiges de valeur, qu'ils étaient nés Français : on les sacrifiait sans utilité aux avant-gardes dans les attaques, aux arrière-gardes dans les retraites; ils étaient honteusement livrés dans toutes les capitulations, et ceux qui ne portaient pas les armes, privés presque partout de protection et d'asile, se voyaient réduits à la misère par l'abandon des cours qui prétendaient soutenir leur cause.

L'Angleterre, plus fastueuse dans sa protection, n'était pas plus loyale dans sa politique; elle recevait généreusement les prêtres déportés, payait assez libéralement les officiers français qui étaient entrés à son service; mais, après avoir pris la Corse, la Martinique et les vaisseaux de Toulon pour elle, et non pour les Bourbons ses alliés, elle avait livré les Vendéens à leurs propres forces, et jamais n'avait voulu consentir à descendre sur les côtes de France un prince français pour terminer la révolution, dont elle semblait, au contraire, désirer la durée. Depuis, enfin, cédant aux instances des émigrés, elle en débarqua huit cents à Quiberon; et, ne les soutenant par aucun corps de troupes, elle les livra, par cette imprudence qu'on serait tenté de nommer autrement, aux coups de leurs ennemis et à la rigueur des lois républicaines, qui furent alors exécutées avec une cruauté dont l'histoire offre peu d'exemples.

Le ministère espagnol, convaincu de l'imminence de ses dangers, de la supériorité des forces républicaines et de l'ambition peu loyale de ses alliés, avait cru devoir conseiller au roi d'Espagne de sacrifier ses ressentimens personnels pour sauver son pays. Il fit sonder d'abord, par le ministre des États-Unis, les dispositions du comité de salut public, et le trouva beaucoup plus modéré dans ses prétentions qu'on ne l'espérait.

L'ex-ambassadeur Bourgoing, le seul Français qui eût composé un bon ouvrage sur l'Espagne, écrivit des lettres à MM. Oscaritz et d'Yriarte, qui firent connaître au cabinet de Madrid les intentions pacifiques du gouvernement français; et bientôt on entama des négociations plus directes, dont la marche fut si rapide, que l'Angleterre apprit la conclusion de la paix au moment où elle venait à peine d'être informée qu'on la négociait.

1795.
An III.

Les députés qui se trouvaient alors chargés du gouvernement de la France, étaient trop éclairés sur la situation de la république pour ne pas sentir le besoin de la paix. M. Barthelemy, ambassadeur en Suisse, fut autorisé par eux à faire des démarches indirectes pour pressentir les dispositions des puissances coalisées.

On ne pouvait faire un meilleur choix. M. Barthelemy, négociateur expérimenté, était, par son esprit conciliant et par la douceur de son caractère, l'homme le plus propre à calmer les passions les plus vives, et à rapprocher les intérêts les plus opposés. Estimé à Vienne, apprécié comme il devait l'être à Londres, aimé en Suisse, il jouissait d'une considération universelle, et la méritait autant par l'étendue de ses connaissances que par la droiture de ses intentions. Aussi éprouva-t-il par la suite le sort que devait lui attirer son caractère; car il fut appelé au directoire par la probité, déporté par la tyrannie, et rappelé de son exil par la gloire.

Dès que M. Barthelemy eut reçu les ordres

du comité de salut public, il profita de l'arrivée d'un agent prussien, qui était venu en Suisse traiter d'un arrangement pour l'échange des prisonniers, et fit des ouvertures positives de rapprochement.

Le cabinet de Berlin, d'après les assurances qu'il reçut des intentions pacifiques de la France, donna au comte de Goltz des pleins pouvoirs pour traiter de la paix, et l'envoya en Suisse.

Le comité de salut public, inquiet et défiant, aurait voulu d'abord que cette négociation se passât sous ses yeux. Il avait, en conséquence, demandé que le ministre prussien se rendît à Paris avec M. Barthelemy, qui devait être chargé de cette pacification; mais Frédéric-Guillaume se refusa à cette marque de déférence trop éclatante : il envoya seulement le conseiller Harnier à Paris, et le chargea de donner au comité les assurances les plus positives de sa disposition à écarter toutes les difficultés qui pourraient arrêter les négociations.

Le gouvernement français sut, par cette voie, que le roi de Prusse ne regardait pas l'abolition du stathoudérat et la révolution de Hollande comme un obstacle à la paix, et qu'il ne prétendait pas conserver ses possessions sur la rive gauche du Rhin, quoiqu'il ne les cédât pas encore définitivement aux Français, qui les occupaient provisoirement.

1795.
An III.

La raison qui lui faisait différer jusqu'à la paix générale cette cession définitive, était qu'il ne voulait pas que l'Autriche, si le sort des armes la rendait victorieuse, pût s'emparer de ce pays comme appartenant à la France.

Conformément au vœu du cabinet de Berlin, la ville de Bâle fut désignée pour le lieu des négociations. Les conférences s'y étaient en conséquence ouvertes le 5 pluviôse an III. Un incident fâcheux vint tout à coup les interrompre : M. de Goltz tomba malade, et mourut le 17. Cet événement, en arrêtant la négociation, donnait le temps à l'Angleterre et à l'Autriche d'intriguer pour empêcher la paix. Cependant le roi de Prusse, sourd à leurs prières et à leurs menaces, nomma, pour succéder au comte de Goltz, le baron de Hardenberg, ministre dirigeant des margraviats d'Anspach et de Bareith.

Le conseiller Harnier fut en même temps chargé de continuer la négociation de M. de Goltz, et d'après les mêmes instructions; mais ces instructions étaient bornées et vagues. M. de Hardenberg, obligé d'aller prendre de nouveaux ordres à Berlin avant que de se rendre à Bâle, se fit long-temps attendre. Déjà les espérances de paix commençaient à s'évanouir, lorsque enfin le ministre prussien arriva le 29 ventôse, avec des pouvoirs beaucoup plus étendus que son prédécesseur. Les conférences furent aussitôt reprises et suivies avec la plus grande activité; tous les obstacles furent bientôt levés, et on signa la paix le 16 germinal *.

La demande d'un armistice préliminaire, l'évacuation de Mayence par les Prussiens, l'occupation des possessions prussiennes sur la rive gauche du Rhin, la neutralité du roi de Prusse comme État d'Empire, et enfin l'établissement de la ligne de démarcation pour le nord de l'Allemagne, furent les principales difficultés à vaincre dans cette négociation. M. de Goltz, dont les dispositions pour la France étaient connues, s'était montré réservé, minutieux et difficile dans les conférences. M. de Hardenberg, au contraire, dont on craignait l'attachement au système anglais, apporta, d'après ses instructions, autant de facilité dans la négociation qu'il montrait de franchise en s'expliquant sans détour sur ses sentimens personnels.

Les principaux articles furent l'engagement,

* *Voyez* le Traité avec la Prusse, *Pièces justificatives.*

de la part du roi de Prusse, de vivre en bonne amitié avec la république; tant comme roi de Prusse que comme membre de l'Empire, de ne point fournir de secours ni de contingent, à quelque titre que ce fût, aux ennemis de la France, et de laisser aux Français l'occupation des possessions prussiennes, situées sur la rive gauche du Rhin, en ajournant tout arrangement définitif à l'égard de ces provinces, jusqu'à la pacification générale entre la France et l'Empire.

La France, de son côté, s'engageait à retirer ses troupes des possessions prussiennes situées sur la rive droite du Rhin, à accueillir les bons offices du roi de Prusse en faveur des princes de l'Empire, et à ne pas traiter comme pays ennemi les États dudit Empire situés sur la rive droite du Rhin, en faveur desquels le roi s'intéressait.

Ce traité remplissait également les vues de la France et de la Prusse, en débarrassant les Français de toute crainte du côté du nord, et en soumettant la partie septentrionale de l'Allemagne à l'influence prussienne.

A peine ce traité fut-il conclu, qu'on travailla activement à assurer cette neutralité, à laquelle la cour de Berlin attachait tant de prix, et qui dégageait les Français de toute inquiétude pour la Hollande, en la mettant à l'abri des Anglais et des stathoudériens, qui avaient alors une armée dans la Westphalie et dans le pays d'Hanovre.

Le principe et les conditions les plus importantes de cette neutralité étaient déjà arrêtés dans des articles secrets; mais les changemens, modifications et additions qu'on avait à y faire de part et d'autre, obligèrent les parties contractantes à en former un acte nouveau.

Tels furent les motifs et l'origine de la convention qui fut signée à Bâle, le 28 floréal, par M. Barthelemy et M. de Hardenberg *.

Les clauses favorables du traité de paix conclu entre la France et la Prusse, devaient engager la plupart des États de l'empire germanique à se ranger sous la bannière prussienne pour traiter avec le gouvernement français. Il y eut donc à Bâle des négociations entamées avec plusieurs d'entre eux; mais les événemens de la guerre, qui, cette année, n'étaient point favorables à la république, empêchèrent ces princes de conclure, dans la crainte d'être exposés au ressentiment de l'empereur.

Le landgrave de Hesse-Cassel, qui avait des troupes, de l'argent et des liaisons intimes

* *Voyez* cette convention, *Pièces justificatives*.

avec la cour de Berlin, fut le seul qui osa suivre son exemple. Il importait à la France d'avoir pour ami ; il envoya un plénipotentiaire à Bâle : M. Barthelemy négocia avec lui, et signa, le 11 fructidor *, un traité de paix par lequel ce prince retira ses troupes de la solde des Anglais, céda à la France les pays qu'il possédait sur la rive gauche du Rhin, et se dégagea de l'obligation où il était de fournir son contingent comme prince de l'Empire.

La paix du roi de Prusse avait rompu les liens de la coalition. L'Espagne, autorisée par cet exemple, ne pouvait hésiter long-temps à terminer une guerre ruineuse pour elle, et qui n'était utile qu'aux Anglais, ses ennemis naturels. La cour de Madrid avait, dès le mois de germinal, envoyé à M. le chevalier d'Yriarte l'ordre de se rendre à Bâle auprès de M. Barthelemy. La Pologne venait alors de terminer son existence. M. d'Yriarte, qui était à Warsovie ministre de sa majesté catholique, avait été obligé de quitter cette résidence, lorsque les Russes y entrèrent, et se trouvait alors à Venise.

Il était lié d'une étroite amitié avec M. Barthelemy, et le cabinet de Madrid avait cru

---

* *Voyez* le Traité avec le landgrave de Hesse, *Pièces justificatives.*

que cette liaison pourrait accélérer le rapprochement désiré. Il arriva à Bâle le 15 floréal, et la négociation ne tarda pas à s'entamer. Un incident assez extraordinaire en compliqua cependant la marche : le courrier, que la cour de Madrid avait expédié à M. d'Yriarte, était allé le chercher d'abord à Vienne, puis à Dresde, ensuite à Berlin, et enfin à Venise. M. d'Yriarte, parti sur-le-champ pour Bâle, avait différé, jusqu'à son arrivée en cette ville, le renvoi du courrier et la réponse qu'il devait à sa cour.

Ce flegme et ce silence n'étonneront que ceux qui ne connaissent pas le caractère espagnol. Comme les communications n'existaient pas alors par la France, il fallait que les dépêches fissent de grands détours par la Suisse et l'Italie, et passassent la mer. La marche et le retour de ce courrier, ses courses en Allemagne, consumèrent un temps prodigieux. On fut inquiet à Madrid : on crut que M. d'Yriarte ou le courrier avait péri. Dans cette incertitude où se trouvait la cour, elle prit le parti d'envoyer aux Pyrénées le marquis d'Yranda, avec des instructions pour traiter, dans le cas où M. d'Yriarte n'aurait pas entamé les négociations à Bâle.

Ces deux missions embarrassèrent le comité

de salut public. Il se crut obligé d'envoyer aux Pyrénées un plénipotentiaire, et ce fut le général Servan; mais ce négociateur fit un voyage inutile.

On avait accordé, dans l'intervalle, à M. d'Yriarte la faculté de faire passer ses courriers par la France; il eut bientôt de sa cour le complément d'instructions et les pouvoirs nécessaires pour conclure; la paix fut signée à Bâle le 4 thermidor (22 juillet) *.

On fut étonné en Europe d'apprendre le dénouement de cette négociation en Suisse, tandis que toute l'attention se portait sur celle des Pyrénées, qui avait été annoncée avec quelque éclat.

Par ce traité, la France abandonna toutes ses conquêtes, et l'Espagne lui céda la partie de Saint-Domingue qu'elle possédait.

Cette modération de la république, et l'intérêt commun de s'opposer à l'ambition anglaise, disposèrent la cour de Madrid à renouer ses anciennes liaisons avec la France, et à faire un traité d'alliance avec elle.

M. Barthelemy et M. d'Yriarte avaient reçu des pouvoirs à cet effet; ils en discutaient les bases, lorsque M. d'Yriarte, déjà languissant, tomba dans un tel état de faiblesse, qu'il fut

---

* *Voyez* le Traité avec l'Espagne, *Pièces justificatives.*

obligé d'abandonner la négociation et de retourner dans sa patrie. Il reçut, avant son départ, des lettres qui lui prouvaient, par les récompenses dont on le comblait, la joie que la conclusion de la paix avait causée au roi et au premier ministre.

La crainte de voir continuer la guerre et le désir de la terminer étaient alors si vifs dans toute l'Espagne, qu'on fit partout des prières pour la cessation des malheurs qui accablaient le royaume; et le roi d'Espagne, qui se voyait restituer les provinces qu'il avait perdues, au moment où il craignait de voir arriver l'ennemi jusque dans sa capitale, accorda au duc d'Alcudia le titre de *prince de la Paix*, comme autrefois Rome donnait à ses généraux le nom des provinces qu'ils avaient conquises.

M. d'Yriarte, nommé à l'ambassade de France, qu'il avait toujours désirée, mourut en arrivant en Espagne, regretté par tous les hommes dont les passions ne s'opposaient point au rétablissement de la tranquillité générale.

Tel fut le dénouement de ces importantes négociations. Si elles n'éteignirent point partout le feu de la guerre, elles en calmèrent la violence; et, quoique l'ambition de l'Angleterre et le ressentiment de la cour de Vienne les aveuglassent encore au point de leur faire espérer de vaincre seules un peuple qui avait résisté à toute l'Europe, il n'en fut pas moins prouvé à tout politique sage que, dès ce moment, la question était décidée, et que si les Français n'avaient pas jusque-là assez de sagesse pour se donner un gouvernement tranquille et solide, ils avaient au moins assez de ressources et d'énergie pour maintenir leur indépendance et ne recevoir de lois de personne.

Le résultat même de tous les événemens qui s'étaient passés prouvait que si la démocratie, dans un grand État, lui attire intérieurement tous les maux que cause la rivalité des ambitions sans frein, et la faiblesse d'un gouvernement sans base, sans concentration et sans fixité, elle lui donnait extérieurement une force et une impulsion que ne pouvaient balancer les moyens bornés et méthodiques des monarchies.

Jamais, en effet, une seule volonté ne peut avoir autant d'action qu'un faisceau de volontés réunies : l'une éprouve des résistances insurmontables pour trouver de l'argent et des hommes; l'autre ne connaît point d'obstacles et commande impérieusement tous les sacrifices.

Dans les monarchies, on use sagement d'un pouvoir qui doit durer; et, la responsabilité pesant toujours sur les mêmes personnes, elles ménagent forcément leurs moyens par intérêt et par prudence. Dans les républiques, où les élections sont fréquentes, chacun veut tirer un éclat brillant et une prompte utilité de son autorité passagère, et prodigue à la fois tous ses efforts et toutes ses ressources, sans vouloir rien laisser à son successeur. Ces chefs temporaires veulent que leur règne d'une année ait toute la gloire qu'un monarque répand sur les vingt années du sien, et ce désir fait naître les prodiges qui nous étonnent dans l'histoire des consuls romains.

Aussi la politique, plus passionnée que prudente, des cabinets de Londres et de Vienne, en persistant dans le projet chimérique de subjuguer la république française, exposait l'Europe à un grand danger : ces deux cours, aveuglées par une animosité dont les causes étaient très naturelles, ne voyaient pas que de fait la question de l'indépendance française était décidée par la victoire, et qu'en continuant la guerre, on mettait seulement en question l'existence des monarchies.

Dans cette lutte contre une nation nombreuse, enorgueillie par ses triomphes, qui comptait d'autant plus de soldats qu'elle avait plus de citoyens ruinés et d'ouvriers sans ouvrage, et qui était d'autant plus ardente à envahir les pays étrangers, qu'il lui restait moins d'argent dans le sien; les monarques avaient tout à perdre et rien à gagner.

Vainqueurs, ils n'entraient que dans un pays ruiné, où tout homme était guerrier, tout bois une redoute, toute plaine un champ de bataille; vaincus, ils voyaient leurs richesses pillées, leurs magasins consommés, leurs peuples soulevés et leurs trônes brisés. Partout la multitude pauvre et les subalternes ambitieux étaient disposés à désirer un changement qui déplaçait la puissance et la richesse, et en faisait des prix pour les plus heureux et les plus hardis. Si les démocrates français, au lieu de se laisser si souvent gouverner par des hommes ineptes, avaient pris pour directeurs leurs impétueux guerriers, l'opiniâtreté des rois coalisés aurait rendu en peu de temps la révolution universelle.

Les fautes des révolutionnaires et la fortune sauvèrent l'Europe de ce bouleversement général, qui l'aurait accablée des malheurs dont la France avait été si long-temps la proie. Elles donnèrent au peuple français, après plusieurs autres secousses, le temps de revenir à des principes plus sociables, et de se créer un gouvernement plus concentré, plus heureux pour lui-même, et moins effrayant pour les autres;

mais il n'en est pas moins vrai que les puissances coalisées, qui ne prévoyaient ni ne désiraient ce dénouement, avaient imprudemment exposé l'ordre social au danger d'une destruction complète.

L'année qui vit dissoudre la coalition se termina par des événemens militaires, dont les succès balancés laissaient dans un état incertain les craintes et les espérances de chaque parti.

En Amérique, les Français, ayant soulevé les habitans de Sainte-Lucie et de la Dominique, en avaient chassé les Anglais. Une semblable insurrection avait été réprimée par ceux-ci à la Grenade.

L'armée d'Italie s'était tenue sur la défensive. Dans la Vendée, l'affaire de Quiberon avait détruit les espérances des royalistes.

Luxembourg, après un long blocus, s'était rendu aux républicains, qui y avaient pris le maréchal Bender, fameux par la conquête facile et rapide du Brabant.

Jourdan, après avoir passé le Rhin près de Dusseldorff et investi Mayence, s'était vu forcé d'en lever le siége, et avait été vivement repoussé par les Autrichiens, qui n'avaient pas respecté la ligne de neutralité marquée par le roi de Prusse dans son traité.

Pichegru, qui s'était rendu maître de Manheim, avait été battu près de cette ville, et contraint de l'abandonner aux Autrichiens, qui s'en emparèrent, se rendirent maîtres du Palatinat, menacèrent Landau, et furent promptement arrêtés dans leurs progrès par les Français. Enfin on termina cette campagne par une suspension d'armes, qui fut bientôt suivie de nouvelles hostilités.

1795.
An III.

Frédéric-Guillaume, qui venait d'achever le partage de la Pologne et de conclure sa paix avec la France, disparut à cette époque de la scène politique de l'Europe.

Depuis il médita bien quelques autres projets de démembrement en Allemagne, et de sécularisations, d'après les conseils de la France, qui croyait alors de son intérêt d'affaiblir l'empereur et d'augmenter la puissance du parti protestant dans l'Empire, aux dépens du parti catholique; mais ces projets trop compliqués auraient exigé une activité que ce monarque n'avait jamais eue, et sa santé, qui dépérissait sensiblement, augmentait son indolence naturelle.

Aspirant au rôle de médiateur, il fit quelques tentatives inutiles pour amener la paix; mais les passions du directoire français et celles des coalisés s'y opposaient presque également.

Ses dépenses pour la guerre, son désordre, ses prodigalités, ses maîtresses, avaient dérangé ses finances, et il négocia un emprunt à Francfort pour subvenir à l'épuisement d'un trésor qu'il avait prodigué sans gloire. De jour en jour ses infirmités augmentèrent son indifférence pour les orages qui l'entouraient; les *illuminés* l'entretenaient, par de trompeuses promesses, dans l'espoir de recouvrer une santé que la volupté lui avait enlevée sans retour; enfin, l'hydropisie s'étant totalement déclarée, il mourut le 17 novembre 1797, regretté par sa famille et par quelques amis qui rendaient justice à sa douceur et à sa bienfaisance, mais ne laissant après lui aucun souvenir glorieux.

Ses intrigues avaient exposé la Suède et la Turquie à une guerre ruineuse; sa protection avait perdu la Pologne. Formant le premier la coalition, il l'avait abandonnée le premier. Le stathouder pouvait lui reprocher la perte de son pouvoir, et le Brabant celle de sa liberté. Ses revers avaient affaibli la gloire répandue par son prédécesseur sur les armes prussiennes. Ses entreprises avortées et l'avidité de ses maîtresses avaient dissipé le trésor du grand Frédéric; et, quoique le partage de la Pologne eût augmenté ses États de plusieurs riches provinces, Frédéric-Guillaume III, son fils, en lui succédant, fut obligé de déployer la plus constante sagesse et d'observer la plus stricte économie, pour réparer les fautes de son père, et rendre à la Prusse une considération et une prospérité solides.

En montant sur le trône, il fit arrêter madame de Lichtnau-Rietz et les personnes qu'on accusait d'avoir abusé de la faiblesse du feu roi pour s'enrichir. La rigueur qu'il exerça contre elles, le choix des ministres qu'il appela près de lui, l'exemple qu'il donna d'une vie régulière, inspirèrent une juste confiance à ses sujets, en leur annonçant un règne plus heureux; et, s'occupant plus à ramener le calme en Europe par son influence qu'à la troubler par son ambition, il persista avec fermeté, malgré les intrigues de l'Angleterre et les conseils de quelques hommes passionnés, dans un système de neutralité qu'il suivait par sagesse, et que son prédécesseur n'avait adopté que par inconstance.

Si les deux dernières années du règne de Frédéric-Guillaume II ne furent marquées, pour la Prusse, par aucun événement important, il n'en fut pas de même du reste de l'Europe, qui devint le théâtre de batailles plus meurtrières, d'exploits plus éclatans et de conquétes plus mémorables que toutes celles dont l'histoire moderne ait jamais consacré le souvenir dans ses fastes.

Le récit de ces nouvelles révolutions sort du cadre que je me suis proposé de remplir; il offre de riches matériaux pour un autre ouvrage : mais plus ce sujet est important et fécond, moins on doit l'effleurer.

L'historien qui entreprendra de le traiter dira « qu'il parut un de ces hommes que le sort
» destine à la célébrité, et semble créer rare-
» ment dans l'espace des siècles, pour exécuter
» ses décrets et changer la face des empires.
» Il racontera les batailles de Millesimo, de
» Chérasque, la prise de Ceva, l'invasion subite
» du Piémont, qui força le roi de Sardai-
» gne à recevoir la paix; il peindra la témérité
» des Français, vainqueurs à Rastadt, à Al-
» tenkirchen, à Rhinchen, s'avançant au cen-
» tre de l'Empire, sous la conduite de Jourdan,
» et forcés de repasser le Rhin; l'habileté de
» Moreau, qui acquit autant de gloire par sa
» retraite savante que d'autres par des vic-
» toires.
» La bataille de Fombio, celles de Lodi, de
» Rivoli, la conquête de la Lombardie, la
» prise de Mantoue, l'armée autrichienne de
» Provera rendant les armes, Rome implorant

» la générosité du vainqueur de l'Italie, enri-
» chiront ce tableau brillant.

» La lutte de deux guerriers célèbres, les
» combats de l'archiduc Charles contre Bona-
» parte, les victoires de Tagliamento, de La-
» vis, de Brixen, de Clagenfurt, la prise
» de Gradiska, de Trieste, attesteront le cou-
» rage des Français, et consacreront la gloire
» de leur jeune et fortuné général.

» L'alliance de l'Espagne avec la France, les
» efforts secrets de l'Angleterre pour prolonger
» la guerre, ses démarches publiques pour
» demander la paix, la conduite hautaine et
» inconstitutionnelle du gouvernement fran-
» çais, la marche faible et imprudente du corps
» législatif, l'ardeur et l'indiscrétion des roya-
» listes, la révolution du 18 fructidor, les
» proscriptions qui la suivirent, ouvriront un
» vaste champ aux réflexions de la philosophie
» et de la politique sur le délire des passions
» humaines.

» Pour reposer la vue de ces tristes objets,
» le lecteur accompagnera le conquérant de
» l'Italie, marchant aux portes de Vienne,
» soumettant Venise, et forçant l'empereur à
» conclure la paix : alors il espérera que l'u-
» nivers, fatigué de si longs orages, va goûter
» enfin quelque repos.

» Mais cet espoir s'évanouira promptement;
» et, tandis qu'il suivra Bonaparte dans sa con-
» quête presque fabuleuse de l'Égypte, tandis
» que la défaite des Mameloucks, la prise
» d'Alexandrie, de Damiette, du Caire, de
» Suez, les batailles des Pyramides, l'invasion
» de la Syrie, le siége meurtrier de Saint-Jean
» d'Acre, les batailles de la Palestine, et la
» victoire d'Aboukir, lui feront douter si ces
» prodiges appartiennent au roman ou à l'his-
» toire, son œil attristé verra en même temps
» le directoire, enivré par l'orgueil, aveuglé
» par la crainte, épuiser toutes les ressources
» de la France par son ignorance, aigrir tous
» les esprits par son injustice, perdre le fruit
» de la paix de Campo-Formio par son ambi-
» tion, rompre le congrès de Rastadt par sa
» mauvaise foi, ruiner la Suisse ensanglantée
» par la cupidité de ses agens, donner nais-
» sance à une nouvelle coalition par la con-
» quête impolitique de Naples, de Turin et
» de Rome, révolter les neutres par sa fisca-
» lité, affaiblir les armées françaises, et perdre
» l'Italie par son imprévoyance, succomber
» enfin par sa faiblesse, et ressusciter, en tom-
» bant, le monstre de l'anarchie qui allait de
» nouveau dévorer la république, si le même
» homme, qui venait de porter ses armes triom-

» phantes en Afrique et en Asie, n'était venu
» avec la rapidité de l'éclair, bravant les An-
» glais et les flots, renverser cette nouvelle
» tyrannie, et, par une heureuse révolution,
» rendre aux Français la victoire et l'espé-
» rance. »

Mais tous ces faits sont trop récens; ils demandent, pour être écrits, des circonstances plus tranquilles, un temps plus éloigné et un burin plus fort.

A cette proximité, la critique la plus légère est imprudente; la louange la plus juste ressemble à la flatterie : et, d'ailleurs, l'avenir couvre encore de ses voiles les plans et le sort du magistrat guerrier qui nous gouverne. Quelle que soit sa destinée, *Bonaparte attend un Plutarque.*

PIÈCES JUSTIFICATIVES.

DÉCRET

DU 16 JANVIER 1792, PAR L'ASSEMBLÉE LÉGISLATIVE DE FRANCE*.

L'ASSEMBLÉE nationale déclare infâme, traître à la patrie et coupable de lèse-nation, tout agent du pouvoir exécutif, tout Français qui pourrait prendre quelque part, directement ou indirectement, soit à un congrès dont l'objet serait d'obtenir la modification de la constitution française, soit à une médiation entre la nation française et les rebelles conjurés contre elle, soit enfin à une composition avec les puissances possessionnées dans la ci-devant province d'Alsace, qui tendrait à leur rendre, sur le territoire français, quelqu'un des droits supprimés par l'assemblée nationale constituante, sauf une indemnité conforme aux principes de la constitution.

* *Voyez* la page 19.

MOTIFS

DU ROI DE PRUSSE POUR PRENDRE LES ARMES CONTRE LA FRANCE [*].

Sa majesté prussienne croit pouvoir se flatter que les puissances de l'Europe et le public en général n'auront pas attendu cet exposé pour fixer leur opinion sur la justice de la cause qu'elle va défendre. En effet, à moins de vouloir méconnaître les obligations que les engagemens du roi et ses relations politiques lui imposent, dénaturer les faits les mieux constatés, et fermer les yeux sur la conduite du gouvernement actuel de France, personne, sans doute, ne pourra disconvenir que les mesures guerrières, auxquelles sa majesté se décide à regret, ne soient la suite naturelle des résolutions violentes que la fougue du parti qui domine dans ce royaume lui a fait adopter, et dont il était aisé de prévoir les conséquences funestes.

Non contens d'avoir violé ouvertement, par la suppression notoire des droits et possessions des princes allemands en Alsace et en Lorraine, les traités qui lient la France et l'empire germanique; d'avoir donné cours à des principes subversifs de toute subordination sociale, et par-là même du repos et de la félicité des nations, et de chercher à répandre dans d'autres pays, par la propagation de ces principes, les germes de la

[*] *Voyez* la page 42.

licence et de l'anarchie qui ont bouleversé la France; d'avoir toléré, accueilli, débité même les discours et les écrits les plus outrageans contre la personne sacrée et l'autorité légale des souverains; ceux qui se sont emparés des rênes de l'administration française ont enfin comblé la mesure, en faisant déclarer une guerre injuste à sa majesté le roi de Hongrie et de Bohême, et suivre immédiatement cette déclaration des hostilités effectives, commises contre les provinces belgiques de ce monarque.

L'empire germanique, dont les Pays-Bas autrichiens font partie comme cercle de Bourgogne, s'est trouvé nécessairement compris dans cette agression; mais d'autres faits encore n'ont que trop justifié la crainte des invasions hostiles que les préparatifs menaçans des Français aux frontières avaient depuis long-temps fait naître en Allemagne. Les terres de l'évêché de Bâle, partie incontestable de l'Empire, ont été occupées par un détachement de l'armée française, et se trouvent encore en son pouvoir et à sa discrétion. Des incursions des troupes de la même nation, ou des corps de rebelles rassemblés sous leurs auspices, ont désolé le pays de Liége. Il est à prévoir, avec certitude, qu'aussitôt que les convenances de la guerre paraîtraient le conseiller, les autres provinces de l'Allemagne éprouveraient le même sort; et il suffit de connaître leur position locale, pour sentir le danger imminent auquel elles sont exposées.

Il serait superflu d'entrer dans le détail des faits qu'on vient d'alléguer : ils sont notoires, et l'Europe entière en a été et en est encore journellement témoin. On se dispense également de discuter ici l'injustice évidente de l'agression des Français. S'il était possible qu'il restât quelques doutes à ce sujet, ils seront entièrement levés, pour quiconque voudra peser avec impartialité les argumens victorieux renfermés, sur ce point, dans les pièces diplomatiques du cabinet de Vienne.

Sa majesté prussienne s'est plue à conserver pendant long-temps l'espoir qu'enfin, après tant d'agitation et d'inconséquences, les personnes qui dirigeaient l'administration française reviendraient à des principes de modération et de sagesse, et écarteraient ainsi les extrémités auxquelles les choses en sont malheureusement venues. C'est dans cette vue salutaire qu'elle chargea, dès le commencement des préparatifs militaires de la France aux frontières de l'Empire, fondés sur l'asile accordé par quelques États aux émigrés français, son ministre à Paris, le comte de Goltz, de déclarer au ministère de sa majesté très chrétienne, comme le chargé d'affaires de sa majesté l'empereur, alors régnant, avait également eu ordre de le faire, « qu'elle envisagerait une invasion des troupes fran-
» çaises sur le territoire de l'empire germanique,
» comme une déclaration de guerre, et s'y oppose-
» rait de toutes ses forces. » Le même ministre, d'après les ordres qu'il en avait reçus, se joignit, à plusieurs reprises, aux représentations du susdit chargé d'affaires, en donnant à connaître, de la façon la plus expresse, « que le roi marcherait invariablement, à
» l'égard des affaires de France, sur la même ligne
» avec sa majesté apostolique. » L'événement a fait voir combien peu l'attente du roi, quant à l'effet qu'il se promettait de ses déclarations énergiques, était fon-

dée; mais au moins le parti, dont les déterminations fougueuses ont amené les hostilités, ne pourra-t-il jamais prétexter cause d'ignorance sur les intentions de sa majesté : et c'est à lui plus particulièrement, mais généralement aux principes qui attaquent tous les gouvernemens et voudraient les ébranler dans leurs bases, que la France aura à s'en prendre de l'effusion du sang humain et des malheurs que les circonstances actuelles ont déjà attirés et pourraient encore attirer sur elle. Unie avec sa majesté apostolique par les liens d'une alliance étroite et défensive, sa majesté prussienne aurait agi d'une façon contraire à ses engagemens, en demeurant spectatrice tranquille de la guerre déclarée à ce souverain : elle n'a donc pas hésité de rappeler son ministre de Paris, et de se porter avec vigueur à la défense de son allié. Membre prépondérant du corps germanique, elle doit encore à ses relations, en cette qualité, de marcher au secours de ses co-États, contre les attaques qu'ils ont déjà éprouvées, et dont ils sont encore journellement menacés. C'est ainsi, sous le double rapport d'alliée de sa majesté apostolique et d'État puissant de l'Empire, que sa majesté prend les armes; et c'est la défense des États de ce monarque et de l'Allemagne qui forme le premier but de ses armemens.

Mais le roi ne remplirait qu'imparfaitement les principes qu'il vient de professer, s'il n'étendait les efforts de ses armes à une autre sorte de défense, dont les sentimens patriotiques lui imposent également le devoir. Chacun sait comment l'assemblée nationale de France, au mépris des lois les plus sacrées du droit des gens, et contre la teneur expresse des traités, a dépouillé les princes allemands de leurs droits et possessions incontestables en Alsace et en Lorraine; et les déductions que plusieurs de ces princes ont eux-mêmes fait publier, ainsi que les délibérations et les arrêtés de la diète de Ratisbonne sur cette importante matière, fourniront, à tous ceux qui voudront en prendre connaissance, les preuves les plus convaincantes de l'injustice des procédés du gouvernement français à cet égard, lequel n'a proposé jusqu'à présent, pour en dédommager les parties lésées (le tout en adoptant un langage péremptoire et des mesures menaçantes), que des indemnités entièrement insuffisantes et inadmissibles. Il est digne du roi et de son auguste allié de faire rendre justice à ces princes opprimés, et de maintenir ainsi la foi des traités, base unique de l'union et de la confiance réciproque des peuples, et fondement essentiel de leur tranquillité et de leur bonheur.

Il est enfin un dernier but des armemens du roi, plus étendu encore que le précédent, et non moins digne des vues sages et bienfaisantes des cours alliées. Il tend à prévenir les maux incalculables qui pourraient résulter encore pour la France, pour l'Europe, pour l'humanité entière, de ce funeste esprit d'insubordination générale, de subversion de tous les pouvoirs, de licence et d'anarchie, dont il semble qu'une malheureuse expérience aurait déjà dû arrêter les progrès. Il n'est aucune puissance intéressée au maintien de l'équilibre de l'Europe, à laquelle il puisse être indifférent de voir le royaume de France, qui formait jadis un poids si considérable dans cette grande balance, livré plus long-temps aux agitations intérieures et aux horreurs du désordre et de l'anarchie; qui ont, pour ainsi dire, *anéanti son existence politique*. Il n'est aucun Français, aimant véritablement sa patrie, qui ne doive désirer ardemment de les voir terminées, aucun homme enfin, sincèrement ami de l'humanité, qui puisse ne pas aspirer à voir mettre des bornes, soit à ce prestige d'une liberté malentendue, dont le fantôme éblouissant égare les peuples loin de la route du vrai bonheur, en altérant les heureux liens de l'attachement et de la confiance, qui doivent les unir à des princes leur force et leurs défenseurs ; soit surtout à la fougue effrénée des méchans, qui ne cherchent à détruire le respect dû aux gouvernemens, que pour sacrifier, sur les débris des trônes, à l'idole de leur insatiable ambition ou d'une vile cupidité. Faire cesser l'anarchie en France ; y rétablir, pour cet effet, un pouvoir légal sur les bases essentielles d'une forme monarchique ; assurer par-là même les autres gouvernemens contre les attentats et les efforts incendiaires d'une troupe frénétique : tel est le grand objet que le roi, conjointement avec son allié, se propose encore, assuré dans cette noble entreprise, non-seulement de l'aveu de toutes les puissances de l'Europe, qui en reconnaissent la justice et la nécessité, mais en général du suffrage et des vœux de quiconque s'intéresse sincèrement au bonheur du genre humain.

Sa majesté est bien éloignée de vouloir rejeter sur la nation française en entier la faute des circonstances fâcheuses qui la forcent à prendre les armes ; elle est persuadée que la partie saine, et sans doute la plus nombreuse de cette nation estimable, abhorre les excès d'une faction trop puissante, reconnaît les dangers auxquels ses intrigues l'exposent, et désire vivement le retour de la justice, de l'ordre et de la paix. Malheureusement l'expérience fait voir que l'influence momentanée de ce parti n'est encore que trop réelle, quoique l'événement ait déjà démontré le néant de ses coupables projets, fondés sur des insurrections que lui seul cherchait à fomenter. La différence de sentimens des personnes bien intentionnées, quelque certaine qu'elle soit, n'est ainsi, pour le moment encore, que peu sensible dans ses effets; mais sa majesté espère qu'ouvrant enfin les yeux sur la situation effrayante de leur patrie, elles montreront toute l'énergie qu'une cause aussi juste doit inspirer; et que, envisageant les troupes alliées rassemblées sur les frontières, comme des protecteurs et de vrais amis dont la Providence favorisera les armes, elles sauront réduire à leur juste valeur les factieux qui ont mis la France en combustion, et qui seront seuls responsables du sang que leurs entreprises criminelles auront fait verser.

Berlin, le 26 juin 1792.

CIRCULAIRE

ENVOYÉE

DANS LES DÉPARTEMENS,

PAR LE COMITÉ DE SALUT PUBLIC DE LA COMMUNE DE PARIS *,

Extraite du *Moniteur* du 26 septembre 1792.

Un affreux complot tramé par la cour pour égorger tous les patriotes de l'empire français, complot dans lequel *grand nombre de membres de l'assemblée nationale se trouvent compromis*, ayant réduit, le 9 du mois dernier, la commune de Paris à la cruelle nécessité de se ressaisir de la puissance du peuple pour sauver la nation, elle n'a rien négligé pour bien mériter de la patrie, témoignage honorable que vient de lui donner l'assemblée nationale elle-même. L'eût-on pensé? De nouveaux complots non moins atroces se sont tramés dans le silence; ils éclataient au moment même où l'assemblée nationale, oubliant qu'elle venait de déclarer que la commune de Paris avait sauvé la patrie, s'empressait de la destituer pour prix de son brûlant civisme. A cette nouvelle, les clameurs publiques, élevées de toutes parts, ont fait sentir à l'assemblée nationale la nécessité urgente de s'unir au peuple et de rendre à la

* *Voyez* la page 78.

commune, par le rapport du décret de destitution, les pouvoirs dont il l'avait investie. Fière de jouir de toute la plénitude de la confiance nationale, qu'elle s'efforcera toujours de mériter de plus en plus, placée au foyer de toutes les conspirations, et déterminée à s'immoler pour le salut public, elle ne se glorifiera d'avoir pleinement rempli ses devoirs que lorsqu'elle aura reçu votre approbation, objet de tous ses vœux, et dont elle ne sera certaine qu'après que tous les départemens auront sanctionné ses mesures pour sauver la chose publique.

Professant les principes de la plus parfaite égalité, n'ambitionnant d'autre privilége que celui de se présenter à la brèche, elle s'empressera de se mettre au niveau de la commune la moins nombreuse de l'État, dès l'instant que la patrie n'aura plus rien à redouter des nuées de satellites féroces qui s'avancent contre la capitale. La commune de Paris se hâte d'informer ses frères de tous les départemens, qu'une partie de conspirateurs féroces, détenus dans les prisons, a été mise à mort par le peuple : « actes de justice qui lui ont paru
» indispensables pour retenir, par la terreur, les lé-
» gions de traîtres cachés dans ses murs, au moment où
» ils allaient marcher à l'ennemi ; et sans doute la na-
» tion entière, après la longue suite de trahisons qui
» l'ont conduite sur les bords de l'abîme, s'empressera
» d'adopter ce moyen si nécessaire au salut public ; et
» tous les Français s'écrieront comme tous les Parisiens :
» Nous marchons à l'ennemi, mais nous ne laissons
» pas derrière nous ces brigands pour égorger nos en-
» fans et nos femmes. Frères et amis, nous nous atten-
» dons qu'une partie d'entre vous va voler à notre
» secours, et nous aider à repousser les légions innom-

» brables des satellites des despotes conjurés à la perte
» des Français. Nous allons ensemble sauver la patrie,
» et nous vous devrons la gloire de l'avoir retirée de
» l'abîme. »

Les administrateurs du comité de salut public et les administrateurs adjoints réunis :

Signé, Pierre J. Duplain, Panis, Sergent, l'Enfant, Jourdeuil, Marat, *l'Ami du Peuple*, Deforgues, Leclerc, Duffort, Gally;

Constitués à la commune, et séant à la mairie.

DÉCLARATION

QUE SON ALTESSE SÉRÉNISSIME LE DUC RÉGNANT DE BRUNSWICK ET DE LUNEBOURG, COMMANDANT LES ARMÉES COMBINÉES DE LEURS MAJESTÉS L'EMPEREUR ET LE ROI DE PRUSSE, ADRESSE AUX HABITANS DE LA FRANCE [*].

Leurs majestés l'empereur et le roi de Prusse m'ayant confié le commandement des armées combinées qu'ils ont fait rassembler sur les frontières de la France, j'ai voulu annoncer aux habitans de ce royaume les motifs qui ont déterminé les mesures des deux souverains et les intentions qui les guident.

Après avoir supprimé arbitrairement les droits et les possessions des princes allemands en Alsace et en Lorraine, troublé et renversé dans l'intérieur le bon ordre et le gouvernement légitime, exercé contre la personne sacrée du roi et contre son auguste famille des attentats et des violences qui se sont encore perpétués et renouvelés de jour en jour, ceux qui ont usurpé les rênes de l'administration ont enfin comblé la mesure, en faisant déclarer une guerre injuste à sa majesté l'empereur, et en attaquant ses provinces situées aux Pays-Bas. Quelques-unes des possessions de l'empire germanique ont été enveloppées dans cette agression, et plusieurs autres n'ont échappé au même danger qu'en cédant aux menaces impérieuses du parti dominant et

---

[*] *Voyez* la page 42.

de ses émissaires. Sa majesté le roi de Prusse, unie avec sa majesté impériale par les liens d'une alliance étroite et défensive, et membre prépondérant lui-même du corps germanique, n'a donc pu se dispenser de marcher au secours de son allié et de ses co-États, et c'est sous ce double rapport qu'il prend la défense et de ce monarque et de l'Allemagne.

A ces grands intérêts se joint encore un but également important, et qui tient à cœur aux deux souverains : c'est de faire cesser l'anarchie dans l'intérieur de la France, d'arrêter les attaques portées au trône et à l'autel, de rétablir le pouvoir légal, de rendre au roi la sûreté et la liberté dont il est privé, et de le mettre en état d'exercer l'autorité légitime qui lui est due.

Convaincues que la partie saine de la nation française abhorre les excès d'une faction qui la subjugue, et que le plus grand nombre des habitans attend avec impatience le moment du secours pour se déclarer ouvertement contre les entreprises odieuses de leurs oppresseurs, sa majesté l'empereur et sa majesté le roi de Prusse les appellent et les invitent à *retourner sans délai aux voies de la raison, de la justice, de l'ordre et de la paix*. C'est dans ces vues que moi, le soussigné général-commandant en chef des deux armées, déclare :

1° Qu'entraînées dans la guerre présente par des circonstances irrésistibles, les deux cours alliées ne se proposent d'autre but que le bonheur *de la France, sans prétendre s'enrichir à ses dépens par des conquêtes.*

2° Qu'elles n'entendent point s'immiscer dans le gouvernement intérieur de la France ; mais qu'elles veulent uniquement délivrer le roi, la reine et la famille royale de leur captivité, et procurer à sa majesté très chrétienne la sûreté nécessaire pour qu'elle puisse faire, sans danger et sans obstacles, les conventions qu'elle jugera à propos, et travailler à *assurer le bonheur de ses sujets, suivant ses promesses, et autant qu'il dépendra d'elle*.

3° Que les armées combinées protégeront les villes, bourgs, villages, les personnes et les biens de tous ceux qui se soumettront au roi, et qu'elles concourront au rétablissement instantané de l'ordre et de la police dans toute la France.

4° Que les gardes nationales sont sommées de veiller provisoirement à la tranquillité des villes et des campagnes, à la sûreté des personnes et des biens de tous les Français, jusqu'à l'arrivée des troupes de leurs majestés impériale et royale, ou jusqu'à ce qu'il en soit autrement ordonné, sous peine d'en être personnellement responsables; qu'au contraire, ceux des gardes nationales qui auront combattu contre les troupes des cours alliées, et qui seront pris les armes à la main, seront traités en ennemis et punis comme rebelles à leur roi et comme perturbateurs du repos public.

5° Que les généraux, officiers, bas-officiers et soldats, des troupes de ligne françaises sont également sommés de revenir à leur ancienne fidélité, et de se soumettre sur-le-champ au roi, leur légitime souverain.

6° Que les membres des départemens, des districts, et des municipalités, seront également responsables sur leurs têtes et sur leurs biens de tous les délits, incendies, pillages, assassinats et voies de fait qu'ils ne se seront pas notoirement efforcés d'empêcher dans leur territoire; qu'ils seront également tenus de continuer provisoirement leurs fonctions, jusqu'à ce que sa majesté très chrétienne, remise en pleine liberté, y ait pourvu ultérieurement, ou qu'il en ait été autrement ordonné en son nom dans l'intervalle.

7° Les habitans des villes, bourgs et villages qui oseraient se défendre contre les troupes de leurs majestés impériale et royale, et tirer sur elles, soit en rase campagne, soit par les fenêtres, portes et ouvertures de leurs maisons, seront punis sur-le-champ, suivant la rigueur du droit de la guerre, et leurs maisons démolies ou brûlées. Tous les habitans, au contraire, desdites villes, bourgs et villages, qui s'empresseront de se soumettre à leur roi en ouvrant leurs portes aux troupes de leurs majestés, seront à l'instant sous leur sauvegarde immédiate; leurs personnes, leurs biens, leurs effets seront sous la protection des lois; et il sera pourvu à la sûreté générale de tous et chacun d'eux.

8° La ville de Paris et tous ses habitans, sans distinction, seront tenus de se soumettre sur-le-champ et sans délai au roi, de mettre ce prince en pleine et entière liberté, et de lui assurer, ainsi qu'à toutes les personnes royales, l'inviolabilité et le respect auxquels le droit de la nature et des gens oblige les sujets envers les souverains, leurs majestés impériale et royale rendant personnellement responsables de tous les événemens, sur leurs têtes, pour être jugés militairement, sans espoir de pardon, tous les membres de l'assemblée nationale, du département, du district, de la municipalité et de la garde nationale de Paris, juges de paix, et tous autres qu'il appartiendra; déclarant en outre leursdites majestés, sur leur foi et parole d'empereur et de roi,

« que, si le château des Tuileries est forcé ou insulté,
» s'il est fait la moindre violence, le moindre ou-
» trage à leurs majestés le roi, la reine, et à la famille
» royale, s'il n'est pas pourvu immédiatement à leur
» sûreté, à leur conservation et à leur liberté, elles en
» tireront vengeance exemplaire et à jamais mémora-
» ble, en livrant la ville de Paris à une *exécution mi-*
» *litaire* et à une *subversion totale*, et les révoltés,
» coupables d'attentats, aux supplices qu'ils auront
» mérités. »

Leurs majestés impériale et royale promettent, au contraire, aux habitans de la ville de Paris d'employer leurs bons offices auprès de sa majesté très chrétienne, pour obtenir *le pardon de leurs torts et de leurs erreurs,* et de prendre les mesures les plus vigoureuses pour assurer leurs personnes et leurs biens, s'ils obéissent promptement et exactement à l'injonction ci-dessus. Enfin, leurs majestés, ne pouvant connaître pour lois en France que celles qui émaneront du roi, jouissant d'une liberté parfaite, protestent d'avance contre l'authenticité de toutes les déclarations qui pourraient être faites au nom de sa majesté très chrétienne, tant que sa personne sacrée, celle de la reine et de toute sa famille ne seront pas réellement en sûreté : à l'effet de quoi leurs majestés impériale et royale invitent et sollicitent instamment sa majesté très chrétienne de désigner la ville de son royaume la plus voisine de ses frontières, dans laquelle elle jugera à propos de se retirer avec la reine et sa famille sous une bonne et sûre escorte, qui lui sera envoyée pour cet effet, afin que sa majesté très chrétienne puisse, en toute sûreté, appeler auprès d'elle les ministres et les conseillers qu'il lui plaira de désigner, faire telles convocations qui lui paraîtront convenables, pourvoir au rétablissement du bon ordre, et régler l'administration de son royaume.

Enfin, je déclare et m'engage encore, en mon propre nom et en ma qualité susdite, de faire observer partout aux troupes confiées à mon commandement une bonne et exacte discipline, promettant de traiter avec douceur et modération les sujets bien intentionnés qui se montreront paisibles et soumis, et de n'employer la force qu'envers ceux qui se rendront coupables de résistance ou de mauvaise volonté. C'est par ces raisons que je requiers et exhorte les habitans du royaume, de la manière la plus forte et la plus instante, de ne pas s'opposer à la marche et aux opérations des troupes que je commande; mais de leur accorder partout une libre entrée et toute bonne volonté, aide et assistance que les circonstances pourront exiger.

De Coblentz, le 25 juillet 1792.

DÉCLARATION.

ADDITIONNELLE DE SON ALTESSE SÉRÉNISSIME LE DUC RÉGNANT DE BRUNSWICK, A CELLE QU'ELLE A ADRESSÉE, LE 25 DE CE MOIS, AUX HABITANS DE LA FRANCE [*].

La déclaration que j'ai adressée aux habitans de la France, datée du quartier-général de Coblentz, le 25 de ce mois, a dû faire connaître suffisamment les intentions fermement arrêtées de leurs majestés l'empereur et le roi de Prusse, en me confiant le commandement de leurs armées combinées. La liberté et la sûreté de la personne sacrée du roi, de la reine et de toute la famille royale, étant un des principaux motifs qui ont déterminé l'accord de leurs majestés impériale et royale, j'ai fait connaître, par ma déclaration susdite, à la ville de Paris et à ses habitans, la résolution *de leur faire subir la punition la plus terrible*, dans le cas où il serait porté la moindre atteinte à la sûreté de sa majesté très chrétienne, dont la ville de Paris est rendue particulièrement responsable.

Sans déroger en aucun point à l'article VIII de la susdite déclaration du 25 de ce mois, je déclare en outre que si, contre toute attente, par la perfidie ou la lâcheté de quelques habitans de Paris, le roi, la reine, ou toute autre personne de la famille royale, étaient enlevés de cette ville, tous les lieux et les villes quelconques qui

[*] *Voyez* la page 42.

ne se seront pas opposés à leur passage, et n'auront pas arrêté sa marche, subiront le même sort qui aura été infligé à la ville de Paris, et que la route qui aura été suivie par les ravisseurs du roi et de la famille royale, sera marquée par une continuité d'exemples des châtimens dus à tous les fauteurs ainsi qu'aux auteurs d'attentats irrémissibles.

Tous les habitans de la France en général doivent se tenir pour avertis du danger qui les menace, et auquel ils ne sauraient échapper, s'ils ne s'opposent pas de toutes leurs forces, et par tous les moyens, au passage du roi et de la famille royale, en quelque lieu que les factieux tenteraient de les emmener. Leurs majestés impériale et royale ne reconnaîtront la liberté du choix de sa majesté très chrétienne pour le lieu de sa retraite, dans le cas où elle aurait jugé à propos de se rendre à l'invitation qui lui a été faite par elles, qu'autant que cette retraite serait effectuée sous l'escorte qu'elles lui ont offerte. Toutes déclarations quelconques, au nom de sa majesté très chrétienne, contraires à l'objet exigé par leurs majestés impériale et royale, seront en conséquence regardées comme nulles et sans effet.

Donné au quartier-général de Coblentz, le 27 de juillet 1792.

Signé, Charles-Guillaume-Ferdinand, duc de Brunswick-Lunebourg.

EXTRAIT

DU DISCOURS DE M. PITT A LA CHAMBRE DES COMMUNES, LE 9 FÉVRIER 1790 [*].

The present convulsion of France must sooner or later terminate in general harmony, and regular order; and notwithstanding that the fortunate arrangements of such a situation might make her more formidable, it might also render her less obnoxious as a neighbour. He hopes that he might rather wish, as an Englishman, for that, respecting the accomplishment of which he felts himself interested as a man for the restoration of the tranquillity of France, though it appeared to him as distant. Whensoever the situation of France should

La révolution qui bouleverse en ce moment la France doit nécessairement, tôt ou tard, faire place à un système complet et régulier d'ordre et d'harmonie : il est vrai que les heureuses combinaisons qui doivent en résulter peuvent la rendre plus formidable ; mais elles peuvent aussi, d'un autre côté, rendre les Français des voisins moins dangereux. J'ose espérer que l'intérêt particulier de ma patrie ne m'imposera pas le devoir de repousser de mon cœur un vœu dont l'intérêt de l'humanité me fait désirer l'accomplissement;

[*] *Voyez* la page 118.

become restored; *it would prove freedom rightly understood; freedom resulting from good order and good government; and thus circumstanced, France would stand forward as one of the most brillant powers in Europe, she would enjoy that just kind of liberty which he venered; and the invaluable existence of which it was his duty, as an Englishman peculiarly to cherish; nor would he, under this predicament, regard with envious eyes an approximation in neighbouring states, of those sentiments which were the characteristic features of every British subject?*

et ce vœu est pour le rétablissement de la tranquillité en France, quoique je craigne bien qu'il ne lui soit pas réservé d'en jouir de sitôt. De quelque part que provienne en France le retour à l'ordre, il en résultera pour elle une liberté bien entendue, qui sera le fruit du bon ordre et d'un bon gouvernement revivifié par leur heureuse influence. On verrait bientôt la France prendre son rang parmi les puissances les plus imposantes de l'Europe; elle jouirait de cette liberté compagne de la justice, objet de ma vénération, et qu'il est de mon devoir, comme Anglais, de chérir. Avec le sentiment d'un pareil devoir à remplir, pourrais-je voir d'un œil jaloux les peuples voisins ouvrir aussi leurs cœurs à cette noble et généreuse passion, qui forme le trait caractéristique de tous les enfans de la Grande-Bretagne ?

LETTRE

DU GÉNÉRAL DUMOURIEZ

AU GÉNÉRAL VALENCE.

Louvain, le 14 mars 1793, l'an II de la république *.

J'AIME trop la vérité, mon cher Valence, indépendamment même du tendre intérêt que votre caractère, votre civisme et vos talens militaires m'ont inspiré pour vous, pour ne pas me croire obligé de vous donner par écrit le témoignage que vous méritez par votre conduite dans le cours des disgrâces que vient d'essuyer l'armée de la Belgique.

N'étant pas sur les lieux, ne jugeant pas le mal aussi grand, parce que la confusion ne peut pas se soumettre au calcul, j'ai pu croire un moment que vous exagériez le mal et la nécessité que je me rendisse à l'armée, parce que vos relations, qui ne contenaient cependant que l'exacte vérité, différaient trop de celles du général Miranda, qui, avec les mêmes vues que vous et des intentions tout aussi bonnes, apercevait dans les événemens plus de ressources, n'ayant peut-être pas approfondi autant que vous la perte énorme que l'on a faite en équipages et en subsistances, parce que le corps qu'il commandait personnellement avait beaucoup moins souffert que celui que vous avez sauvé.

* *Voyez* la page 132.

J'ai déjà mandé au ministre de la guerre mon opinion sur votre conduite dans cette crise malheureuse ; c'est à vous qu'on doit le salut de vingt-sept bataillons, que le général Ihler a ramenés avec autant de prudence que de courage : la vigueur que vous avez déployée pour couvrir la retraite de ce corps, en vous portant sur Tongres, en chargeant et repoussant l'ennemi, montre autant de génie que d'audace, et je vous regarde, plus que jamais, comme un des meilleurs soutiens militaires de la république.

Vous avez eu raison pareillement en m'envoyant plusieurs courriers pour m'engager à venir me mettre à la tête de l'armée : et quelque humeur que m'aient donnée ce retour et l'abandon de mon plan de campagne favori, c'est cependant sur vos lettres instantes que je me suis décidé à abandonner l'attaque de la Hollande, pour venir joindre l'armée. Si dans ma correspondance, soit avec le ministre, soit avec le général Miranda, soit avec vous, il m'est échappé quelques expressions d'humeur, *je les désavoue*, et je vous prie de ne les attribuer qu'à la distance qui nous séparait, qui ne m'a pas permis de juger des faits comme je les juge sur les lieux.

Il me reste, d'après tout ce qui s'est passé, beaucoup d'estime pour vos talens militaires, beaucoup d'espoir en vous pour réparer le début funeste de cette campagne : quant à mon amitié, vous la connaissez.

Signé, le général en chef, DUMOURIEZ.

RÉCIT ABRÉGÉ

DES CIRCONSTANCES QUI ONT ACCOMPAGNÉ LA DÉTENTION DE MM. DE LATOUR-MAUBOURG, BUREAU DE PUZY, ALEXANDRE DE LAMETH, DE LA FAYETTE ET DE SA FAMILLE [*].

Le général la Fayette, décidé à défendre le roi et à maintenir la constitution de 1791, avait fait arrêter par la municipalité de Sédan les commissaires envoyés à l'armée par l'assemblée nationale, pour l'informer de la révolution opérée le 10 août et pour s'assurer de son obéissance.

Les généraux Alexandre de Lameth et de Latour-Maubourg, le capitaine Bureau de Puzy, ancien membre et président de l'assemblée constituante, ainsi qu'un grand nombre d'officiers fidèles à l'honneur et à leur serment, éprouvaient la même indignation contre les attentats commis dans la capitale. Ils employaient tous leurs efforts pour maintenir les troupes dans l'obéissance et le respect dus à la constitution et au roi.

En effet, ils maintinrent quelques jours la subordination. Mais bientôt les émissaires des jacobins vinrent séduire les soldats, et répandre partout l'esprit de licence et de révolte. L'autorité des généraux ne fut plus respectée : on n'écoutait plus leur voix, ou l'on y répondait

[*] *Voyez* la page 174. (Pièce communiquée par un des prisonniers.)

par des cris séditieux. Ils furent enfin informés que des gendarmes arrivaient à Mézières pour les arrêter.

Les généraux la Fayette et Alexandre de Lameth étaient déjà décrétés d'accusation par l'assemblée législative. Une prompte fuite pouvait seule les dérober à l'échafaud. Ils se réunirent donc au quartier du général la Fayette avec le général Latour-Maubourg et le capitaine Bureau de Puzy. De là ils franchirent rapidement les frontières et échappèrent ainsi à leurs bourreaux. Leur dessein était de se rendre en Hollande; et d'habiter un pays neutre, tant que les anarchistes gouverneraient et opprimeraient leur malheureuse patrie.

A quelques lieues de la frontière, ils furent, contre le droit des gens et malgré leurs protestations, arrêtés par un poste autrichien. Cependant le commandant de ce poste leur avait donné l'assurance qu'ils pouvaient avec confiance entrer dans la petite ville de Rochefort, près de laquelle ils se trouvaient.

Ayant écrit de cette ville au duc de Saxe-Teschen pour lui demander des passe-ports, ce prince les leur refusa, en leur faisant entendre durement *qu'ils étaient réservés pour l'échafaud.*

Les quatre prisonniers furent conduits d'abord à Nivelle, puis à Luxembourg, où leur escorte, conformément aux instructions de la cour de Vienne, les livra aux Prussiens, qui les menèrent à Wesel.

Dans cette forteresse ils furent gardés à vue par des bas-officiers, dont la consigne était d'avoir sans cesse l'œil ouvert sur eux et de ne jamais répondre à leurs questions. Ils y restèrent quatre mois.

Le général la Fayette étant tombé dangereusement malade, on refusa au général Latour-Maubourg la permission de voir son ami près d'expirer. Une crise salutaire l'ayant tiré des portes du tombeau, le roi de Prusse, croyant pouvoir profiter de son abattement, lui fit proposer, pour adoucir son sort, de donner des plans de guerre contre la France. Mais il prouva, par une réponse énergique, son mépris pour une pareille proposition. Alors on redoubla de rigueur envers lui et ses amis.

Au moment où les Français victorieux s'approchaient des rives du Rhin, on jeta les quatre prisonniers sur une charrette pour les transporter à Magdebourg. En les promenant ainsi, on avait cru aggraver leurs malheurs et exciter contre eux l'indignation publique. L'intention ne fut pas remplie; ils reçurent partout des marques de l'intérêt qu'excitaient l'injustice de leur détention et la constance de leur courage.

A Magdebourg on les enferma dans des casemates humides, obscures, entourées de palissades, fermées par quatre portes successives, garnies de barres de fer et de cadenas, enfin presque totalement privées du jour. Ils y demeurèrent vingt-trois mois sans jamais apercevoir le disque du soleil. Leurs gardiens, par une atroce inhumanité, leur refusèrent de les informer de l'existence de leurs familles, sur lesquelles les proscriptions de la France leur donnaient les plus vives inquiétudes. Cependant leur sort leur semblait plus doux qu'auparavant, parce qu'on leur permettait quelquefois de se voir, et qu'on les promenait une heure par jour dans un bastion.

Cependant ces actes étranges de tyrannie contre des hommes aussi distingués, et sur lesquels les souverains qui les opprimaient n'avaient aucun droit, frappèrent l'Europe d'étonnement. Ils ne satisfaisaient que ces esprits passionnés qui ne mettaient aucunes bornes à leur haine ardente contre les amis de la liberté. Ceux-ci, forcés partout ailleurs au silence, firent éclater en Angleterre leur juste indignation. Le général Fitz Patrik et M. Fox élevèrent dans le parlement d'Angleterre leur voix généreuse en faveur des quatre Français captifs ; et, dans leurs discours contre cet abus du pouvoir arbitraire, ils donnèrent au roi de Prusse le nom de *geôlier de la coalition*. Ce monarque, blessé par un tel reproche, et ne voulant pas porter seul la honte d'une telle accusation, exigea que l'Autriche se chargeât à son tour de la garde des prisonniers.

Les deux cours convinrent de se partager un si triste emploi. En conséquence, deux officiers, accompagnés de quatre chasseurs de la garde du roi de Prusse, arrivèrent à Magdebourg. D'après l'ordre dont ils étaient porteurs, les généraux la Fayette et Alexandre de Lameth devaient être remis entre leurs mains pour les livrer aux Autrichiens ; et comme alors Lameth était dangereusement malade, il était dit dans cet ordre que, si ce général se trouvait hors d'état d'être transporté, Latour-Maubourg devait prendre sa place et partir avec le général la Fayette. Les médecins ayant affirmé l'impossibilité où Lameth était de partir, le général Latour-Maubourg et la Fayette quittèrent seuls Magdebourg ; mais, peu de mois après, Bureau de Puzy les rejoignit, et tous trois furent remis au pouvoir des Autrichiens.

Alexandre de Lameth, alors mourant, demeura enfermé, seul et au secret, à Magdebourg ; sa captivité dura encore trente-neuf mois. La fin en fut adoucie par la présence de sa mère, qui obtint la permission de s'enfermer quelque temps avec lui. Ce ne fut que sept mois après la conclusion de la paix de Bâle entre la France et la Prusse que le général Alexandre de Lameth recouvra sa liberté. Muni à Hambourg d'un passe-port du ministre anglais, il se rendit à Londres; mais, malgré les vives réclamations de M. Fox dans la chambre des communes, le ministère britannique, trop soumis à l'influence de la coalition, donna l'ordre au général Lameth de sortir des trois royaumes.

Les généraux la Fayette, Latour-Maubourg et le capitaine Bureau de Puzy, arrivés en Silésie, restèrent quelque temps séparés les uns des autres. Par un raffinement de barbarie, on ne voulut point alléger le poids de leurs chaînes en leur permettant de les porter ensemble, et ils ne se virent enfin réunis qu'à Neiss, au moment où ils allaient être définitivement livrés aux Autrichiens.

Quoique les cachots qu'ils y habitèrent fussent encore plus sombres et plus malsains que tous les autres, ce changement leur parut heureux; car on y laissait les trois prisonniers ensemble jouir de la présence de madame de Maisonneuve, qui était venue courageusement y partager les chaînes de M. de Maubourg, son frère.

Dès que l'Autriche eut en sa possession les trois prisonniers, elle les fit transporter en Moravie dans la forteresse d'Olmutz. En y arrivant, on les dépouilla de ce que les Prussiens leur avaient laissé, ce qui se réduisait à leurs montres et à leurs boucles; on leur confisqua quelques livres dans lesquels se trouvait le mot *liberté*, et nommément *l'Esprit* (d'Helvétius) et *le Sens commun* (de Payne); sur quoi la Fayette demanda si on les regardait comme objets de contrebande.

On déclara à chacun d'eux, en les renfermant sépa-

rément dans leurs cellules, « qu'ils ne verraient plus
» à l'avenir que leurs quatre murailles; qu'ils n'auraient
» de nouvelles ni des choses ni des personnes; qu'il
» était défendu de prononcer leurs noms, même entre
» les geoliers, et dans les dépêches à la cour, où ils
» ne seraient désignés que par leurs numéro; qu'ils ne
» seraient jamais rassurés sur le sort de leurs familles,
» ni sur leur existence réciproque; et que, cette situa-
» tion portant naturellement à se détruire, on leur
» interdisait couteau, fourchette, et tous moyens quel-
» conques de suicide. »

Après trois attestations de médecins sur l'indispensable nécessité de l'air pour la Fayette, après avoir trois fois répondu qu'il n'était pas encore assez mal, on lui permit de se promener sans y attacher aucune condition, mais en le surveillant avec rigueur; car il est faux que la Fayette ait joui de cette liberté, ainsi qu'on a voulu le faire croire, en vertu d'un engagement d'honneur de ne point chercher à s'évader.

On connaît l'entreprise du docteur Bollman et du jeune Huger, fils de l'homme chez lequel la Fayette avait débarqué la première fois en Amérique.

Bollman, étant parvenu, après plusieurs mois de tentatives infructueuses, à faire tenir secrètement un billet, exécuta le projet le plus hardi : il se rendit à Vienne, en ramena le jeune Huger, se posta avec lui sur le lieu où l'on devait conduire la Fayette pour prendre l'air, et tous deux tentèrent de l'enlever au moment où, ayant écarté quelques-uns de ses gardiens, il s'efforçait de désarmer l'homme qui était resté près de lui.

Dans cette lutte, la Fayette se donna un violent effort dans les reins, et le caporal-geolier contre lequel il combattait, et qu'il avait désarmé, lui déchira avec les dents la main jusqu'à l'os.

Ses généreux libérateurs parvinrent à le mettre à cheval, avec un tel oubli de leur propre sûreté, qu'ils eurent peine à retrouver leurs chevaux pour s'échapper eux-mêmes. Cette perte de temps et les cris des gardiens ayant attiré du monde et des troupes, Huger fut bientôt pris. La Fayette, séparé de Bollman, fut arrêté à huit lieues d'Olmutz, d'autant plus facilement qu'il était sans armes. Bollman parvint dans les États prussiens; mais le roi de Prusse eut l'inhumanité de le livrer aux Autrichiens.

Depuis cette époque, la captivité de la Fayette fut plus rigoureuse; sa maladie devint plus grave; on le laissa sans secours, avec une fièvre continue, pendant le plus rude des hivers, le privant de lumière, et ne lui laissant pas même le linge que ses maux rendaient nécessaires. Maubourg et Puzy, qui n'avaient point tenté de s'évader, furent aussi privés de la liberté de prendre l'air. Pour augmenter le supplice de la Fayette, on lui faisait sans cesse croire que ses libérateurs périraient sur l'échafaud.

La recherche avec laquelle on s'appliquait à éloigner tout ce qui pourrait servir à rassurer la Fayette sur le sort de sa famille, est remarquable dans l'anecdote suivante.

Madame de Maubourg ayant enfin obtenu qu'on laissât passer quelques lettres, son mari sut que madame de la Fayette existait : il demanda au commandant de permettre qu'on dît à son ami que sa femme vivait encore. Le commandant, après avoir répondu *que la défense à cet égard était trop expresse,* supprima dès-lors à Maubourg, toutes les lettres où madame de la Fayette était nommée, et elles ne lui ont été remises que depuis sa sortie d'Olmütz, ayant près d'un an de date.

Tandis que la Fayette, réservé pour l'échafaud, était torturé dans les prisons d'Olmütz, sa femme, incertaine de son existence, et condamnée à d'éternelles douleurs, attendait chaque jour dans les prisons de Paris qu'on la conduisît au supplice par lequel avait péri la meilleure partie de sa famille. La chute du tyran Robespierre lui sauva la vie; mais elle ne recouvra que long-temps après sa liberté et les forces nécessaires pour exécuter ses desseins. Débarquée à Altona, le 9 septembre 1795, elle partit pour Vienne sous le seul nom de Mottier, avec un passe-port américain; et arriva à Vienne avant qu'on pût être prévenu de son dessein et armé contre ses réclamations.

Le prince de Rosenberg, touché de ses vertus, obtint pour elle et pour ses filles une audience de l'empereur, dont on croit fidèlement devoir rapporter quelques détails.

Madame de la Fayette, dont le but principal était de partager la captivité de son mari, en obtint la permission ; et, trouvant l'empereur assez facile sur ce point, elle tenta de lui faire sentir qu'il devrait, en consultant la justice et l'humanité, rendre la liberté à la Fayette. Ce prince lui répondit : « Cette affaire est
» compliquée, j'ai les mains liées là-dessus; mais
» j'accorde avec plaisir ce qui est en mon pouvoir,
» en vous permettant de rejoindre M. de la Fayette ;
» je ferais comme vous si j'étais à votre place. M. de
» la Fayette est bien traité; mais la présence de sa

» femme et de ses enfans sera un agrément de plus. »

Madame de la Fayette parla des autres prisonniers, et en particulier des domestiques de la Fayette, qu'elle savait avoir beaucoup souffert, et dont l'affaire ne pouvait être compliquée. On lui permit très gracieusement d'écrire pour eux d'Olmutz, et de s'adresser directement, pour ses demandes, à S. M. I.; et madame de la Fayette, rassurée par l'accueil qu'elle avait reçu, écrivait alors, sur la route de Vienne à Olmutz, qu'elle s'étonnait de se trouver encore susceptible de tout le bonheur dont elle commençait à jouir. Mais une triste expérience ne tarda pas à la convaincre de son erreur, et de l'abus cruel et tyrannique que de barbares agens faisaient du nom et de l'autorité de l'empereur.

Mesdames de Maubourg et de Puzy, inspirées par les mêmes sentimens, voulurent aussi partager les fers de leurs époux; mais jamais on ne leur permit l'entrée des États autrichiens.

Il est facile de juger quelle impression dut recevoir la Fayette, à l'apparition subite de sa femme et de ses enfans; dont l'existence était depuis long-temps pour lui un objet de crainte et d'incertitude, et ce que ses tendres filles durent éprouver avec leur mère, à l'aspect de ses membres décharnés et de son extrême pâleur; mais on ne pouvait certainement pas s'attendre à voir interrompre la joie de leurs embrassemens par l'exigence barbare de tout ce que les voyageuses apportaient avec elles.

On leur prit leur bourse, fort mal garnie, et on se jeta avec empressement sur trois fourchettes, considérées comme instrumens de suicide; car on savait devoir en inspirer la tentation. Sur un traitement si peu attendu, madame de la Fayette demanda de parler au commandant; on lui répondit qu'il avait défense de l'écouter, mais qu'elle pouvait lui écrire. Elle demanda d'écrire à l'empereur, conformément à la permission qu'elle en avait reçue; on s'y opposa, en lui disant que ses demandes au commandant seraient portées à Vienne. Elles consistaient à entendre la messe les dimanches, à avoir une femme de soldat pour servir ses filles, et à l'être elle-même par un de ses domestiques. Point de réponse à toutes ces demandes, ainsi qu'à celle de voir Latour-Maubourg et Puzy, qu'elle adressa quelque temps après au ministre de la guerre, si ce n'est celle-ci : « Madame de la Fayette s'est soumise à » partager la captivité de son mari. »

Enfin, la santé de cette malheureuse femme, altérée par seize mois de prison et d'affreux chagrins en France, donnant quelques indications d'une prochaine dissolution du sang, elle crut devoir tenter quelque démarche pour sa conservation, et écrivit à l'empereur pour lui demander la permission de passer huit jours à Vienne, d'y respirer l'air salubre, et d'y consulter un médecin. Après deux mois d'un silence qui supposait l'obligation de consulter la coalition sur les moindres affaires, le commandant nommé par la cour de Vienne, et inconnu jusque-là des prisonniers, entra chez madame de la Fayette, ordonna, sans qu'on sache pourquoi, que les jeunes personnes fussent mises dans une chambre à part, signifia à madame de la Fayette la défense de jamais paraître à Vienne, et lui donna la permission de sortir d'Olmutz, à condition de n'y jamais rentrer. Il lui prescrivit d'écrire et de signer son choix : elle écrivit :

« J'ai dû à ma famille et à mes amis de demander,

» les secours nécessaires à ma santé; mais ils savent
» bien que le prix qu'on y attache n'est pas acceptable
» pour moi. Je ne puis oublier que, tandis que nous
» étions prêts à périr, moi par la tyrannie de Robes-
» pierre, et mon mari par les souffrances physiques
» et morales de sa captivité, il n'était permis d'obtenir
» aucune nouvelle de lui, ni de lui apprendre que
» nous existions encore, ses enfans et moi; et je ne
» m'exposerai pas à l'horreur d'une autre séparation.
» Quels que soient donc l'état de ma santé et les incon-
» véniens de ce séjour pour mes filles, nous profiterons
» avec reconnaissance de la bonté qu'a eue pour nous
» sa majesté impériale, en nous permettant de partager
» cette captivité dans tous ses détails.

» *Signé*, NOAILLES LA FAYETTE. »

A partir de ce moment, aucune réclamation ne fut faite, et ces malheureuses respiraient dans leurs chambres, qu'on peut appeler cachots, un air si infect, par les exhalaisons d'un égout et des latrines de la garnison, placés près de la fenêtre de la Fayette; que les soldats qui leur portaient à manger se bouchaient le nez en ouvrant leur porte.

Le refrain des personnes puissantes, ou en crédit, qui entendaient réclamer contre ces barbaries, était : « Madame de la Fayette a voulu partager le sort de » son mari : elle n'a pas le droit de se plaindre. » Autant vaudrait dire : « Tout est permis contre la Fayette; » la vie de sa femme et de ses enfans n'est pas digne » d'arrêter un quart d'heure notre vengeance. »

Les trois prisonniers, Maubourg, la Fayette et Puzy, ont été enfermés pendant trois ans et cinq mois dans le même corridor, sans se voir, et sans qu'on voulût leur donner la moindre nouvelle de leur existence réciproque. Lorsque le général Bonaparte et le gouvernement français montrèrent l'intention, conforme au vœu national, de les rendre à la liberté, ils éprouvèrent la plus forte résistance. Enfin, Louis Romeuf, ancien aide-de-camp de la Fayette, envoyé par le vainqueur de l'Italie, parvint, après plusieurs mois de tergiversation, à obtenir de la cour de Vienne cette délivrance.

Les ministres autrichiens avaient voulu exiger des prisonniers des conditions auxquelles ils refusaient de se soumettre. Le marquis de Chasteler ayant été chargé par l'empereur de cette négociation, voici la déclaration que la Fayette lui remit au mois de juillet :

« La commission dont M. le marquis de Chasteler
» est chargé me paraît se réduire à trois points : 1° Sa
» majesté impériale souhaite faire constater notre si-
» tuation ; je ne suis disposé à lui porter aucune
» plainte. On trouvera plusieurs détails dans les lettres
» de ma femme, transmises ou renvoyées par le gou-
» vernement autrichien ; et, s'il ne suffit pas à sa ma-
» jesté impériale de relire les instructions envoyées de
» Vienne en son nom, je donnerai volontiers à M. le
» marquis de Chasteler les renseignemens qu'il peut
» désirer ;

» 2° Sa majesté l'empereur et roi voudrait être as-
» surée qu'immédiatement après ma délivrance, je
» partirai pour l'Amérique : c'est une intention que j'ai
» souvent manifestée ; mais comme, dans le moment
» actuel, ma réponse semblerait reconnaître le droit de
» m'imposer cette condition, je ne pense pas qu'il me
» convienne de satisfaire à cette demande ;

» 3º Sa majesté l'empereur et roi me fait l'honneur
» de me signifier que, les principes que je professe
» étant incompatibles avec la sûreté du gouvernement
» autrichien, elle ne veut pas que je puisse rentrer
» dans ses États sans sa permission spéciale. Il est des
» devoirs auxquels je ne puis me soustraire; j'en ai
» envers les États-Unis, j'en ai surtout avec la France,
» et je ne dois m'engager à quoi que ce soit de contraire
» aux droits de ma patrie sur ma personne. A ces ex-
» ceptions près, je puis assurer M. le général marquis
» de Chasteler, que ma détermination invariable est de
» ne mettre le pied sur aucune terre soumise à l'obéis-
» sance de sa majesté le roi de Bohême et de Hongrie. »
Maubourg, Puzy firent aussi la même déclaration, et
les trois prisonniers signèrent, en conséquence, l'engagement suivant:

« Je soussigné m'engage, envers sa majesté l'empe-
» reur et roi, de n'entrer, dans aucun temps, dans
» ses provinces héréditaires, sans avoir obtenu sa per-
» mission spéciale, sauf les droits de ma patrie sur ma
» personne. »

Ces déclarations courageuses, cette noble résistance,
irritèrent le cabinet autrichien contre les trois prisonniers. Les portes de leurs cachots se refermèrent sur
eux, tandis qu'on faisait croire à Bonaparte qu'ils
étaient libres; mais enfin, au mois de septembre, le
vainqueur, informé de la vérité, renvoya Romeuf à
Vienne, et exigea qu'on les mît en liberté. Ils sortirent
ainsi de prison, se rendirent à Hambourg, et éprouvèrent sur toute leur route des marques d'intérêt qu'ils
n'oublieront jamais.

LETTRE

DU DUC DE BRUNSWICK

AU ROI DE PRUSSE [*].

Sire,

Les motifs qui me font désirer mon rappel de l'armée, sont fondés sur l'expérience malheureuse *que le défaut d'intelligence, l'égoïsme, l'esprit de cabale et la défiance* ont déconcerté toutes les mesures qui avaient été adoptées pendant ces deux dernières campagnes, et continuent de déconcerter toutes celles qui ont été prises par les armées combinées. Accablé de l'infortune d'être exposé, par l'erreur des autres, à la situation malheureuse où je me trouve, je ne sens qu'avec trop d'amertume que le monde n'apprécie les généraux que par leurs succès, sans se donner la peine d'entrer dans aucun examen. La levée du siége de Landau fera époque dans l'histoire de cette malheureuse guerre, et j'ai le malheur d'y être impliqué. Les reproches tomberont sur moi, et l'innocent sera confondu avec le coupable. Malgré tant d'espèces de revers, je n'aurais pas exposé aux pieds de votre majesté mon désir de renoncer à une carrière qui a été la principale étude de ma vie; mais, quand on a perdu tous les fruits de ses peines, de ses travaux, de ses efforts, quand il ne reste plus d'es-

[*] *Voyez* la page 185.

pérance pour remplir le but de la campagne, ni qu'une troisième puisse offrir une issue plus heureuse, quel parti reste-t-il à prendre à l'homme le plus attaché à votre majesté, le plus zélé pour vos intérêts, pour votre cause, que celui de ne plus s'exposer à des désastres ultérieurs? Les mêmes raisons qui jusqu'ici ont divisé les puissances les divisent encore : les mouvemens des armées en souffriront comme ils en ont souffert; ils éprouveront du retard, de l'embarras; il faudra du temps pour rétablir l'armée prussienne; la politique l'exige nécessairement. Ces retards seront peut-être la source d'une suite d'infortunes pour la campagne prochaine, dont les conséquences ne peuvent se calculer. Je n'objecte rien contre la guerre : ce n'est pas la guerre que je veux éviter; mais je crains le déshonneur attaché à ma place, par les fautes que les autres généraux rejetteront sur moi, et parce que je ne pourrai agir ni d'après mes principes ni d'après mes vues. Votre majesté voudra bien se rappeler ce que j'ai eu l'honneur de vous représenter le jour que vous avez quitté Escheveilers : je vous ai exposé tous mes embarras, mes troubles et mes infortunes; j'ai fait tous mes efforts pour prévenir tous les inconvéniens; l'événement, par malheur, en a prouvé l'insuffisance. C'est donc la seule persuasion intime où je suis de ne pouvoir faire le bien, qui me fait prendre la résolution de supplier votre majesté de me nommer un successeur le plus promptement possible. Cependant ce parti, tout affligeant qu'il est pour moi, ne vient pas de ces tristes réflexions que ma situation m'a suggérées. La prudence veut que je me retire, et l'honneur me l'ordonne. Quand une grande nation, telle que celle de France, se conduit par la terreur des peines et par l'enthousiasme, les puissances combinées ne doivent avoir dans leurs mesures qu'un même sentiment et un même principe. Mais si, au lieu de cette unanimité, chaque armée agit séparément et sans s'être concertée avec les autres, sans avoir des plans fixes, sans accord et sans principes, les conséquences qu'on doit en attendre sont telles que nous les avons vues à Dunkerque, à la levée du siége de Maubeuge, à la prise de Lyon, à la destruction de Toulon, et quand nous avons levé le siége de Landau. Puisse le ciel préserver votre majesté de grandes infortunes! Mais il y a tout à craindre, si la constance, l'harmonie, l'uniformité de sentimens, de principes et d'actions ne prennent la place de sentimens opposés, qui, dans le cours des deux dernières années, ont produit tant d'infortunes. Je fais les vœux les plus sincères pour votre majesté; je serai heureux de votre gloire.

Oppenheim, 6 janvier 1794.

LETTRE

DU ROI DE PRUSSE

AU COMTE DE GOLTZ [*].

J'AI reçu votre dépêche en date du 3 mai, avec un supplément qui me fait part d'une nouvelle bien importante, que la diète de Pologne a proclamé l'électeur de Saxe successeur éventuel au trône de Pologne, en assurant ladite succession à ses descendans mâles, et, à défaut de ceux-ci, à la princesse sa fille et à son époux futur, que l'électeur, de concert avec les États de Pologne, lui aura choisi. En suite d'un penchant très amical qui m'a toujours dirigé pour coopérer à la prospérité de la république, ainsi qu'à *consolider sa nouvelle constitution*, penchant dont je n'ai cessé de donner les preuves qui pouvaient dépendre de moi, j'admire et j'applaudis à cette *démarche importante* que la nation a faite, et que j'envisage comme essentielle à consolider son bonheur. La nouvelle que je viens d'en recevoir m'est d'autant plus agréable, que je suis attaché par des liens d'amitié à ce prince vertueux, destiné à rendre la Pologne heureuse, et que sa maison jouit avec la mienne des liaisons d'un bon voisinage et de la plus intime union. Je suis persuadé que ce choix de la

---

[*] *Voyez* la page 237.

république affermira à jamais cette *harmonie* et cette étroite intelligence entre elle et moi ; je vous recommande de déclarer, de la manière la plus solennelle, mes félicitations sincères au roi, aux maréchaux de la diète, et à tous ceux qui ont contribué à une œuvre aussi importante, etc.

RÉPONSE

DU ROI DE PRUSSE

AU ROI DE POLOGNE *.

Berlin, le 8 juin 1792.

Monsieur mon frère,

Le grand-maréchal de Lithuanie, le comte Potocki, m'a remis la lettre que sa majesté m'a écrite, en date du 31 mai. J'y vois avec regret les embarras dans lesquels la république de Pologne se trouve aujourd'hui engagée; mais j'avouerai aussi avec franchise qu'après tout ce qui s'est passé depuis une année, ils étaient à prévoir. Sa majesté se rappellera que, dans plus d'une occasion, le marquis de Luchesini a été chargé de lui manifester, tant à elle-même qu'aux membres prépondérans du gouvernement, mes justes appréhensions à ce sujet. Dès le moment où le rétablissement de la tranquillité générale en Europe m'a permis de m'expliquer, et que l'impératrice de Russie a laissé entrevoir une opposition décidée contre l'ordre de choses établi par la révolution du 3 mai 1791, ma façon de penser et

* *Voyez* la page 237.

le langage de mes ministres n'ont jamais varié; et, en regardant d'un œil tranquille la nouvelle constitution que la république s'est donnée à mon insu, et sans ma concurrence, *je n'ai jamais songé à la soutenir ou à la protéger.* J'ai prédit, au contraire, que les mesures menaçantes et les préparatifs de guerre auxquels la diète n'a cessé de viser coup sur coup, provoqueraient infailliblement le ressentiment de l'impératrice de Russie, et attireraient à la Pologne les maux qu'on prétendait éviter. L'événement a justifié ces apparences; et on ne saurait se dissimuler, dans le moment présent, que, sans la nouvelle forme du gouvernement de la république, et sans les efforts qu'elle a annoncés pour les soutenir, la cour de Russie ne se serait point décidée pour les démarches vigoureuses qu'elle vient d'embrasser. Quelles que soient l'amitié que j'ai vouée à sa majesté et la part que je prends à tout ce qui la concerne; elle sentira elle-même que, l'état des choses ayant entièrement changé depuis l'alliance que j'ai contractée avec la république, et les conjonctures présentes, amenées par la constitution du 3 mai 1791, postérieure à mon traité, n'étant *point applicables aux engagemens qui s'y trouvent stipulés*, il ne tient pas à moi de déférer à l'attente de sa majesté, si les intentions du parti patriotique sont toujours les mêmes, et s'il persiste à vouloir soutenir son ouvrage. Mais si, en revenant sur ses pas, il considérait les difficultés qui s'élèvent de tous côtés, je serais tout prêt à me concerter avec sa majesté l'impératrice de Russie, et de m'entendre en même temps avec la cour de Vienne, pour tâcher de concilier les différens intérêts; et convenir des mesures capables de rendre à la Pologne sa tranquillité. Je me flatte que sa majesté trouvera dans ces dispositions et dans ces assurances les sentimens de l'amitié sincère et de la considération avec laquelle je suis, etc.

Signé, Frédéric-Guillaume.

DÉCLARATION
DU ROI DE PRUSSE
SUR LES AFFAIRES DE LA POLOGNE [*].

Il est connu de toute l'Europe que la révolution arrivée en Pologne, le 3 mai 1791, à l'insu et sans la participation des puissances amies et voisines de la république, n'a pas tardé d'exciter le mécontentement et l'opposition d'une grande partie de la nation. Les adhérens de l'ancienne forme du gouvernement ont réclamé l'assistance de l'auguste souveraine qui en est la garante; et sa majesté l'impératrice de Russie, déférant à ces instances, ne s'est pas refusée à les appuyer par un corps de troupes respectable, qui a été réparti dans les provinces où leur présence paraissait essentiellement nécessaire. C'est sous leurs auspices que les membres prépondérans de la noblesse ont formé une confédération générale, dont les travaux actuels sont consacrés à redresser l'abus des innovations et à remettre en vigueur la constitution fondamentale de leur patrie. Ces grands événemens ne purent qu'attirer l'attention de la Prusse, intéressée de tout temps au sort de la Pologne, par les lois du voisinage et les relations qui subsistaient entre les deux empires; mais,

---

[*] Voyez la page 242.

dans l'espérance que les troubles survenus s'achemineraient promptement à une heureuse fin, le roi n'a pas cru devoir y intervenir, dans un moment surtout où d'autres soins importans l'occupaient ailleurs.

Il s'en faut cependant de beaucoup que son attente ait été remplie. Le parti soi-disant patriotique, au lieu de se rendre aux intentions salutaires de la cour de Russie, n'a pas craint d'opposer aux troupes impériales une résistance opiniâtre; et, quoique son impuissance l'ait bientôt réduit à se désister de son projet chimérique d'une guerre ouverte, il n'en continue pas moins ses machinations secrètes, qui tendent visiblement à la subversion totale du bon ordre et de la tranquillité. Les États limitrophes du roi ne s'en sont déjà que trop aperçus par des excès et des violations de territoire réitérées; mais ce qui mérite bien plus encore son attention sérieuse et celle de toutes les puissances voisines, c'est que l'esprit du démocratisme français, et les maximes de cette secte atroce, qui cherche à faire des prosélytes de tout côté, commencent à jeter de profondes racines en Pologne, au point que les manœuvres des émissaires jacobins y sont puissamment appuyées, et qu'il s'est déjà formé plusieurs clubs révolutionnaires qui font une profession ouverte de leurs sentimens.

C'est, en particulier, la Grande-Pologne qui est infectée de ce poison dangereux, et qui recèle le plus grand nombre des zélateurs du faux patriotisme. Leurs connexions avec les clubs français ne peuvent qu'inspirer au roi de justes sujets d'inquiétude pour la sûreté de ses propres États, et lui prescrivent la nécessité absolue d'y pourvoir par des mesures convenables.

Obligée de poursuivre la guerre, conjointement avec les puissances coalisées, et à la veille d'ouvrir une seconde campagne, sa majesté a donc cru devoir se concerter préalablement avec les cours de Vienne et de Pétersbourg sur le parti qui lui restait à prendre; et leurs majestés impériales n'ont pu se refuser à l'aveu que la saine politique ne lui permettait point de laisser les mains libres aux factieux de la Pologne, et de courir les risques de se mettre à dos un ennemi dont les entreprises fougueuses pourraient devenir une nouvelle source d'embarras.

C'est pour le prévenir que le roi a résolu de faire entrer sur le territoire de la république, et nommément dans plusieurs districts de la Grande-Pologne, un corps de troupes suffisant, dont le commandement en chef sera confié à son général d'infanterie le sieur de Mollendorff. Cette mesure de précaution a pour but de couvrir les provinces limitrophes de sa majesté, de réprimer les malveillans qui fomentent les troubles et l'insurrection, de rétablir et de maintenir l'ordre et le repos public; et d'assurer aux habitans bien-intentionnés une protection efficace. Il ne tiendra qu'à eux de la mériter par une conduite paisible et sage, en accueillant et en traitant amicalement les troupes prussiennes, et en leur fournissant les secours et les subsistances dont elles auront besoin. Le général-commandant ne manquera pas, de son côté, de faire observer une bonne et exacte discipline, de soulager et d'assister les habitans en tout ce qui dépendra de lui, de remédier à toutes les plaintes, et de payer fidèlement les livraisons qu'ils seront dans le cas de faire à sa réquisition. Le roi aime à se flatter qu'avec des dispositions aussi pacifiques, il pourra compter sur la bonne volonté d'une nation dont le bien-être ne saurait lui être indifférent, et à laquelle il désire de donner des preuves réelles de son affection et de sa bienveillance.

En conséquence, nous avons résolu, de concert avec sa majesté l'impératrice de toutes les Russies, de prendre possession des districts ci-dessus nommés, ainsi que des villes de Thorn et de Dantzick, et de les incorporer à nos États. En faisant parvenir à la connaissance du public la résolution ferme et inébranlable que nous avons prise à cet égard; nous nous attendons, avec assurance, que la nation polonaise ne tardera pas à s'assembler en diète générale, et qu'elle y fera toutes les dispositions nécessaires et convenables pour terminer cette affaire à l'amiable, et afin qu'on puisse atteindre le but salutaire qu'on s'est proposé de procurer à la république de Pologne; savoir, une paix solide et durable, et garantir ses habitans des suites horribles de l'anarchie. En même temps, nous exhortons très-sérieusement, et avec affection, les États et les habitans des districts dont nous allons prendre possession, de n'opposer aucune résistance aux commandans des troupes que nous avons chargés de cette prise de possession, en les invitant à *se soumettre de bon gré à notre domination*, à nous envisager dès à présent comme leur roi et souverain légitime, à se comporter envers nous comme des sujets fidèles et obéissans, et à *rompre dorénavant toute liaison et connexité avec la couronne de Pologne*. En revanche, nous sommes résolus, et promettons par la présente, de la manière la plus solennelle, de protéger et de maintenir les États et les habitans ci-dessus nommés chacun et tous dans leurs possessions, priviléges et droits respectifs, tant séculiers qu'ecclésiastiques, surtout ceux de la religion catholique-romaine, qui jouiront imperturbablement d'une pleine liberté pour l'exercice de leur culte, et de gouverner généralement les susdits pays, de manière que la partie sensée et bien pensante des habitans n'aura *point à regretter d'avoir passé sous une nouvelle domination*. Pour nous assurer d'autant plus de la fidélité et de l'attachement de nos nouveaux sujets envers nous, nous avons jugé devoir exiger qu'ils prêtent entre nos mains le serment de la foi et hommage accoutumé ; mais comme notre éloignement pour le temps présent nous empêche de le recevoir en personne, nous avons chargé et muni de nos pleins pouvoirs à cet effet, et pour nous représenter en cette occasion, notre général d'infanterie, Joachim-Henri de Mollendorff, chevalier de nos ordres, vice-président du conseil supérieur de guerre, et gouverneur de notre résidence et ville de Berlin, ainsi que notre ministre privé d'État et de justice, Adolphe-Albert-Henri-Léopold, baron de Denckelmann, président en chef des tribunaux supérieurs de justice en Silésie.

En conséquence, nous ordonnons très gracieusement auxdits États et habitans de comparaître, deux jours avant le terme fixé par nos commissaires plénipotentiaires pour la prestation de foi, au lieu désigné par lesdits commissaires, de faire coucher leurs noms sur les registres publics, ainsi que les pleins pouvoirs dont ils seront munis, et de prêter ensuite le serment de fidélité et de soumission par lequel ils s'engagent à nous reconnaître, nous, nos héritiers et nos successeurs, comme leur roi et souverain légitime. De plus, notre volonté, notamment à cet égard, est que les évêques, abbés, prélats, palatins, châtelains, starostes, camériers et juges provinciaux, comparaissent tous, et chacun en personne, ou par des députés suffisamment autorisés pour cette fin. Quant aux autres ordres de citoyens, ce sera par des députés choisis dans leur sein, et munis de pouvoirs dûment légalisés, qu'ils comparaîtront à l'endroit ci-dessus indiqué, et nommément quatre députés, pour le moins, par chaque district, pour l'ordre équestre, quatre pour le clergé et les curés, six maires de village, et deux bourgmestres, avec un syndic, pour chaque ville. On fournira, en outre, à ces députés, une notice exacte et authentique, contenant les noms de tous les individus présens et absens de l'ordre équestre, domiciliés dans leurs districts respectifs, ainsi que les noms des magistrats, curés et prédicateurs de chaque lieu, qui tous auront juré dans leur âme le serment de fidélité que leurs députés doivent prêter pour eux et en leur nom. La régularité avec laquelle on aura procédé à cet égard, doit être constatée par un acte signé et expédié en due et bonne forme par le magistrat ou juge de chaque lieu, pour être remis ensuite, par lesdits députés, entre les mains de nos commissaires plénipotentiaires.

Nous ne doutons pas que ceux à qui les présentes lettres-patentes sont adressées, ne se conforment ponctuellement et avec obéissance à tout ce qui y est contenu. Si cependant, contre toute attente, un ou plusieurs ordres, ou citoyens desdits districts et villes, osaient refuser de nous prêter le serment de fidélité requis, et de se soumettre à notre domination, ou s'ils tentaient même d'opposer quelque résistance à nos commandans et à nos troupes, alors celui ou ceux qui se rendraient coupables de cette contravention, auraient infailliblement à s'attendre aux peines et punitions usitées en pareil cas, sans distinction de personne.

En foi de quoi, etc.

A Berlin, le 25 mars 1793.

DÉCLARATION

DES

MINISTRES DE RUSSIE ET DE PRUSSE,

A LA CONFÉDÉRATION DE POLOGNE [*].

Les desseins que sa majesté l'impératrice de toutes les Russies avait manifestés dans la déclaration présentée par son ministre à Warsovie, le 7 mai de l'année passée, à l'occasion de l'entrée de ses troupes en Pologne, étaient sans doute de nature à mériter la soumission, le respect et même la reconnaissance de toute la nation polonaise. Cependant l'Europe a vu de quelle manière ils ont été envisagés et appréciés. Pour frayer la route à la confédération de Targowitz, par laquelle celle-ci pouvait atteindre à la jouissance de ses droits et de son pouvoir légitimes, il a fallu avoir recours aux armes ; et les auteurs de la révolution du 3 mai 1791, ainsi que leurs adhérens, ne quittèrent le champ de bataille, auquel ils avaient provoqué les troupes russes, que lorsqu'ils furent vaincus par leurs efforts.

Mais quoique une résistance ouverte eût cessé, elle fit place aux machinations secrètes, dont les ressorts sont d'autant plus dangereux, que souvent ils se dérobent à la surveillance de l'œil le plus attentif, et qu'ils savent même éluder la surveillance des lois.

---

[*] *Voyez* la page 246.

L'esprit de faction et de trouble a pris une si grande extension, que ceux qui se donnent la peine de l'inspirer et de le rendre général, ayant manqué le but de leurs intrigues auprès des cours étrangères, où ils tâchaient de rendre suspects les desseins de la Russie, ont tourné tous leurs efforts pour fasciner les yeux du peuple, toujours aisé à se laisser séduire. Ils ont réussi au point que ce même peuple est devenu complice de cette haine et de cette inimitié qu'ils ont vouée à l'empire de Russie, après avoir été frustrés dans leurs espérances criminelles. Sans faire mention ici de plusieurs faits généralement connus, et qui prouvent les inclinations méchantes du plus grand nombre des Polonais, il suffira de dire qu'ils ont su abuser des principes d'humanité et de modération, qui dirigeaient les généraux et officiers de l'armée de sa majesté l'impératrice dans leurs opérations et leur conduite, d'après les ordres exprès donnés à cet égard; de sorte qu'ils se sont insurgés contre eux de toutes les manières, soit en les maltraitant, soit en les tournant en ridicule, et que les plus hardis d'entre eux ont osé même parler des vêpres siciliennes, les menaçant d'un sort pareil.

Telle est la conduite que ces ennemis du bon ordre et de la tranquillité, que sa majesté l'impératrice a voulu rétablir et consolider dans leur patrie, ont opposée aux vues bienfaisantes de cette souveraine. On peut juger par-là de la sincérité des accessions du plus grand nombre des Polonais à la confédération de Targowitz, ainsi que de la permanence et de la stabilité de la paix, soit dans l'intérieur de la république, soit au dehors.

Mais la sérénissime impératrice, accoutumée depuis trente ans à lutter contre les troubles continuels de ce pays, et confiante dans les moyens dont la Providence lui fait part, de maintenir dans leurs limites les dissensions y existantes, aurait continué de persister dans ses soins désintéressés, et aurait enseveli dans l'oubli tous les motifs des griefs dont elle a à se plaindre, ainsi que toutes les justes prétentions auxquelles ces griefs l'autorisent, si les abus d'un genre plus important et plus dangereux ne se présentaient avec évidence.

La fureur sans exemple d'une nation jadis si florissante, aujourd'hui humiliée, divisée et penchée au bord d'un précipice tout prêt à l'engloutir, cette fureur, au lieu de servir à ces perturbateurs de motifs à reculer, leur paraît, au contraire, un exemple digne d'être suivi. Ils travaillent sans relâche à introduire au sein de la république cette doctrine infernale, qu'une secte impie, sacrilége et inique, a enfantée pour le malheur et l'anéantissement de toutes les sociétés ecclésiastiques, civiles et politiques. Déjà des clubs, affiliés avec celui des jacobins de Paris, sont établis dans la capitale et dans plusieurs provinces de la Pologne. Ils vomissent leur poison secret, en infectent les esprits et fomentent leur fermentation.

L'établissement de ce foyer, qui alimente un feu aussi dangereux pour toutes les puissances voisines de la Pologne, a dû naturellement exciter leur surveillance et leur attention.

Elles se sont déjà occupées de la recherche commune des mesures les plus efficaces pour étouffer le mal dans sa source, et pour détourner cette épidémie de leurs propres frontières.

Leurs majestés l'impératrice de Russie et le roi de Prusse, avec l'assentiment de sa majesté l'empereur des

Romains, n'ont pu trouver de moyen plus efficace pour leur sûreté respective que celui de resserrer la république de Pologne dans des limites plus étroites, en lui fixant une existence et des proportions relatives au degré convenable à une puissance du moyen ordre, et qui puissent lui procurer et assurer, sans préjudicier à son antique liberté, un gouvernement sage et régulier, et en même temps assez vigoureux et assez actif pour obvier et apaiser tous les désordres et troubles qui ont si souvent interrompu sa propre tranquillité, ainsi que celle de ses voisins.

Étant donc parfaitement unis par un accord commun de vues et de principes, leurs majestés l'impératrice de toutes les Russies et le roi de Prusse sont intimement persuadées qu'elles ne peuvent mieux prévenir un anéantissement total de la république, dont elle est menacée par des dissensions qui y règnent, et surtout par ces maximes dangereuses qui ont égaré ses habitans, qu'en adjoignant à leurs domaines respectifs celles de ses provinces qui les avoisinent; et les prenant incessamment en possession actuelle, afin de les garantir à temps des effets horribles de ces maximes que l'on ne cesse d'y faire propager. Leursdites majestés déclarent à toute la nation polonaise, en général, leur constante et immuable détermination à cet égard; elles l'invitent de s'assembler au plus tôt en diète, à l'effet de s'arranger à l'amiable sur cet objet, ainsi que de coopérer à l'effet des desseins salutaires qu'elles ont de lui assurer pour l'avenir un état de paix permanent, et un gouvernement stable et solide.

A Grodno, le 9 avril 1793.

RÉPONSE

DU ROI DE POLOGNE

AUX NOTES DES COURS DE BERLIN ET DE PÉTERSBOURG [*].

Je déclare, en présence des états assemblés, que lorsque j'accédai à la confédération de Targowitz, formée sous la protection de sa majesté impériale de toutes les Russies, je le fis, sur l'assurance que les possessions de la république demeureraient *intactes* : ce fut l'unique vue qui dirigea mes démarches; et il est de mon devoir d'en avertir les états assemblés en diète, qui, comme je l'espère, conservent les mêmes sentimens que moi sur l'intégrité des terres de la république. Je vois que nous sommes dans le cas de donner des réponses très précises, et dans les termes les plus mesurés, sur les notes en question. Mais toutes nos demandes se reportent à ce seul point, que l'on nous rende nos terres; et j'espère que la sagesse et l'équité de sa majesté impériale de Russie et de sa majesté prussienne verront que notre nation n'a donné en aucune manière occasion au partage que les deux couronnes jugent nécessaire.

Signé, Stanislas-Auguste, *roi*.

[*] *Voyez* la page 246.

TRAITÉ DE PAIX

ENTRE

LA RÉPUBLIQUE FRANÇAISE

ET S. M. LE ROI DE PRUSSE *.

Également animées du désir de mettre fin à la guerre qui les divise, par une paix solide entre les deux nations, ont nommé pour leurs plénipotentiaires, savoir :

LA RÉPUBLIQUE FRANÇAISE,

Le citoyen François Barthelemy, son ambassadeur en Suisse ;

ET LE ROI DE PRUSSE,

Son ministre d'État, de guerre et du cabinet, Charles-Auguste, baron de Hardenberg, chevalier de l'ordre de l'Aigle rouge, de l'Aigle blanc et de Saint-Stanislas, etc. ;

Lesquels, après avoir échangé leurs pleins pouvoirs, ont arrêté les articles suivans :

Art. Ier. Il y aura paix, amitié et bonne intelligence entre la république française et le roi de Prusse, tant considéré comme tel qu'en sa qualité d'électeur de Brandebourg et de co-État de l'empire germanique.

---

* *Voyez* la page 328.

II. En conséquence, toutes hostilités entre les deux puissances contractantes cesseront, à compter de la ratification du présent traité, et aucune d'elles ne pourra, à compter de la même époque, fournir contre l'autre, en quelque qualité et à quelque titre que ce soit, aucun secours ni contingent, soit en hommes, en chevaux, vivres, argent, munitions de guerre ou autrement.

III. L'une des puissances contractantes ne pourra accorder passage sur son territoire à des troupes ennemies de l'autre.

IV. Les troupes de la république française évacueront, dans les quinze jours qui suivront la ratification du présent traité, les parties des États prussiens qu'elles pourraient occuper sur la rive droite du Rhin. Les contributions, livraisons, fournitures et prestations de guerre cesseront entièrement, à compter de quinze jours après la signature de ce traité. Tous les arrérages dus à cette époque, de même que les billets et promesses donnés ou faits à cet égard, seront de nul effet. Ce qui aura été pris ou perçu après l'époque susdite, sera d'abord rendu gratuitement ou payé en argent comptant.

V. Les troupes de la république française continueront d'occuper la partie des États du roi de Prusse située sur la rive gauche du Rhin. Tout arrangement définitif à l'égard de ces provinces sera renvoyé jusqu'à la pacification générale entre la France et l'empire germanique.

VI. En attendant qu'il ait été fait un traité de commerce entre les deux puissances contractantes, toutes les communications et relations commerciales sont rétablies entre la France et les États prussiens, sur le pied où elles étaient avant la guerre actuelle.

VII. Les dispositions de l'article IV ne pouvant avoir leur plein effet qu'en tant que la liberté du commerce sera rétablie pour tout le nord de l'Allemagne, les deux puissances contractantes prendront des mesures pour en éloigner le théâtre de la guerre.

VIII. Il sera accordé respectivement aux individus des deux nations la main-levée des effets, revenus ou biens, de quelque genre qu'ils soient, détenus, saisis ou confisqués à cause de la guerre qui a eu lieu entre la France et la Prusse, de même qu'une prompte justice à l'égard des créances quelconques que ces individus pourraient avoir dans les États des deux puissances contractantes.

IX. Tous les prisonniers faits respectivement depuis le commencement de la guerre, sans égard à la différence du nombre et du grade, y compris les marins et matelots prussiens, pris sur des vaisseaux soit prussiens, soit d'autres nations, ainsi qu'en général tous ceux détenus de part et d'autre pour cause de la guerre, seront rendus dans l'espace de deux mois, au plus tard, après l'échange des ratifications du présent traité, sans répétition quelconque, en payant toutefois les dettes particulières qu'ils pourraient avoir contractées pendant leur captivité. L'on en usera de même à l'égard des malades et blessés, d'abord après leur guérison. Il sera incessamment nommé des commissaires de part et d'autre pour procéder à l'exécution du présent article.

X. Les prisonniers des corps saxons, mayençais, palatins et hessois, tant de Hesse-Cassel que de Darmstadt, qui ont servi avec l'armée du roi de Prusse, seront également compris dans l'échange susmentionné.

XI. La république française accueillera les bons offices de sa majesté le roi de Prusse en faveur des princes et États de l'empire germanique, qui désireront entrer directement en négociation avec elle, et qui, pour cet effet, ont déjà réclamé ou réclameront encore l'intervention du roi.

La république française, pour donner à sa majesté le roi de Prusse une première preuve de son désir de concourir au rétablissement des anciens liens d'amitié qui ont subsisté entre les deux nations, consent à ne pas traiter comme pays ennemi, pendant l'espace de trois mois après la ratification du présent traité, ceux des princes et États dudit empire qui sont situés sur la rive droite du Rhin, en faveur desquels le prince s'intéressera.

XII. Le présent traité n'aura d'effet qu'après avoir été ratifié par les parties contractantes, et les ratifications seront échangées en cette ville de Bâle dans le terme d'un mois, ou plus tôt, s'il est possible, à compter de ce jour.

En foi de quoi, nous soussignés, ministres plénipotentiaires de la république française et de sa majesté le roi de Prusse, en vertu de nos pleins pouvoirs, avons signé le présent traité de paix et d'amitié, et y avons fait apposer nos sceaux respectifs.

Fait à Bâle, le 16 du mois de germinal de l'an III de la république française (5 avril 1795).

(L. S.) *Signé*, François Barthelémy.
(L. S.) *Signé*, Charles-Auguste, baron de Hardenberg.

CONVENTION

ENTRE

LA RÉPUBLIQUE FRANÇAISE

ET S. M. LE ROI DE PRUSSE *.

Ayant stipulé, dans le traité de paix et d'amitié conclu entre elles le 16 germinal dernier (5 avril 1795), des clauses secrètes qui se rapportent à l'article VII dudit traité, et qui établissent une ligne de démarcation et de neutralisation, dont le but est d'éloigner le théâtre de la guerre de tout le nord de l'Allemagne, ont jugé convenable d'en expliquer et d'en arrêter définitivement les conditions par une convention particulière.

A cet effet, les plénipotentiaires respectifs des deux hautes puissances contractantes, savoir:

DE LA PART DE LA RÉPUBLIQUE FRANÇAISE,

Le citoyen François Barthelemy, son ambassadeur en Suisse;

ET DE LA PART DU ROI DE PRUSSE,

Son ministre d'État, de guerre et du cabinet, Charles-Auguste, baron de Hardenberg, chevalier de l'ordre

* *Voyez* la page 330.

de l'Aigle rouge, de l'Aigle blanc et de Saint-Stanislas, etc., ont arrêté les articles suivans :

Art. Ier. Afin d'éloigner le théâtre de la guerre des frontières des États de sa majesté le roi de Prusse, de conserver le repos du nord de l'Allemagne, et de rétablir la liberté entière du commerce entre cette partie de l'Empire et de la France, comme avant la guerre, la république française consent à ne pas pousser les opérations de la guerre, ni faire entrer ses troupes, soit par terre, soit par mer, dans les pays et États situés au-delà de la ligne de démarcation suivante :

Cette ligne comprendra l'Ost-Frise, et descendra le long de l'Ems et de l'Aa ou l'Alfa jusqu'à Munster; prenant ensuite sa direction sur Coesfeld ; Borken, Bockhold, jusqu'à la frontière du duché de Clèves, près d'Isselbourg; suivant cette frontière, à Magenporst sur la nouvelle Issel, et remontant le Rhin jusqu'à Dhuysbourg; de là longeant la frontière du comté de la Marck, sur Warden, Gemarke et le long de la Wipper, à Hambourg, Altenkirchen, Limbourg sur la Lahn; le long de cette rivière et de celle qui vient d'Idstein, sur cette ville, Epstein et Hoechst sur le Mein; de là sur Rauenheim, le long du Landgraben, sur Dornheim; puis, en suivant le ruisseau qui traverse cet endroit, jusqu'à la frontière du Palatinat; de là celle du pays de Darmstadt et du cercle de Franconie, que la ligne enclavera tout entier, à Ebersbach sur le Necker ; continuant le cours de ce fleuve jusqu'à Wimpfen, ville libre de l'Empire, et prenant de là sur Loevenstein, Murard, Hoenstadt, Noerdlingen, ville libre de l'Empire, et Holzkirch sur la Wernitz; renfermant le comté de Pappenheim et tout le cercle de Franconie et de la Haute-

SAXE; le long de la BAVIÈRE, du HAUT-PALATINAT et de la BOHÊME, jusqu'aux frontières de la SILÉSIE.

II. La république française regardera comme pays et États neutres tous ceux qui sont situés derrière cette ligne, à condition qu'ils observent de leur côté une stricte neutralité, dont le premier point sera de rappeler leurs contingens et de ne contracter aucun nouvel engagement qui pût les autoriser à fournir des troupes aux puissances en guerre avec la France.

Ceux qui ne rempliront pas cette condition seront exclus du bénéfice de la neutralité.

III. Sa majesté le roi de Prusse s'engage à faire observer cette neutralité à tous les États qui sont situés sur la rive droite du Mein et compris dans la ligne de démarcation susmentionnée.

Le roi se charge de la garantie qu'aucunes troupes ennemies de la France ne passent cette partie de la ligne, ou ne sortent des pays qui y sont compris, pour combattre les armées françaises; et à cet effet les deux parties contractantes entretiendront, sur les points essentiels, après s'être concertées entre elles, des corps d'observation suffisans pour faire respecter cette neutralité.

IV. Le passage des troupes, soit de la république française, soit de l'Empire ou autrichiennes, restera toutefois libre pour les routes conduisant sur la rive droite du MEIN, par FRANCFORT:

1° Sur KOENIGSTEIN et LIMBOURG, vers COLOGNE;

2° Sur FRIEDBERG, WESTLAER et SIEGEN, vers COLOGNE;

3° Sur HADERSHEIM, WISBADEN et NASSAU à COBLENTZ;

4° Enfin, sur HADERSHEIM, à MAYENCE; et *vice versâ*;

De même que dans tous les pays situés sur la rive

gauche de cette rivière, et dans tout le cercle de la FRANCONIE, sans toutefois porter le moindre préjudice à la neutralité de tous les États et pays renfermés dans la ligne de démarcation.

V. Le comté de SAYM-ALTENKIRCHEN sur le WESTERWALD, y compris le petit district de BENDORFF, au-dessous de COBLENTZ, étant dans la possession de sa majesté le roi de Prusse, jouira des mêmes sûretés et avantages que ses autres États situés sur la rive droite du Rhin.

VI. La présente convention devra être ratifiée par les parties contractantes, et les ratifications seront échangées en cette ville de Bâle, dans le terme d'un mois, ou plus tôt, s'il est possible, à compter de ce jour.

En foi de quoi, nous soussignés, plénipotentiaires de la république française et de sa majesté le roi de Prusse, en vertu de nos pleins pouvoirs, avons signé la présente convention particulière, et y avons fait apposer nos sceaux respectifs.

Fait à Bâle, le 28 floréal de l'an III de la république française (17 mai 1795).

(L. S.) *Signé*, FRANÇOIS BARTHELEMY.
(L. S.) *Signé*, CHARLES-AUGUSTE, baron DE HARDENBERG.

NOTE
SUR LA POLOGNE.

On a oublié de citer, parmi les auteurs polonais qui ont illustré leur pays, Krasiky, évêque de Warmie, dont les poésies pastorales sont pleines d'esprit, de grâce et de sentiment.

Malachowski, défenseur constant des intérêts de sa patrie, excita l'enthousiasme de ses concitoyens et mérita le respect de ses ennemis. Boufflers, admirateur de ses vertus, fit pour lui ces quatre vers qu'il adressa aux Polonais, dont il plaignait les malheurs et voulait consoler le patriotisme :

> A ce vrai citoyen sachez vous conformer,
> Et retenez de lui, nation généreuse,
> Que moins une mère est heureuse,
> Plus ses enfans doivent l'aimer.

* *Voyez* la page 231.

TRAITÉ DE PAIX

ENTRE

LA RÉPUBLIQUE FRANÇAISE

ET LE LANDGRAVE DE HESSE-CASSEL *.

AYANT accueilli les bons offices du roi de Prusse en faveur de son altesse sérénissime le landgrave régnant de Hesse-Cassel, et étant animées des mêmes sentimens que le landgrave, pour faire succéder une paix solide et durable à l'état de guerre qui les divise, les deux parties contractantes ont, à cet effet, nommé pour leurs plénipotentiaires, savoir ;

LA RÉPUBLIQUE FRANÇAISE,

Le citoyen FRANÇOIS BARTHELEMY, son ambassadeur en Suisse ;

ET LE LANDGRAVE DE HESSE-CASSEL,

Son conseiller privé, FRÉDÉRIC-SIGISMOND, baron DE WAITZ D'ESCHEN ; lesquels, après avoir échangé

* *Voyez* la page 331.

leurs pleins pouvoirs, ont arrêté les articles suivans :

Art. Ier. Il y aura paix, amitié et bonne intelligence entre la république française et le landgrave de Hesse-Cassel.

II. En conséquence, toutes hostilités entre les deux parties contractantes cesseront, à compter de l'échange des ratifications du présent traité, et aucune d'elles ne pourra, à compter de la même époque, fournir contre l'autre, en quelque qualité et à quelque titre que ce soit, aucun secours ni contingent, soit en hommes, en chevaux, vivres, argent, munitions de guerre ou autrement.

III. Le landgrave de Hesse-Cassel ne pourra, tant qu'il y aura guerre entre la république française et l'Angleterre, ni protéger ni renouveler les deux traités de subsides existans entre lui et l'Angleterre. Cette disposition aura son effet à compter du jour de la date du présent traité.

IV. Le landgrave se conformera strictement, à l'égard du passage de troupes quelconques par ses États, aux dispositions stipulées dans la convention conclue à Bâle, le 28 floréal dernier (17 mai 1795), entre la république française et le roi de Prusse.

V. La république française continuera d'occuper la forteresse de Rhinfels, la ville de Saint-Goard et la partie du comté de Catzenellenbogen située sur la rive gauche du Rhin. Tout arrangement définitif à l'égard de ces pays sera renvoyé jusqu'à la pacification entre la république française et les parties de l'Allemagne encore en guerre avec elle.

VI. Toutes les communications et relations commerciales seront rétablies entre la France et les États du landgrave de Hesse-Cassel, sur le pied où elles étaient avant la guerre actuelle.

VII. Il sera accordé respectivement aux gouvernemens et individus des deux nations la main-levée des effets, revenus ou biens, de quelque genre qu'ils soient, détenus, saisis ou confisqués à cause de la guerre qui a eu lieu entre la France et la Hesse, de même qu'une prompte justice à l'égard des créances quelconques qu'ils pourraient avoir dans les États des parties contractantes.

VIII. Tous les prisonniers faits respectivement depuis le commencement de la guerre, sans égard à la différence du nombre et des grades, seront rendus dans l'espace de deux mois au plus tard après l'échange des ratifications du présent traité, sans répétition quelconque, en payant toutefois les dettes particulières qu'ils pourraient avoir contractées pendant leur captivité. On en usera de même à l'égard des malades et blessés, d'abord après leur guérison.

Il sera incessamment nommé, de part et d'autre, des commissaires pour procéder à l'exécution du présent article, dont les dispositions ne pourront être appliquées aux troupes hessoises au service de l'Angleterre, faites prisonnières de guerre.

IX. Le présent traité n'aura son effet qu'après avoir été ratifié par les parties contractantes, et les ratifications seront échangées en cette ville de Bâle dans le terme d'un mois, ou plus tôt, s'il est possible, à compter de ce jour.

En foi de quoi, nous soussignés, plénipotentiaires de la république française et de son altesse sérénissime le landgrave de Hesse-Cassel, en vertu de nos pleins pouvoirs, avons signé le présent traité de paix, et y avons fait apposer nos sceaux respectifs.

« *Fait à Bâle, le 11 du mois de fructidor de l'an III de la république française* (28 août 1795.)

(L. S.) *Signé,* François Barthelemy.
(L. S.) *Signé,* Frédéric-Sigismond, baron de Waitz d'Eschen.

TRAITÉ DE PAIX

ENTRE

LA RÉPUBLIQUE FRANÇAISE

ET S. M. LE ROI D'ESPAGNE [*].

ÉGALEMENT animées du désir de faire cesser les calamités de la guerre qui les divise, intimement convaincues qu'il existe entre les deux nations des intérêts respectifs qui commandent un retour réciproque d'amitié et de bonne intelligence, et voulant, par une paix solide et durable, rétablir la bonne harmonie qui, depuis long-temps, avait constamment été la base des relations des deux pays, elles ont chargé de cette négociation importante, savoir :

LA RÉPUBLIQUE FRANÇAISE,

Le citoyen FRANÇOIS BARTHELEMY, son ambassadeur en Suisse ;

ET SA MAJESTÉ CATHOLIQUE,

Son ministre plénipotentiaire et envoyé extraordinaire près du roi et de la république de Pologne, DON

---

[*] *Voyez* la page 333.

Domingo d'Yriarte, chevalier de l'ordre royal de Charles III, etc.;

Lesquels, après avoir échangé leurs pleins pouvoirs, ont arrêté les articles suivans:

Art. Ier. Il y aura paix, amitié et bonne intelligence entre la république française et le roi d'Espagne.

II. En conséquence, toutes hostilités entre les deux puissances contractantes cesseront, à compter de l'échange des ratifications du présent traité, et aucune d'elles ne pourra, à compter de la même époque, fournir contre l'autre, en quelque qualité et à quelque titre que ce soit, aucun secours ni contingent, soit en hommes, en chevaux, vivres, argent, munitions de guerre, vaisseaux, ou autrement.

III. L'une des puissances contractantes ne pourra accorder passage sur son territoire à des troupes ennemies de l'autre.

IV. La république française restitue au roi d'Espagne toutes les conquêtes qu'elle a faites sur lui dans le cours de la guerre actuelle.

Les places et pays conquis seront évacués par les troupes françaises dans les quinze jours qui suivront l'échange des ratifications du présent traité.

V. Les places fortes dont il est fait mention dans l'article précédent seront restituées à l'Espagne, avec les canons, munitions de guerre et effets à l'usage de ces places, qui y auront existé au moment de la signature de ce traité.

VI. Les contributions, livraisons, fournitures et prestations de guerre cesseront entièrement, à compter de quinze jours après la signature du présent acte de pacification. Tous les arrérages dus à cette époque, de même que les billets et promesses donnés ou faits à cet égard, seront de nul effet. Ce qui aura été pris ou perçu après l'époque susdite sera d'abord rendu gratuitement, ou payé en argent comptant.

VII. Il sera incessamment nommé, de part et d'autre, des commissaires pour procéder à la confection d'un traité de limites entre les deux puissances. Ils prendront, autant que possible, pour base de ce traité, à l'égard des terrains qui étaient en litige avant la guerre actuelle, la crête des montagnes qui forment les versans des eaux de France et d'Espagne.

VIII. Chacune des puissances contractantes ne pourra, à dater d'un mois après l'échange des ratifications du présent traité, entretenir sur ses frontières respectives que le nombre de troupes qu'on avait coutume d'y tenir avant la guerre actuelle.

IX. En échange de la restitution portée par l'article IV, le roi d'Espagne, pour lui et ses successeurs, cède et abandonne en toute propriété à la république française toute la partie espagnole de l'île de Saint-Domingue, aux Antilles.

Un mois après que la ratification du présent traité sera connue dans cette île, les troupes espagnoles devront se tenir prêtes à évacuer les places, ports et établissemens qu'elles y occupent, pour les remettre aux troupes de la république française, au moment où celles-ci se présenteront pour en prendre possession.

Les places, ports et établissemens dont il est fait mention ci-dessus, seront remis à la république française avec les canons, munitions de guerre et effets nécessaires à leur défense, qui y existeront au moment où le présent traité sera connu à Saint-Domingue.

Les habitans de la partie espagnole de Saint-Domingue qui, par des motifs d'intérêt ou autres, préféreraient de se transporter, avec leurs biens, dans les possessions de sa majesté catholique, pourront le faire dans l'espace d'une année, à compter de la date de ce traité.

Les généraux et commandans respectifs des deux nations se concerteront sur les mesures à prendre pour l'exécution du présent article.

X. Il sera accordé respectivement aux individus des deux nations, la main-levée des effets, revenus, biens, de quelque genre qu'ils soient, détenus, saisis ou confisqués à cause de la guerre qui a eu lieu entre la république française et sa majesté catholique, de même qu'une prompte justice à l'égard des créances particulières quelconques que ces individus pourraient avoir dans les États des deux puissances contractantes.

XI. En attendant qu'il soit fait un nouveau traité de commerce entre les parties contractantes, toutes les communications et relations commerciales seront rétablies entre la France et l'Espagne, sur le pied où elles étaient avant la présente guerre.

Il sera libre à tous négocians français de reprendre et de repasser en Espagne leurs établissemens de commerce, et d'en former de nouveaux selon leur convenance, en se soumettant, comme tous autres individus, aux lois et usages du pays.

Les négocians espagnols jouiront de la même faculté en France, et aux mêmes conditions.

XII. Tous les prisonniers faits respectivement, depuis le commencement de la guerre, sans égard à la différence du nombre et des grades, y compris les marins et matelots pris sur des vaisseaux français ou espagnols, soit d'autres nations, ainsi qu'en général tous ceux détenus de part et d'autre pour cause de la guerre, seront rendus dans l'espace de deux mois au plus tard après l'échange des ratifications du présent traité, sans répétition quelconque de part ni d'autre, en payant toutefois les dettes particulières qu'ils pourraient avoir contractées pendant leur captivité. On en usera de même à l'égard des malades et blessés, aussitôt après leur guérison.

Il sera nommé incessamment des commissaires de part et d'autre pour procéder à l'exécution du présent article.

XIII. Les prisonniers portugais, faisant partie des troupes portugaises qui ont servi avec les armées sur les vaisseaux de sa majesté catholique, seront également compris dans cet échange.

La réciprocité aura lieu à l'égard des Français pris par les troupes portugaises dont il est question.

XIV. La même paix, amitié et bonne intelligence stipulées par le présent traité entre la France et le roi d'Espagne, auront lieu entre le roi d'Espagne et la république des Provinces-Unies, alliée de la république française.

XV. La république française, voulant donner un témoignage d'amitié à sa majesté catholique, accepte sa médiation en faveur de la reine de Portugal, du roi de Naples, du roi de Sardaigne, de l'infant duc de Parme et autres États de l'Italie, pour le rétablissement de la paix entre la république française et chacun de ces princes et États.

XVI. La république française, connaissant l'intérêt que sa majesté catholique prend à la pacification générale de l'Europe, consent également à accueillir ses bons offices en faveur des autres puissances belligérantes qui s'adresseraient à elle pour entrer en négociation avec le gouvernement français.

XVII. Le présent traité n'aura son effet qu'après avoir été ratifié par les parties contractantes, et les ratifications seront échangées dans le terme d'un mois, ou plus tôt, s'il est possible, à compter de ce jour.

En foi de quoi, nous soussignés, plénipotentiaires de la république française et de sa majesté le roi d'Espagne, en vertu de nos pleins pouvoirs, avons signé le présent traité de paix et d'amitié, et y avons fait apposer nos sceaux respectifs.

Fait à Bâle, le 4 thermidor an III de la république française (22 juillet 1795).

(L. S.) *Signé*, FRANÇOIS BARTHELEMY.

(L. S.) *Signé*, DOMINGO D'YRIARTE.

FIN DU TOME SECOND.

TABLE DES CHAPITRES

CONTENUS DANS CE SECOND VOLUME.

DÉCADE HISTORIQUE.

TOME SECOND.

Pages

CHAPITRE IX. Mésintelligence entre l'assemblée législative et le roi. — Influence de la paix de l'Orient, du traité de Pilnitz et de l'armement des émigrés, sur les troubles intérieurs. — Embarras de la cour. — Espérance des aristocrates. — Méfiance des patriotes. — Décret contre les prêtres et les émigrés. — Refus de sanction. — Alliance entre l'Autriche et la Prusse. — Négociateurs envoyés à Trèves, à Londres, à Berlin et à Vienne. — Préparatifs hostiles. — Division entre le parti modéré et le parti jacobin. — Le comte Louis de Narbonne, ministre qui conservait la majorité au corps législatif, est imprudemment renvoyé. — M. de Lessart est en arrestation. — Le général Dumouriez lui succède. — Le roi déclare la guerre au roi de Hongrie, François II. — Gustave III est assassiné. — Régence du duc de Sudermanie. — Le roi de Prusse marche à la tête de cinquante mille hommes. — Erreurs des puissances étrangères et des émigrés. — Puissance des jacobins et faiblesse de la cour. — Le palais du roi est forcé le 20 juin; il refuse les demandes du peuple, mais il prend le bonnet rouge. — On dissout sa garde. — Le duc de Brissac à Orléans. — Le général la Fayette prend la défense du roi. — Intrigues pour faire échouer les opérations militaires. — Changement de ministres. — Déchéance du roi et accusation du général la Fayette rejetée. — Manifeste du duc de Brunswick.—Conjuration contre la cour. —Révolution du 10 août.—Les généraux la Fayette, Alexandre de Lameth et Maubourg sont obligés de s'expatrier.—Leur arrestation.—Convocation d'une Convention nationale. — Invasion des étrangers. — Armement universel des Français.—Faute du roi de Prusse.—Prise de Longwy et de Verdun.—Massacres de septembre. — Puissance de la commune de Paris.—La république est décrétée. — Négociations.—Retraite imprévue de Frédéric-Guillaume. —Succès du général Custines. — Tyrannie en France.—Effroi général en Europe.................. 1

Lettre du général Dumouriez au général Biron. . . . 84

Chap. x. Division dans la Convention entre la Gironde et la Montagne. — Procès et mort de Louis XVI. — Conquête de Nice, de la Savoie, de Mayence et de Francfort.—Siége de Lille.—Bataille de Jemmapes. —Invasion du Brabant.—Préparatifs de toute l'Europe contre la France.—Rupture entre la France, l'Angleterre, la Hollande et l'Espagne. —Dumouriez entre en Hollande.—Les Autrichiens font lever le siége de Maestricht.—Ils reprennent le Brabant. —Bataille de Nervinde.—Défection de Dumouriez. — Manifeste du prince de Cobourg. — Révolution du 31 mai. 99

Chap. xi. Nouvelle constitution en 1792. — Elle est voilée. — Le pouvoir dictatorial est confié aux comités de salut public et de sûreté générale. — Leur tyrannie.—Asservissement de la Convention. — Proscription des membres les plus énergiques.—Révolte de Lyon. — Insurrection de plusieurs départemens. — Mort de Marat. — Division parmi les tyrans. — Portrait de Robespierre. — Mort de Custines, de

Biron, du duc d'Orléans.—Toulon livré aux Anglais. —Progrès de Cobourg. — Succès des royalistes de la Vendée. —Fureur des jacobins, des cordeliers et de la commune de Paris. —Armement général en France. — Émission d'assignats. — Le roi de Prusse prend Mayence. — Les Prussiens et les Autrichiens forcent les lignes de Weissembourg, investissent Landau, menacent Strasbourg. —Cobourg s'avance jusqu'à Landrecies. —Fautes de la coalition et des royalistes. —Cruauté du gouvernement français. — Mort de la reine, de madame Élisabeth. — Toulon est repris. — Lyon est soumis et détruit. — Les Espagnols chassés du Roussillon. —La Vendée dépeuplée et saccagée.—Le duc de Brunswick et les Autrichiens sont battus et chassés d'Alsace. — Les Anglais sont mis en fuite près de Dunkerque. — Les prêtres, les nobles, les riches sont partout incarcérés et massacrés. — La terreur s'étend sur tous les sexes, sur toutes les classes. — Mort de Danton.— Division parmi les coalisés. —Le roi de Prusse songe à se retirer de la coalition.—Il envahit la Grande-Pologne. —Bataille de Fleurus. — Succès de Jourdan et de Pichegru.—Seconde conquête du Brabant. Fureur et délire des décemvirs. — Leur division.— Révolution du 9 thermidor et mort de Robespierre. 148

CHAP. XII. Révolution de Pologne. —Mauvaise foi des cours de Pétersbourg et de Berlin. — Déclarations contradictoires de Frédéric-Guillaume. —Entrée de ses troupes en Pologne. — Diète de Grodno. — Violence exercée sur la diète. — Traité extorqué. — Insurrection des Polonais. —Caractère et conduite de Kosciusko. — Il prend Cracovie et bat les Prussiens. — Révolution à Warsovie. — Les Russes en sont chassés. — Avantages des Polonais à Wilna et dans plusieurs autres affaires.— Frédéric-Guillaume assiége Warsovie. — Insurrection dans la Grande-Pologne. —Frédéric-Guillaume lève le siége de Warsovie et se retire. —Suwarow entre en Pologne. — Kosciusko, trahi, perd une bataille contre Fersen.— Il est blessé et pris. — Suwarow assiége Warsovie, prend d'assaut le faubourg de Prag.—Massacre horrible. — Warsovie se rend. — Dispersion des troupes polonaises. —Stanislas-Auguste quitte sa capitale, et va d'abord à Grodno et de là à Pétersbourg.— Partage total et asservissement de la Pologne. 229

CHAP. XIII. Influence de la révolution de Pologne sur l'esprit des Français. — Leur ardeur contre la coalition. — Conquête de la Hollande. —Fuite du stathouder. — Révolution en Hollande. — Abolition du stathoudérat. — Conspiration des jacobins. — Accusation et déportation des collègues de Robespierre.—Révolution de prairial. — Fermeté de Boissy-d'Anglas. — Fautes de la Convention.— Réaction dans le Midi. — Nouvelle constitution. — Événemens du 13 vendémiaire. — Négociations de Barthelemy. — Traité de paix entre la république, le roi de Prusse, le landgrave de Hesse et le roi d'Espagne. — Neutralité du nord de l'Empire. — Dissolution de la coalition. — Campagne sur le Rhin : les Français sont forcés de le repasser. — Inaction du roi de Prusse. —Fin du règne de Frédéric-Guillaume II. — Sa mort. — Espérances que donne son successeur. — Coup d'œil sur les événemens qui se sont passés les deux dernières années de son règne.—Campagnes de Bonaparte et de Moreau. — Conclusion de cette histoire. 270

FIN DE LA TABLE DES CHAPITRES.

TABLE

DES

PIÈCES JUSTIFICATIVES.

Décret du 16 janvier 1792, par l'assemblée législative de France. 347

Motifs du roi de Prusse pour prendre les armes contre la France. 348

Circulaire envoyée dans les départemens par le comité de salut public de la commune de Paris. 355

Déclaration que son altesse sérénissime le duc régnant de Brunswick et de Lunebourg, commandant les armées combinées de leurs majestés l'empereur et le roi de Prusse, adresse aux habitans de la France. . . 358

Déclaration additionnelle de son altesse sérénissime le duc régnant de Brunswick, à celle qu'elle a adressée, le 25 de ce mois, aux habitans de la France. 364

Extrait du discours de M. Pitt à la chambre des communes, le 9 février 1790. 366

Lettre du général Dumouriez au général Valence. . . 368

Récit abrégé des circonstances qui ont accompagné la détention de Latour-Maubourg, Bureau de Puzy, Alexandre de Lameth, de la Fayette et de sa famille. 370

Lettre du duc de Brunswick au roi de Prusse. 383

Lettre du roi de Prusse au comte de Goltz. 386

Réponse du roi de Prusse au roi de Pologne. 388

Déclaration du roi de Prusse sur les affaires de la Pologne. 391

Déclaration des ministres de Russie et de Prusse, à la confédération de Pologne. 398
Réponse du roi de Pologne aux notes des cours de Berlin et de Pétersbourg. 402
Traité de paix entre la république française et S. M. le roi de Prusse. 403
Convention entre la république française et S. M. le roi de Prusse. 407
Note sur la Pologne. 411
Traité de paix entre la république française et le landgrave de Hesse-Cassel. 412
Traité de paix entre la république française et S. M. le roi d'Espagne. 416

FIN DE LA TABLE DES PIÈCES JUSTIFICATIVES.

www.ingramcontent.com/pod-product-compliance
Lightning Source LLC
Chambersburg PA
CBHW060542230426

43670CB00011B/1657